国家社科基金青年项目：
粤港澳大湾区人口流动及空间结构动态优化研究（19CRK022）

城市群人口流动及空间结构动态优化研究
——基于粤港澳大湾区的分析

CHENGSHI QUN RENKOU LIUDONG
JI KONGJIAN JIEGOU DONGTAI YOUHUA YANJIU
—— JIYU YUE-GANG-AO DAWANQU DE FENXI

王莹莹 著

中山大学出版社
SUN YAT-SEN UNIVERSITY PRESS
·广州·

版权所有　翻印必究

图书在版编目（CIP）数据

城市群人口流动及空间结构动态优化研究：基于粤港澳大湾区的分析／王莹莹著． --广州：中山大学出版社，2025.6． --ISBN 978 - 7 - 306 - 08422 - 4

Ⅰ．C924.24

中国国家版本馆 CIP 数据核字第 2025AU8183 号

出 版 人：王天琪
策划编辑：金继伟
责任编辑：陈　莹
封面设计：曾　斌
责任校对：张　照
责任技编：靳晓虹
出版发行：中山大学出版社
电　　话：编辑部 020 - 84111997，84113349，84110283，84110779，84110776
　　　　　发行部 020 - 84111998，84111981，84111160
地　　址：广州市新港西路 135 号
邮　　编：510275　　　　　传　真：020 - 84036565
网　　址：http://www.zsup.com.cn　E-mail:zdcbs@mail.sysu.edu.cn
印 刷 者：广东虎彩云印刷有限公司
规　　格：787mm×1092mm　1/16　13.75 印张　239 千字
版次印次：2025 年 6 月第 1 版　2025 年 6 月第 1 次印刷
定　　价：88.00 元

如发现本书因印装质量影响阅读，请与出版社发行部联系调换

前　言

随着全球化和区域一体化的不断深入，城市群作为推动区域经济发展的重要引擎，其人口流动和空间结构的动态优化已成为全球关注的热点问题。特别是在我国，粤港澳大湾区作为国家战略，其发展不仅关系到区域经济的繁荣，而且是国家对外开放水平和国际竞争力的重要体现。在这样的背景下，本专著《城市群人口流动及空间结构动态优化研究——基于粤港澳大湾区的分析》应运而生，旨在深入探讨和分析城市群人口流动的规律性、空间结构的演变以及动态优化的策略。

本书首先从全球视野出发，回顾了城市群发展的理论基础和历史脉络，特别是对粤港澳大湾区的发展历程进行了系统的梳理；通过收集与分析粤港澳大湾区内各城市的人口流动数据，揭示了人口流动的内在机制和影响因素，特别是制度因素对人口流动的影响，为理解城市群内部的人口动态提供了科学依据。同时，本书还深入探讨了城市群空间结构的演变过程，分析了城市间的空间联系和相互作用，以及这些联系和作用是如何影响城市群的整体发展的。

在此基础上，结合粤港澳大湾区的实际情况，本书从政策、规划、经济和社会等多个维度，进一步提出了关于城市群空间结构动态优化的策略和建议，探讨了如何通过优化城市群的空间结构来促进区域经济的均衡发展，提高城市群的国际竞争力，以及实现可持续发展的目标。

本书的研究成果兼具理论价值和实践指导意义，可以为粤港澳大湾区乃至全球其他城市群的发展提供有益的参考和启示，为推动城市群的健康发展贡献力量。

在本书的编写过程中，笔者得到了众多专家、学者的大力支持和宝贵意见，在此表示衷心的感谢。同时，笔者也期待读者能够通过阅读本书，对城市群人口流动及空间结构动态优化有更深入的理解和认识。

王莹莹
2024 年 11 月

目 录

第一章　绪论 ... 1

第二章　城市群发展的理论基础和历史脉络 ... 6
第一节　城市群发展的理论基础 ... 6
第二节　国内外城市群发展的历史脉络 ... 9
第三节　粤港澳大湾区的发展历程 ... 11

第三章　粤港澳大湾区人口流动及空间结构的历史演变 ... 18
第一节　粤港澳大湾区人口流动的历史演变 ... 18
第二节　粤港澳大湾区人口空间结构的历史演变 ... 23

第四章　城市群人口流动的内在机制及影响因素——区位、制度、政策 ... 31
第一节　区位、地缘与流动人口流入地的选择 ... 31
第二节　制度因素对城市群人口流动的影响 ... 45
第三节　政策变迁对城市群人口流动的影响 ... 79

第五章　城市群人口空间集聚的社会经济效应
　　　　——基于粤港澳大湾区的分析 ... 94
第一节　城市群人口集聚对就业的影响 ... 94
第二节　城市群人口集聚对企业全要素生产率的影响 ... 109
第三节　城市群人口集聚对共同富裕的影响 ... 128

第六章　城市群人口年龄空间结构的社会经济效应
　　　　——基于粤港澳大湾区的分析 ... 154
第一节　人口老龄化对经济增长的阶段性影响及空间结构异质性 ... 154

第二节　人口老龄化对产业结构服务化的影响及空间结构异质性 ………………………………………………………………… 169

第七章　共同富裕目标下城市群人口空间分布的动态优化
　　——以粤港澳大湾区为例 ……………………………… 178

参考文献 ………………………………………………………… 202

后　记 …………………………………………………………… 214

第一章 绪论

粤港澳大湾区（简称大湾区）作为我国建设世界级城市群和参与全球竞争的重要空间载体，在国家发展大局中具有不可替代的战略地位。2022年末大湾区人口约8641.7万，到2050年将达到1.2亿至1.4亿[①]，成为全球人口最多、经济体量最大的湾区。规模如此庞大的人口应如何分布才能最大程度地发挥集聚效应，同时将拥挤效应降到最低？这是粤港澳大湾区发展势必要探讨的前瞻性问题。中共中央、国务院发布的《粤港澳大湾区发展规划纲要》指出，在体制机制的制约下，生产要素特别是人口高效便捷流动的良好局面尚未形成。因此，目前还难以形成更为优化的人口空间结构。那么，如何破除粤港澳大湾区人口自由有序流动的制度壁垒，探寻未来湾区更为合理优化的人口空间结构及其实现路径，成为亟待解决的理论和现实难题。

目前针对粤港澳大湾区的文献主要集中在其发展所面临的问题及相关建议等方面。关于粤港澳大湾区人口流动及空间结构的研究较少且出现一定的"时间断层"，早期研究如易峥和阎小培提出以樟木头镇模式推动人口跨境流动，促进粤港澳区域一体化[②]；徐燕琳和王永民认为，从粤港澳人口流动及管理的历史来看，为实现粤港澳三地人口合理的长期流动和共同发展，需要充分加强政府合作和政策对接[③]。近年研究，如汪行东和鲁志国发现粤港澳大湾区城市群空间结构呈现由以香港为单中心向广深港多中心转变的趋势，湾区城市群的多中心空间结构存在中心城市同质化竞争

---

① 《樊纲：2050年大湾区人口可能达到1.2亿到1.4亿》，见搜狐网（https://www.sohu.com/a/227696582_639898）。
② 参见易峥、阎小培《樟木头镇模式：香港跨境人口流动与粤港澳区域一体化》，载《热带地理》2002年第4期，第289-293页。
③ 参见徐燕琳、王永民《论一国两制下的粤港澳人口迁移》，载《政法学刊》2004年第2期，第62-65页。

和空间整合不足的难题①；刘程认为应从打造优质高效的公共服务、互联互通的硬件软件等方面解决大湾区人流、物流、资金流和信息方面的突出障碍②；Hui 等采用网络分析法研究粤港澳大湾区的空间结构和联系，认为快速发展的交通设施是湾区发展的关键③。

以往学者对人口流动及空间结构的研究为本书奠定了良好的基础，但该领域仍存在进一步深化和拓展的空间。第一，当前关于人口流动的研究主要是全国、省级或者地级市层面的整体研究，对于城市群内部人口流动模式及机制等的研究还较为匮乏，特别是已有研究成果未能解决粤港澳大湾区"一国两制、三个关税区"而导致人口难以自由流动的问题。第二，多数学者关于人口空间结构的研究是从人口空间地理分布角度进行分析，没有关注到人口年龄和性别的空间结构。实际上，粤港澳大湾区不仅整体人口空间分布不均衡④，而且人口年龄和性别空间结构也处于失衡状态，如港澳人口老龄化严重、女性人口比重过高等，而广东则呈相反状态，这些问题均有待进一步扩展研究。第三，人口流动是人口空间结构形成和优化的基础⑤，然而，大多学者在研究人口空间结构形成机制的过程中通常直接分析诸因素的影响，而忽略了人口流动的中介效应。第四，已有的关于城市群人口空间结构优化的研究，多为描述性的政策建议，缺乏更为严谨的动态模拟分析。

本书的学术价值主要体现在以下四个方面：①粤港澳大湾区作为特殊城市群，其人口流动的动力机制与已有研究存在很大差异，特别是如何解决制度壁垒对人口流动的约束，对这一问题的研究可以丰富人口流动和城市群研究成果；②拓展研究人口年龄空间结构的动态优化，可以丰富人口空间结构的研究维度；③采取定量的手段识别人口空间结构所产生的社会

---

① 参见汪行东、鲁志国《粤港澳大湾区城市群空间结构研究：从单中心到多中心》，载《岭南学刊》2017 年第 5 期，第 78－85 页。

② 参见刘程《粤港澳大湾区促进要素自由流动的政策建议》，载《新经济》2018 年第 6 期，第 44－47 页。

③ See E C Hui, X Li, T Chen, W Lang, "Deciphering the Spatial Structure of China's Megacity Region: A New Bay Area—The Guangdong-Hong Kong-Macao Greater Bay Area in the Making," *Cities*, Volume 105, October 2020, 102168.

④ 参见陈广汉《粤港澳大湾区发展报告》，中国人民大学出版社 2018 年版，第 235 页。

⑤ 参见张耀军、巫锡炜、张敏敏《省级区域人口吸引力对主体功能区规划的影响与启示》，载《人口研究》2016 年第 2 期，第 12－22 页。

经济效应;④采用系统动力学方法对粤港澳大湾区人口空间结构进行动态模拟,定量分析人口空间结构优化的实现路径,从而弥补已有研究多定性、少定量的不足。

本书的应用价值主要体现在以下三个方面:①从人口角度为政府完善体制机制、破除制度障碍、推动大湾区生产要素形成高效便捷流动的良好局面提供政策参考;②为更好地发挥大湾区人口集聚效应、挖掘和释放人口红利、缓解人口老龄化和性别结构失衡等问题提供实践路径;③关于粤港澳大湾区人口流动及空间结构优化问题还鲜有学者研究,本书将为相关研究提供经验借鉴。

本书的研究思路:首先,基于统计、普查和遥感数据,采用探索性空间数据分析方法以及网络分析法,对粤港澳大湾区人口流动及空间结构的历史演变、城市之间的联系程度进行可视化分析,更全面地掌握其发展特点和存在的问题;其次,通过理论和实证分析粤港澳大湾区人口流动的动力机制,重点分析制度因素的影响,找出通过体制机制改革促进人口自由有序流动的方法;再次,在此基础上分析人口流动及空间结构产生的社会经济效应;最后,建立粤港澳大湾区人口空间结构优化的系统仿真模型,在确立优化目标的基础上,通过制定多个模拟方案,找出更为完善的人口空间结构和实现路径,提出相应的具有针对性的政策建议。

如图1-1所示,本书的内容框架包括如下五个部分。

(1)城市群人口流动及空间结构的历史演变及现状特点。该部分作为本书的事实基础,从时间和空间两个维度进行分析:其一,以粤港澳大湾区为例对城市群人口流动及空间结构的历史演变进行梳理;其二,利用探索性空间数据分析方法对粤港澳大湾区人口空间结构的演变和现状特点进行可视化分析。

(2)城市群人口流动的动力机制。该部分主要探讨影响粤港澳大湾区人口流动的因素,重点研究制度因素对粤港澳大湾区人口流动的影响。采取的方法主要包括传统计量分析、空间计量方法。该部分的研究一方面是对粤港澳大湾区人口流动现状予以解释,更重要的是为建立人口空间结构优化的系统动态仿真模型奠定基础。

(3)城市群人口流动、空间集聚以及空间结构的社会经济效应。该部分以粤港澳大湾区为研究对象,在理论分析的基础上采取空间计量以及一般计量分析方法识别出城市群人口流动及空间集聚所产生的社会经济效应，包括对就业、企业全要素生产率以及共同富裕的影响。在此基础上，进一步拓展分析人口老龄化的空间格局对经济增长及产业结构升级的影响。

（4）城市群人口空间结构的动态优化。该部分在前述内容的基础上，建立系统仿真模型进行模拟。思路如下：①以城市群共同富裕为目标；②明确目标并结合第二部分人口流动的动力机制，构建系统动力学模型，模拟不同政策制度参数下大湾区 2020—2035 年的人口总量及空间结构；③判断在何种政策制度参数下人口空间结构将更为完善。

（5）对策研究。作为本书的终点，该部分在梳理粤港澳大湾区人口空间结构优化路径的基础上，给出具有针对性的完善大湾区人口流动体制机制、优化人口空间结构的政策建议。

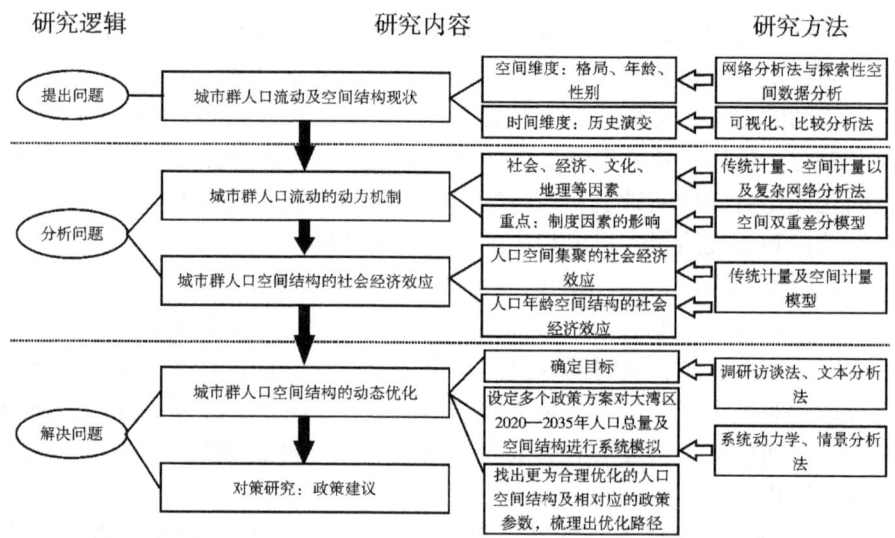

图 1-1 本书的内容框架

本书的主要研究方法如下。

（1）探索性空间数据分析。利用 ArcGIS（用于地理信息系统分析和制图的软件）将粤港澳大湾区人口空间结构可视化，并通过计算空间自相关等指数进一步分析粤港澳大湾区人口空间结构的特点和变化趋势。

（2）面板数据计量分析。通过构建粤港澳大湾区的城市面板数据库，分析制度因素对人口流动的影响、人口空间集聚的就业效应等。通过中介效应来分析人口年龄结构影响经济增长的内在机制等。

（3）空间计量分析方法。为避免参数估计的内生性问题，本书采用空间（动态）面板模型 GMM（Generalized Method of Moments，广义矩估计）分析人口空间集聚对共同富裕的影响，对制度因素的影响则主要采用空间杜宾模型进行拓展分析。

（4）实地调研与访谈。对粤港澳大湾区 11 个城市进行实地考察，选取有代表性的企业、政府部门和普通市民进行调研与访谈，以便获得文献不能提供的第一手资料，从而更加全面、合理地确定人口空间结构优化所要达到的目标。

（5）系统动力学。系统动力学（System Dynamics）是研究复杂社会经济系统的定量方法。在确定优化目标的基础上，本书采用该方法对粤港澳大湾区这一复杂城市群人口空间结构进行仿真模拟，从而找出人口空间结构优化的实现路径。

第二章　城市群发展的理论基础和历史脉络

第一节　城市群发展的理论基础

一、城市体系理论

城市群属于城市体系范畴，它和城市体系是同质的地域概念。城市体系理论以经济联系或经济模型为基础对城市规模分布予以解释，包括中心地理论及其派生出来的模型以及以规模经济、聚集经济和运输成本差异为理论基础的模型。中心地理论由德国地理学家克里斯泰勒在1933年提出，德国经济学家廖什在1940年进一步发展了这一理论。中心地理论主要用于解释区域内的城市数量、规模和范围，它的基础是市场区分析，认为城市的规模取决于城市所提供的商品或服务的规模经济程度。不同产业的规模经济和人均需求不同，市场区规模也不同，因此不同产业有不同的区位模式。受中心地理论的启发，日本经济学家藤田昌久等在1999年提出了城市体系空间模型，指出制成品的特征差异会使得不同种类、规模的城市形成明确分工的城市等级体系。在单级经济体中，等级较低的产业临界人口规模最小。随着人口规模的扩大，该产业的市场潜能函数值最先在临界距离处达到1，低等级城市出现。为了保持整个空间系统的稳定均衡，随着人口规模的增大，每一个侧翼城市都要不断向外移动，直到它获得足够大的锁定效应。人口规模进一步增大，新的产业不断溢出来，新的侧翼城市不断产生，经过一系列动态调整，最终形成城市等级体系。

二、中心-外围理论

核心与边缘理论是20世纪六七十年代发展经济学研究发达国家与不发达国家之间的不平等经济关系时所形成的相关理论观点的总称。美国学者弗里德曼在1966年出版的《区域发展政策》（*Regional Development Policy*）一书中提出的中心-外围理论较具代表性。弗里德曼认为，在若干区域中，由于多种原因，个别区域成为"中心"，其他区域则因发展缓慢成为"外围"。弗里德曼所说的中心区域一般是指城市或城市中水平较高、资本集中、人口密集、经济增长速度快的区域；而边缘区域则是指经济较为落后的区域。中心与外围之间存在着不平等的发展关系。总体上，中心居于统治地位，而外围则在发展上依赖于中心。中心对外围之所以能够产生统治作用，原因在于中心与外围之间的贸易不平等，经济权力因素集中在中心，同时，技术进步、高效的生产活动，以及生产的创新等也都集中在中心。对于外围而言，中心对其发展造成抑制。更重要的是，中心与外围的这种关系还会因为推行有利于中心的经济和贸易政策，外围的资金、人口和劳动力向中心流动而得以强化，使得中心与外围之间构成了不平等的发展格局。中心的发展与创新有很大的关系：中心对创新有着潜在的需求，使创新在中心不断发生；创新增强了中心的发展能力和活力，并在向外围的扩散中加强了中心的统治地位。主导效应、信息效应、心理效应、现代化效应、连接效应和生产效应六个自我强化、反馈的效应支持了中心的成长。

三、区域发展理论

区域发展理论始于第二次世界大战后，涉及经济学、地理学、社会学、规划学等众多学科。20世纪80年代后，众多主流经济学家开始涉足区域经济研究领域，形成了经济学派区域发展理论，包括增长极理论、梯度转移理论、循环累积因果理论、发展理论、点轴开发理论、网络开发理论、城市圈经济理论等，这些理论都成为城市群研究的重要理论基础。这里主要介绍增长极理论、梯度转移理论、循环累积因果理论。

（一）增长极理论

增长极理论由法国经济学家佩鲁在 1950 年首次提出。该理论被认为是西方区域经济学中经济区域观念的基石，是不平衡发展论的依据之一。增长极理论认为，一个国家要实现平衡发展只是一种理想，在现实中是不可能的，经济增长通常是从一个或数个"增长中心"逐渐向其他部门或地区传导。因此，应选择特定的地理空间作为增长极，以带动经济发展。

（二）梯度转移理论

梯度转移理论源于弗农提出的工业生产的产品生命周期理论。产品生命周期理论认为，工业各部门及各种工业产品都处于生命周期的不同发展阶段，即经历创新、发展、成熟、衰退四个阶段。此后威尔斯和赫希哲等对该理论进行了验证，并做了进一步充实和发展。区域经济学家将这一理论引入区域经济学，便产生了区域经济发展梯度转移理论。梯度转移理论认为，区域经济的发展取决于其产业结构的状况，而产业结构的状况又取决于地区经济部门，特别是其主导产业在工业生命周期中所处的阶段。如果主导产业部门由处于创新阶段的专业部门所构成，则说明该区域具有发展潜力，该区域将被列入高梯度区域。该理论还认为，创新活动是区域发展梯度的决定性因素，而创新活动大都发生在高梯度地区。随着时间的推移及生命周期阶段的变化，生产活动逐渐从高梯度地区向低梯度地区转移，而这种梯度转移过程主要是通过多层次的城市系统扩展开来的。

（三）循环累积因果理论

循环累积因果理论，亦称累积因果理论，由瑞典经济学家缪尔达尔在 1957 年提出，后经英国经济学家卡尔多、迪克逊和瑟尔沃尔等发展并具体化为模型。该理论认为，经济发展在空间上并不是同时产生和均匀扩散的，而是从一些条件较好的区域开始的，一旦这些区域由于初始优势（既得优势）而比其他区域超前发展，这些区域就会通过累积因果过程，不断积累有利因素而继续比其他区域超前发展，从而进一步强化和加剧区域间的不平衡。

第二节　国内外城市群发展的历史脉络

一、国际城市群发展历史脉络

城市群的概念，最早起源于1957年法国地理学家戈特曼提出的"大都市带"（Megalopolis）理论。他认为，一个城市在其发展的过程中，会带动周边区域，而且会同几个规模相近、地域相邻的城市共同组成含区域中心并呈组团式或块状分布的都市群，多个都市群又会形成一个"大都市带"。因此，城市群被认为是工业化、城市化进程中区域空间形态的最高组织形式。

从世界发展进程看，城市群的形成可分为四个阶段。第一阶段，即工业化前期，城市多呈分散、均衡的点状分布，且相互之间联系松散；第二阶段，即工业化时期，一些经济发展较快的城市成为一个区域的中心城市；第三阶段，即工业化中后期，中心城市的周边相继出现一些次级中心城市，城市之间的联动效应增强；第四阶段，即后工业化时期，多中心、网络化的城市布局逐步形成，而随着信息化的出现，中心城市与次级城市呈现高频联动、协调发展的格局，一个城市群形成。

工业化进程较快的西方国家，其城镇化程度要远高于目前我国的城镇化程度，其城市群的发展水平也领先于世界其他城市群。

一直以来，公认的世界级城市群如下。

（1）18世纪工业革命后，英国成为世界经济增长的重心，推动了以伦敦—利物浦为轴线的英国伦敦城市群的形成。

（2）19世纪欧洲城市群的发展：19世纪世界经济增长的重心转移到欧洲，推动了法国大巴黎城市群和欧洲西北部城市群的形成。

（3）20世纪北美城市群的崛起：20世纪初期，世界经济增长的重心从西欧转移至北美，推动美国东北部和中部地区分别形成了北美大西洋沿岸城市群和北美五大湖城市群。

(4) 21世纪亚洲太平洋地区城市群的发展：进入21世纪，世界经济增长的重心移向亚洲太平洋地区，日本东部地区形成了以东京—大阪为轴线的日本太平洋沿岸城市群。

(5) 21世纪10年代，随着我国《长江三角洲城市群发展规划》的不断推进，不断崛起壮大的长江三角洲（简称长三角）城市群成为世界第六大城市群。

二、我国城市群发展历史脉络

早在1980年，我国地理学家宋家泰在其《城市发展的区域经济基础调查研究》一文中首次提出"城市群"这一术语。此后有多位学者从不同角度提出了城市群的基本概念和空间范围的识别标准。

我国城市群的发展历史可以追溯到改革开放初期，经历了从沿海起步到中西部崛起的阶段，最终形成了19个城市群。

（一）改革开放初期的沿海起步阶段

改革开放初期，我国沿海地区率先发展起来。1980年，我国设立了深圳、珠海、厦门、汕头4个经济特区，随后又开放了14个沿海港口城市。1985年，长江三角洲、珠江三角洲（简称珠三角）、闽南厦漳泉三角地区被划为经济开放区。1988年设立海南省，划定海南岛为经济特区。1990年，党中央、国务院宣布开发开放上海浦东。这一阶段，沿海地区的城镇化水平迅速提高，许多城市如苏州、东莞、无锡、佛山等依托制造业快速发展，成为明星城市。

（二）中西部崛起的阶段

从1992年开始，我国逐步批准了14个沿边开放城市，进一步扩大沿江城市和内陆省会城市的开放权限。继沿海、沿边城市对外开放之后，国务院于1998年8月13日又发出通知，决定进一步对外开放重庆、岳阳、武汉、九江、芜湖5个长江沿岸城市，哈尔滨、长春、呼和浩特、石家庄4个边境、沿少海地区省会（首府）城市，太原、合肥、南昌、郑州、长沙、成都、贵阳、西安、兰州、西宁、银川11个内陆地区省会（首府）

城市，实行沿海开放城市的政策。

(三) 现代城市群的形成与发展

自2006年"十一五"规划提出将城市群作为推进城镇化的主体形态以来，我国城市群的发展进入了新的阶段。目前，我国重点发展的19个城市群包括京津冀、长三角、珠三角、成渝等。这些城市群在"十三五"规划中被明确作为重点发展对象，其中京津冀、长三角、粤港澳大湾区三大城市群已经初具规模。

第三节 粤港澳大湾区的发展历程

粤港澳大湾区，是由围绕珠江三角洲地区和伶仃洋组成的城市群，包括广东省广州、深圳、珠海、佛山、东莞、中山、江门、惠州和肇庆9个相邻城市，以及香港、澳门2个特别行政区，面积5.6万平方公里。截至2022年末，粤港澳大湾区总人口约为8641.7万人[①]。

一、历史上的粤港澳地区

自古以来，粤港澳三地就保持着十分密切的关系。远古时期港澳的文化遗址与广东的史前遗迹大同小异。如香港深湾、蟹地湾遗址等与澳门路环黑沙遗址和广东珠江三角洲一带的众多遗址如深圳大梅沙、小梅沙遗址，珠海后沙湾遗址等一样，大多分布在沿海地区或岛屿的沙堤上，出土的文物也带有一些共同的特征。从秦朝开始，香港、澳门成为广东的下属行政区域。秦始皇三十三年（公元前214年），秦朝在今广东地区设立南海郡，下设番禺、四会、龙川、博罗四县，香港、澳门隶属于番禺县。东晋时，香港、澳门划归东官（莞）郡宝安县。唐至德二年（757年），港澳隶属于岭南道广州都督府东莞县。宋绍兴二十二年（1152年），澳门

---

① 根据2023年《广东统计年鉴》表1-14中的数据计算得到。

划归新设立的香山县。明万历元年（1573年），香港划归新建的新安县管辖。自此到近代为止，除短暂一段时期外，香港基本上隶属于广东省新安县（民国时恢复古名宝安），澳门则隶属于广东省香山县。明嘉靖三十二年（1553年）葡萄牙人入居澳门后，粤澳关系逐步发生变化，但粤澳两地关系仍然十分紧密。政治上，广东有专门的官员负责管理澳门；军事上，广东地方政府对澳门严加防范，明政府在距澳门一日之程的雍陌设有参将府，调兵千人戍守；经济上，澳门是明代广东对外贸易的外港，是清代广东对外贸易的重要港口。文化上，澳门成为中西文化交流的中介地，天主教、基督教及西方科技知识经由澳门传入广东，我国传统文化和广东地方语言也由澳门传到西方。

鸦片战争后，粤港澳三地经济关系出现了较大变化。由于香港作为自由港而兴起，澳门在广东对外贸易中的地位逐渐被香港取代，粤港关系日益密切。19世纪后半期，以香港和澳门为基地的鸦片走私贸易和苦力贸易影响了粤港关系。随着香港基础设施和营商环境的逐步完善，香港对商家的吸引力增大。同一时期，广东频频陷入战争和动乱，大批广东居民逃入香港，富商大贾也把资金转入香港，在港开设新的店铺。香港逐步发展成以转口贸易为主的地区，经济地位越来越重要。随着直通穗港澳三地的珠江航运蒸蒸日上，广九铁路历经纷争建成通车，粤港澳三地联系更加方便。粤港两地的厂商也都从扩展业务的角度主动在香港和广东投资设厂。广东厂商因香港的地理位置便于沟通中外市场而在香港设立分号或分场，同时香港华商和洋商也想通过在广州设立分支机构占领内地市场①。20世纪30年代末，粤港澳地区形成了珠江三角洲以广州、香港为中心的轻工外贸城市区和潮汕平原城镇群，其中省港是我国为数不多的百万人口的大城市②。

---

① 参见广东省地方史志编纂委员会《广东省志粤港澳关系志》，广东人民出版社2004年版。
② 参见张晓辉《20世纪前期粤港澳城市发展研究》，载《暨南史学》2003年第1期，第409–425页。

二、粤港澳大湾区的提出与推进

粤港澳大湾区规划是一个发展中的珠三角区域多元融合战略,于2015年在"一带一路"倡议中首次提出,2017年被纳入政府工作报告。2019年,中共中央、国务院印发《粤港澳大湾区发展规划纲要》,提出到2022年,粤港澳大湾区综合实力显著增强,粤港澳合作更加深入广泛;到2035年,粤港澳大湾区形成以创新为主要支撑的经济体系和发展模式,大湾区内市场实现高水平互联互通。

粤港澳大湾区的提出和推进,大致经历了以下四个阶段。

(一)概念初现阶段

早在20世纪90年代,前旧金山州立大学校长、时任香港科技大学校长吴家玮教授就倡议借鉴美国旧金山湾区,建立"香港湾区"或"港深湾区",以带动珠江三角洲地区的发展。其后,粤港两地的学者从国家发展策略和政治经济学等角度提出不同的湾区概念,如伶仃洋湾区、万山群岛湾区、广珠澳湾区等。

1998年,由广东省人民政府与香港特别行政区政府高层人员组成的粤港合作联席会议成立,目的在于全面加强粤港的多方面合作,改善两地在贸易、经济、基建发展、水陆空运输、道路、海关旅客等事务上的协调。

经国务院批准,《内地与香港关于建立更紧密经贸关系的安排》《内地与澳门关于建立更紧密经贸关系的安排》及其附件分别于2003年6月29日、9月29日和10月17日在香港、澳门签署。

(二)大珠三角阶段

2003年8月,时任广东省委书记张德江提出了泛珠三角区域合作,又称"9+2"经济圈,泛珠三角包括9个省份,再加上香港和澳门2个特别行政区。整个地区的面积占全国面积的五分之一,人口超过全国人口的三分之一,国内生产总值合计达52145亿元。

2004年3月至2013年2月,香港特别行政区政府成立"大珠三角商务委员会"（The Greater Pearl River Delta Business Council），由行政长官委任冯国经为首届主席，委员会成员来自不同领域，包括商会、银行界、船务、纺织业、会计界、法律界、物流业、科技界、地产界、建筑业、环境及教育团体，以及中小型企业和智囊组织的代表，目的是在《粤港合作框架协议》下促使粤港在经济上更紧密合作。

2004年，"第一届大珠三角城镇群规划与管理论坛"举行，香港特别行政区政府官员与内地和澳门特别行政区的高级官员就优质城市的规划事宜交换意见。

2006年，粤港澳三地城市规划主管部门合作开展的策略性区域规划研究——《大珠江三角洲城镇群协调发展规划研究》提出"大珠江三角洲城镇群"，简称"大珠三角"（Greater Pearl River Delta，GPRD）。该研究是粤港澳三方首次携手合作进行的策略性区域规划研究，目的是在"一国两制"的框架下，以前瞻性的视野考虑和分析大珠三角发展的机遇与挑战，制定区域空间协调发展策略；通过协调资源开发利用、环境保护及交通基建的发展，促进区域环境改善，提高人居环境品质，确保大珠三角的可持续发展，并提升大珠三角整体的国际竞争力。

2009年，时任香港发展局局长林郑月娥在广州出席"第二届大珠三角城镇群规划与管理论坛"，与内地和澳门特别行政区的高级官员就优质城市的规划事宜交换意见；在"大珠三角区域规划研讨会"上提出透过粤港澳三地的紧密合作，共同建设一个优势互补、享有优质生活以及具有核心竞争力的大城市群。

2009年10月28日，香港发展局及规划署联同广东省住房和城乡建设厅和澳门运输工务司，在澳门举行《大珠江三角洲城镇群协调发展规划研究》成果联合发布会。同日，粤港澳三方于发布会后举行了交流会，邀请粤港澳及珠三角9市规划部门代表出席，围绕"粤港澳合作中区域与城市规划的协调与管理"展开交流，并邀请了多名专家和学者就"全球视野和国家战略下的大珠三角协调发展"作主题演讲。

2009年1月，国家发展和改革委员会公布《珠江三角洲地区改革发展规划纲要（2008—2020年）》，强调推进粤港澳更紧密合作，提出推进粤港澳合作打造亚太地区最具活力的城市群，促进区域协调发展，改善区内的交通运输体系，并提出支持珠三角地区与港澳在城市规划及跨界交通基建等方面进行对接，鼓励在协商一致的前提下，与港澳共同编制区域合作规划。

（三）湾区经济阶段

2009年2月，粤港澳三方举行了共同推进实施《珠江三角洲地区改革发展规划纲要（2008—2020年）》的联络协调会议，三方确定城市规划及基础设施为三地重点合作领域。时任广东省委书记汪洋提出打造"大珠三角城市群"概念，把"湾区"概念的发展作为重要一环。

2010年，粤港澳三地政府联合制定《环珠三角宜居湾区建设重点行动计划》，以落实上述跨地区合作。

2012年，广东省政府公布全国首部海洋经济地图《广东海洋经济地图》并首次明确提出，广东海洋经济的发展将划定"六湾区一半岛"，打破行政界线，以湾区为单位进行发展，辐射内陆经济。湾区将串联湾区周边城市，形成湾区经济发展新格局。2013年9月6日，深圳湾超级总部基地规划公示，深圳湾超级总部基地是发展湾区经济的重要一环。该规划秉持"深圳湾云城市"这一核心理念，打造基于智慧城市和立体城市、虚拟空间与实体空间高度合一的未来城市典范，构建世界级滨海城市天际线。

2013年12月26日，在深圳市委五届十八次全会上，时任深圳市市长许勤首次提出发展"湾区经济"，表示前海开发开放是湾区经济发展的战略重点。

2014年，"湾区经济"首次被纳入深圳市政府工作报告，报告提出深圳将依托毗邻香港、背靠珠三角、地处亚太主航道优势，重点打造前海湾、深圳湾、大鹏湾、大亚湾等湾区产业集群，构建"湾区经济"。

（四）大湾区概念正式提出阶段

2015年3月，国家发展改革委、外交部、商务部发布《推动共建丝绸之路经济带和21世纪海上丝绸之路的愿景与行动》，首次提出"充分发挥深圳前海、广州南沙、珠海横琴、福建平潭等开放合作区作用，深化与港澳台合作，打造粤港澳大湾区"。

2016年1月，广东省在省政府工作报告中指出"开展珠三角城市升级行动，联手港澳打造粤港澳大湾区"。

2016年3月，国务院印发《关于深化泛珠三角区域合作的指导意见》

并提出"携手港澳共同打造粤港澳大湾区，建设世界级城市群"。围绕深化泛珠三角区域合作，该意见提出了八项重点任务，其中第一项任务是促进区域经济合作发展，构建以大湾区为龙头，以珠江—西江经济带为腹地，带动中南、西南地区发展，辐射东南亚、南亚的重要经济支撑带。

2016年12月，国家发展改革委办公厅发布的《关于加快城市群规划编制工作的通知》指出，2017年拟启动珠三角湾区城市群等规划编制。

2017年3月，时任国务院总理李克强在第十二届全国人大五次会议上的政府工作报告中提出"要推动内地与港澳深化合作，研究制定粤港澳大湾区城市群发展规划，发挥港澳独特优势，提升在国家经济发展和对外开放中的地位与功能"。这是"粤港澳大湾区"首度被写入《政府工作报告》，并提升至国家战略层面，与京津冀、长三角经济区等同；也是继内地与香港特别行政区、澳门特别行政区签署《关于建立更紧密经贸关系的安排》（CEPA）、展开泛珠三角区域合作后，内地再度向香港、澳门提出的经济合作计划，成为"一带一路"倡议的延伸。

2017年4月7日，国家发展改革委印发《2017年国家级新区体制机制创新工作要点》，其中广州南沙新区的工作重点为深化探索粤港澳合作。2017年4月19日，全国政协副主席、时任香港行政长官梁振英率领香港特别行政区政府主要官员考察团前往大湾区多个城市进行实地考察，其间会见了时任广东省委副书记兼广东省省长马兴瑞等广东省领导，重申重视李克强总理提出的大湾区城市群发展规划。

2017年7月1日，习近平总书记在香港亲自见证国家发展改革委与粤港澳三地政府签署《深化粤港澳合作 推进大湾区建设框架协议》。该框架协议提到的合作重点包括推进基础设施互联互通、进一步提升市场一体化水平、打造国际创科中心、构建协同发展现代产业体系、打造宜居宜业宜游优质生活圈和培育国际合作等，建立完善协调机制和扩大公众参与，协议自签订日起有效期五年。时任香港行政长官林郑月娥指出，香港将按"十三五"规划，为大湾区提供金融、航运和贸易服务；而大湾区亦将有助香港经济多元发展，特别是在创新科技和创意产业方面。

2017年10月，党的十九大报告再次重申要支持香港、澳门融入国家发展大局，以粤港澳大湾区建设、粤港澳合作、泛珠三角区域合作等为重点，全面推进内地同香港、澳门互利合作。

2018年4月，博鳌亚洲论坛2018年年会提出"一个国家、两种体制、三个关税区、四个核心城市"即"一二三四"格局是粤港澳大湾区最大的特点，同时也是大湾区融合的难点和痛点所在。其意指"一国两制"涉及中港澳三个不同的关税区、三种不同的法律体系及三种不同的货币，广州、深圳、香港、澳门四个核心城市是大湾区的显著特点和优势，但亦是困难所在。

2019年1月，时任广东省发展和改革委员会主任葛长伟表示，2020年将完成粤港澳大湾区的基础设施，将于2022年基本完成粤港澳三地市场规则对接，到2035年将全面建成国际一流湾区。

2019年2月18日，中共中央、国务院印发《粤港澳大湾区发展规划纲要》；2月21日，《粤港澳大湾区发展规划纲要》宣讲会在香港举行，粤港澳三地政府各自邀请嘉宾出席，至此大湾区的建设和发展正式开始。

2023年，粤港澳大湾区启动"数字湾区"建设，发布110项"湾区标准"，108项高频政务服务事项实现粤港跨境通办，"港车北上"、"澳车北上"、"经珠港飞"、人才签注等政策落地实施。通过深化规则衔接、机制对接，粤港澳大湾区"制度之异"转为"制度之利"，联动发展的创新机制不断开花结果。

第三章 粤港澳大湾区人口流动及空间结构的历史演变

第一节 粤港澳大湾区人口流动的历史演变

一、粤港澳三地人口迁移流动等相关指标的统计定义

粤港澳三地关于人口迁移流动的相关指标在名称、统计口径等方面存在一定的差异，厘清这些概念以及统计口径是研究粤港澳三地人口迁移流动的基础。

从表3-1可以看到，内地在界定人口迁移流动方面考量的一个重要的因素是户籍。事实上，香港和澳门的"永久居民"同样也存在着户籍部分的功能和含义，但在流动人口的统计上，香港和澳门并非以"永久居民"这一身份来界定，而是以在点算时刻在香港的逗留时间为衡量标准。比如香港对流动人口的界定，即便是香港的永久性居民，如果他们在点算时刻之前的6个月内，在港逗留最少1个月但少于3个月，又或在点算时刻之后的6个月内，在港逗留最少1个月但少于3个月，不论在点算时刻他们是否身在香港，均会被界定为流动居民；而内地对流动人口的界定标准是户籍，无论其在流入地停留多久，只要不是户籍人口，仍处于人户分离状态均会被统计为流动人口[①]。对于人口迁移的界定，内地与香

---

① 参见魏津生《国内人口迁移和流动研究的几个基本问题》，载《人口与经济》1984年第4期，第32—37、50页。

港、澳门也同样存在差异。内地的人口净迁移主要统计的是户籍人口的迁入与迁出的差值，而香港和澳门的人口净迁移统计主要观察的是居住地点是否发生了变化，即人口迁入与迁出香港或澳门的差值。

综合上述比较与分析，笔者认为香港流动居民和澳门的人口净迁移数据的统计口径与内地的流动人口的统计口径在一定程度上具有可比性，因此，在后续分析中，内地的人口流动将采用流动人口规模来表示，而香港和澳门则分别采用流动居民、总人口与本地人口的差值来反映人口流动的规模。

表3-1 粤港澳三地人口迁移流动相关指标统计定义

香港	澳门	广东（内地）
居港人口：包括常住居民和流动居民	总人口：指常住人口及流动人口之和	常住人口：指实际经常居住在某地区半年以上的人口。是户籍常住人口与流动人口之和
常住居民指以下两类人士：（一）在点算时刻之前的6个月内，在港逗留最少3个月，又或在点算时刻之后的6个月内，在港逗留最少3个月的香港永久性居民，不论在点算时刻他们是否身在香港；（二）于点算时刻身在香港的香港非永久性居民	常住人口：在参考期之前或之后的六个月，在澳居住三个月及以上的人士。 本地人口：不包括居澳外地雇员及外地学生	常住户籍人口：包括居住在本乡镇街道且户口在本乡镇街道或尚未办理常住户口的人以及户口在本乡镇街道且外出不满半年或在境外工作学习的人

续上表

香港	澳门	广东（内地）
流动居民：对于不是"常住居民"的香港永久性居民，如他们在点算时刻之前的6个月内，在港逗留最少1个月但少于3个月，又或在点算时刻之后的6个月内，在港逗留最少1个月但少于3个月，不论在点算时刻他们是否身在香港，均会被界定为"流动居民"。 香港永久性居民：（1）在香港特别行政区成立以前或以后在香港出生的中国公民；（2）在香港特别行政区成立以前或以后在香港通常居住连续七年以上的中国公民；（3）第（1）、（2）两项所列居民在香港以外所生的中国籍子女；（4）在香港特别行政区成立以前或以后持有效旅行证件进入香港、在香港通常居住连续七年以上并以香港为永久居住地的非中国籍的人；（5）在香港特别行政区成立以前或以后第（4）项所列居民在香港所生的未满二十一周岁的子女；（6）第（1）至（5）项所列居民以外在香港特别行政区成立以前只在香港有居留权的人。 香港非永久性居民：有资格依照香港特别行政区法律取得香港居民身份证，但没有居留权的人。 净迁移：在某段期间人口迁入与迁出香港的差额	流动人口：指在参考期之前或之后的六个月，在澳居住一个月及以上，但少于三个月的人士。 人口迁移：由中国内地移民、准许居留人士、外地雇员及外地学生组成。 中国内地移民：持"前往港澳通行证"（俗称单程证）获发"居留证明书"之中国公民。 准许居留人士：指根据第4/2003号法律及第5/2003和3/2005号行政法规获批给"居留许可"之投资者、管理人员、具特别资格技术人员，以及因家庭团聚及工作理由获准居留的人士。 外地雇员：指根据第21/2009号法律及第17/2004号行政法规规范的人士	流动人口：一般指人户分离人口中扣除市辖区内人户分离的人口。人户分离人口指居住地与户口登记地所在的乡镇街道不一致且离开户口登记地半年及以上的人口。 净迁移：指一定时期（通常为一年）内户籍人口迁入与迁出的差额

资料来源：香港特别行政区政府统计处官网（https://www.cenctatd.gov.hk/sc/）、澳门特别行政区政府统计暨普查局官网（https://www.dsec.gov.mo/zh-MO/）、国家统计局官网（https://www.stats.gov.cn）。

二、粤港澳大湾区人口流迁的时空演变特征

(一) 粤港澳大湾区流动人口规模增长经历三次小高峰

如图 3-1 所示,1990—2021 年,伴随着政治经济、政策背景的变化,粤港澳大湾区流动人口规模经历了三个阶段的变迁,流动人口规模经历了三次小高峰。

第一个阶段是伴随着 1997 年香港回归以及 1999 年澳门回归到来的,流动人口规模呈现快速增长态势,由 1990 年的 181.09 万人增长至 2001 年的 1812.60 万人。其中,1999—2000 年期间增加的流动人口数量最高,2000—2001 年进一步增长并达到第一个峰值。

第二个阶段是 2001—2010 年,其间经历了"非典"以及全球次贷危机的冲击,流动人口规模呈现波动上涨的态势。2010 年,流动人口规模为 2633.45 万人,达到第二个小高峰。2010 年之后流动人口规模略有下降。

第三个阶段始于 2015 年,该年"打造粤港澳大湾区"被首次提出,流动人口规模呈现小幅提升;2019 年《粤港澳大湾区发展规划纲要》提出之后,流动人口规模实现了爆发式增长,达到第三个小高峰。2020 年流动人口规模达到 4021.23 万人,相比 2019 年增加了 1263.64 万人。受新冠疫情的影响,2021 年流动人口规模有所回落。

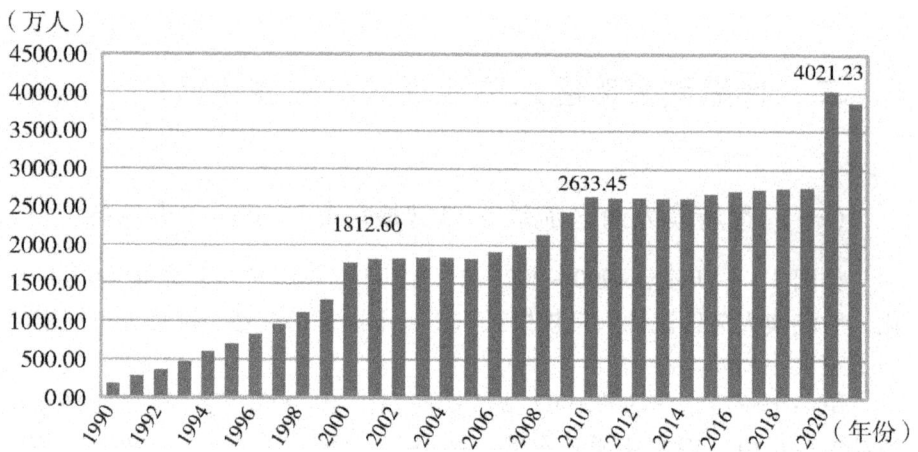

图 3-1　1990—2021 年粤港澳大湾区流动人口规模

注：珠三角 9 市流动人口数据根据《广东统计年鉴 2022》常住人口与户籍人口差值计算得到，香港流动人口规模数据来源于香港特别行政区政府统计处官网，澳门流动人口规模数据来源于澳门特别行政区政府统计暨普查局官网数据库，粤港澳大湾区流动人口规模是将 11 个城市的流动人口规模加总所得。

（二）粤港澳大湾区流动人口可见度逐年提升

流动人口可见度是流动人口数量占常住人口总量的比重，反映了该地区对流动人口的吸引程度，同时也在一定程度反映了该地区人口构成的深刻变化[①]。如图 3-2 所示，粤港澳大湾区流动人口可见度在 1990 年仅为 6.18%，在香港和澳门回归后提高至 35.60%，2019 年《粤港澳大湾区发展规划纲要》出台后进一步飙升至 46.54%。这意味着粤港澳大湾区人口中接近 50% 为流动人口，表明流动人口现已成为粤港澳大湾区人口以及社会构成的主体部分，不再是过去所说的"随处可见、无足轻重"的一种客体。

---

① 参见段成荣、程梦瑶《深化新时代人口迁移流动研究》，载《人口研究》2018 年第 1 期，第 27-30 页。

第三章　粤港澳大湾区人口流动及空间结构的历史演变

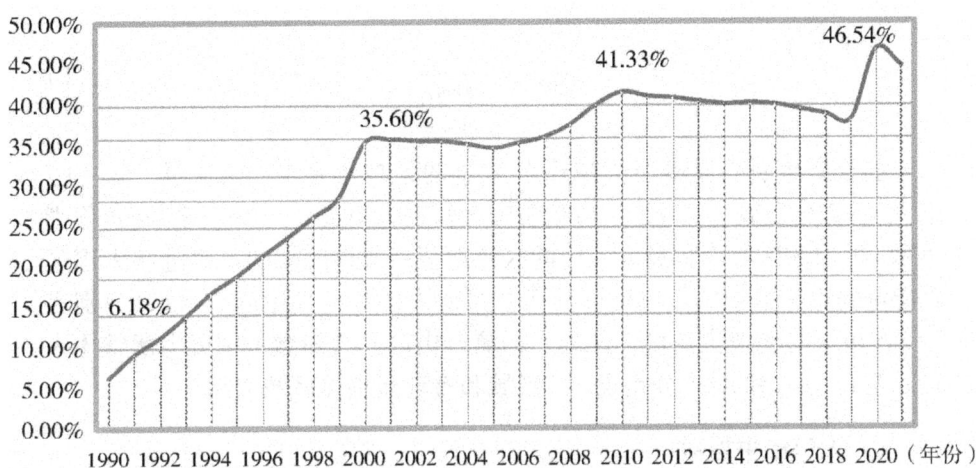

图3-2　1990—2021年粤港澳大湾区流动人口可见度

第二节　粤港澳大湾区人口空间结构的历史演变

一、粤港澳大湾区人口集聚演变

（一）人口集聚的测度

人口集聚主要采用人口集聚度、人口集中指数以及泰尔指数等指标进行测度。

1. 人口集聚度

人口集聚度主要反映的是研究区域内部各个单元在整个区域内的相对疏密程度。相比常用来衡量人口空间分布的人口密度指标，人口集聚度可以有效避免区域大小不同所形成的"聚集度"高估的问题。计算公式为：

$$agg_i = \frac{\dfrac{P_i}{P}}{\dfrac{Area_i}{Area}} \quad (3-1)$$

如果度量的是粤港澳大湾区各城市的人口集聚度，那么式（3-1）中 P_i 和 P 分别表示 i 城市人口数量和大湾区人口总量，$Area_i$ 和 $Area$ 分别表示 i 城市的区域面积和大湾区的区域面积；如果度量的是粤港澳大湾区在粤港澳整个区域的人口集聚程度，那么式（3-1）中的 P_i 和 P 分别表示 i 区域（粤港澳大湾区、东翼、西翼、山区）人口数量和粤港澳整体人口总量，$Area_i$ 和 $Area$ 分别表示 i 区域和粤港澳整体区域面积。

2. 人口集中指数

人口集中指数从全局视角衡量人口集聚程度，用于测定在一定区域内人口是集中分布在特定区域还是均匀分布在整个区域内。计算公式为：

$$C = \frac{1}{2} \sum_{i=1}^{n} \left| \frac{S_i}{S_t} - \frac{P_i}{P_t} \right| \quad (3-2)$$

其中，S_i 为每个单元的面积，P_i 为每个单元的人口数量，S_t 为整个区域的总面积，P_t 为整个区域的人口总数。C 的取值范围为 $0 \sim 1$，C 越小，说明人口分布越均匀；反之，则人口分布越不均匀。

3. 泰尔指数

人口的空间布局并非一成不变，而是随着区域经济的发展和宏观政策的调节逐步演变的。区域是否出现多中心通常使用泰尔指数来判定，计算公式为：

$$T = \frac{1}{n} \sum_{1}^{n} \frac{P_i}{\overline{P}} \ln \frac{P_i}{\overline{P}} \quad (3-3)$$

其中，T 代表泰尔指数，P_i 代表各城市人口数，$\overline{P}$ 代表大湾区总体的人口平均数。泰尔指数越大，说明人口空间分布的多中心趋势越明显。

（二）从全国层面来看，人口向粤港澳大湾区集聚的态势明显

2019 年《粤港澳大湾区发展规划纲要》出台以来，粤港澳大湾区建

设不断加快，吸引了大量人口向大湾区聚集。从人口规模来看，2015年粤港澳大湾区常住人口仅6663.50万人，2018年突破7000万人，2020年达8640.24万人。从人口增量来看，粤港澳大湾区人口以加速递增的方式增长。人口密度和大湾区在全国的人口空间集聚度均呈现不断上升的趋势，说明人口向粤港澳大湾区集聚的态势明显。粤港澳大湾区人口相关指标见表3-2。

表3-2 粤港澳大湾区人口相关指标

年份	人口规模（万人）	人口增量（万人）	人口密度（人/平方公里）	人口空间集聚度
2015	6663.50	118.30	1192.61	8.28
2016	6793.37	129.86	1215.87	8.38
2017	6951.97	158.60	1244.29	8.53
2018	7115.98	164.01	1273.72	8.70
2019	7266.17	150.19	1300.63	8.85
2020	8640.24	1374.07	1545.29	10.51

数据来源：根据1989—2020年广东统计年鉴、中国城市统计年鉴、澳门统计年鉴以及香港统计年刊中人口和土地数据计算得到。

（三）从整体来看，粤港澳大湾区人口呈现多中心集聚的态势

如表3-3所示，粤港澳大湾区人口集中指数由1990年的0.338提高至2020年的0.469，说明粤港澳大湾区人口集聚程度进一步提高；1990—2020年大湾区人口的泰尔指数呈现先下降后上升的状态，即自2010年泰尔指数不断上升，其中2005年的0.180提高至2020年的0.248，说明2005年以后特别是近几年，大湾区人口出现了新的集聚点，人口分布呈多中心状态。各城市人口集聚度的变化也可以进一步佐证这一态势。多个城市的人口集聚度均呈上升态势，可见粤港澳大湾区已形成了香港、深圳、广州、澳门、东莞等多中心集聚的空间格局（见表3-4）。

表3-3 1990—2020年粤港澳大湾区人口集中指数与泰尔指数

年份	人口集中指数	人口泰尔指数
1990	0.338	0.224
2000	0.431	0.193
2005	0.422	0.180
2010	0.441	0.201
2015	0.444	0.206
2017	0.449	0.217
2018	0.453	0.218
2019	0.454	0.220
2020	0.469	0.248

数据来源：根据1989—2020年广东统计年鉴、中国城市统计年鉴、澳门统计年鉴以及香港统计年刊中人口和土地数据计算得到。

表3-4 1990—2020年大湾区各城市人口空间集聚度

城市	1990年	2000年	2010年	2015年	2017年	2018年	2019年	2020年	变化趋势
广州	1.52	1.50	1.53	1.53	1.57	1.62	1.62	1.67	稳中略升
深圳	1.64	4.01	4.66	4.80	5.06	5.12	5.18	5.71	快速上升
珠海	0.72	0.82	0.83	0.79	0.82	0.86	0.90	0.91	稳中略升
佛山	1.50	1.55	1.64	1.65	1.63	1.64	1.65	1.62	稳中略升
惠州	0.39	0.32	0.36	0.35	0.34	0.33	0.33	0.35	稳中略降
东莞	1.36	2.92	2.92	2.82	2.74	2.68	2.65	2.76	快速上升
中山	1.32	1.47	1.52	1.51	1.47	1.46	1.46	1.61	稳中略升
江门	0.70	0.46	0.41	0.40	0.39	0.38	0.37	0.33	稳中略降
肇庆	0.41	0.25	0.23	0.23	0.22	0.22	0.20	0.18	稳中略降
香港	10.11	6.78	5.58	5.55	5.39	5.31	5.23	4.36	持续下降
澳门	37.64	18.83	15.85	16.64	16.31	17.02	15.72	13.47	持续下降

数据来源：根据1989—2020年广东统计年鉴、中国城市统计年鉴、澳门统计年鉴以及香港统计年刊中人口和土地数据计算得到。

二、粤港澳大湾区人口年龄结构空间异质性及阶段性特征

(一) 人口老龄化发展阶段的界定

以联合国世界卫生组织划定人口老龄化社会的标准为基础，笔者根据人口老龄化的不同阶段，将老龄化社会具体划分为轻度老龄化社会、中度老龄化社会和重度老龄化社会三类，即65岁及以上人口占总人口的比例达到7.0%，为轻度老龄化社会；该比例达到14.0%，为中度老龄化社会；该比例超过20.0%，为重度老龄化社会。再参考王录仓等有关人口结构类型的分析①，将轻度老龄化社会、中度老龄化社会进一步细分为初期和晚期两个阶段，具体如表3-5所示。

表3-5 人口老龄化水平与发展阶段对照

65岁及以上人口占比/%	老龄化阶段	65岁及以上人口占比/%	老龄化阶段
<7.0	未进入老龄化社会	14.0~17.0	中度老龄化社会初期
7.0~10.0	轻度老龄化社会初期	17.0~20.0	中度老龄化社会晚期
10.0~14.0	轻度老龄化社会晚期	>20.0	重度老龄化社会

(二) 粤港澳大湾区人口老龄化的阶段性特征及空间异质性

1. 粤港澳大湾区人口老龄化水平较低，处于轻度老龄化社会初期

根据第七次全国人口普查所得数据，2020年粤港澳大湾区65岁及以上老年人口的占比为7.60%，低于全国平均水平（13.50%），见表3-6。

---

① 参见王录仓、武荣伟、刘海猛等《县域尺度下中国人口老龄化的空间格局与区域差异》，载《地理科学进展》2016年第8期，第921-931页。

因此，就整体而言，粤港澳大湾区处于轻度老龄化社会的初期。

表3-6 粤港澳大湾区人口老龄化水平

年份	1990	2000	2005	2010	2015	2020
65岁及以上人口占比/%	6.59	5.55	6.42	5.94	7.51	7.60

注：表中珠三角9市的数据来自广东省第五次、第六次和第七次的人口普查数据，香港的数据来自香港特别行政区政府统计处官网（https://www.censtatd.gov.hk/sc），澳门的数据来自澳门特别行政区政府统计暨普查局官网数据库（https://www.dsec.gov.mo/zh-CN）。

2. 粤港澳大湾区各城市人口老龄化差异较大，各城市处于不同的人口老龄化发展阶段，呈现较大的空间异质性

尽管粤港澳大湾区整体的老龄化程度较低，但内部差异较大。其中，深圳、珠海、惠州、东莞和中山目前尚未进入老龄化社会；广州和佛山分别于2010—2015年间、2015—2020年间进入老龄化社会，目前65岁及以上人口所占比重在8%以内，处于轻度老龄化社会初期；江门、肇庆和澳门在2020年65岁及以上人口占比分别为13%、11.8%和12.9%，接近14%，处于轻度老龄化社会晚期，即将进入中度老龄化社会。从进入老龄化社会的时间来看，江门和肇庆于20世纪90年代进入老龄化社会；早在1981年澳门65岁及以上人口的占比便已达到7.7%，但由于20世纪80代有不少较年轻的内地居民迁入澳门，使得澳门在1990—1991年间的人口老龄化水平降至6.6%。香港是大湾区乃至全国较早进入老龄化社会的城市，完整地经历了老龄化发展的不同阶段：1983年65岁及以上人口占比首次超过7%，进入轻度老龄化社会；此后老龄化程度逐年加深，到2012年这一比重超过14%，进入中度老龄化社会阶段；2020年该比重达到19.08%，进入中度老龄化社会晚期；2021年该比重超过20%，上升至20.22%，进入重度老龄化社会阶段。

表3-7、表3-8分别反映了2020年粤港澳大湾区各城市和31个省（区、市）的人口老龄化发展所处阶段。可以看出，2020年31个省（区、市）普遍处于轻度老龄化社会和中度老龄化社会，而粤港澳大湾区11个城市则几乎涵盖了人口老龄化发展的每一个阶段，其中香港已进入重度老龄化社会。因此，分析这一阶段的人口老龄化社会及其经济后果，可为我

国应对整体进入重度老龄化社会提供前瞻性参考。

表3-7　2020年粤港澳大湾区各城市所处的人口老龄化发展阶段

城市	65岁及以上人口占比/%	进入人口老龄化社会的时间	人口老龄化发展阶段
广州	7.82	2010—2015年期间	轻度老龄化社会初期
深圳	3.22	—	尚未进入老龄化社会
珠海	6.64	—	尚未进入老龄化社会
佛山	7.32	2015—2020年期间	轻度老龄化社会初期
惠州	6.83	—	尚未进入老龄化社会
东莞	3.54	—	尚未进入老龄化社会
中山	5.98	—	尚未进入老龄化社会
江门	13.01	1990年	轻度老龄化社会晚期
肇庆	11.81	1990—1995年期间	轻度老龄化社会晚期
香港	19（20.22）	1983年	中度老龄化社会晚期（2021年进入重度老龄化社会）
澳门	12.9	1981年	轻度老龄化社会晚期

注：括号内数值为2021年香港65岁及以上人口占比。

表3-8　2020年31个省（区、市）所处人口老龄化发展阶段

省份	人口老龄化发展阶段
西藏（5.67）	未进入老龄化社会
广东（8.58）、青海（8.68）、宁夏（9.62）、新疆（7.76）	轻度老龄化社会初期
北京（13.30）、河北（13.92）、山西（12.90）、内蒙古（13.05）、浙江（13.27）、福建（11.10）、江西（11.89）、河南（13.49）、广西（12.20）、海南（10.43）、贵州（11.56）、云南（10.75）、陕西（13.32）、甘肃（12.58）	轻度老龄化社会晚期

续上表

省份	人口老龄化发展阶段
天津（14.75）、吉林（15.61）、黑龙江（15.61）、上海（16.28）、江苏（16.20）、安徽（15.01）、山东（15.13）、湖北（14.59）、湖南（14.81）、四川（16.93）	中度老龄化社会初期
辽宁（17.42）、重庆（17.08）	中度老龄化社会晚期

注：括号内数值为人口老龄化指数即65岁及以上人口占总人口比重，根据第七次全国人口普查数据计算得出。

第四章 城市群人口流动的内在机制及影响因素——区位、制度、政策

第一节 区位、地缘与流动人口流入地的选择

改革开放以来,我国人口具有从乡村向城镇、从中西部内陆地区向东部沿海省份迁移流动的鲜明特征,并在此过程中逐步形成了珠三角、长三角、京津冀及新疆边境等主要的流入区域,以及以中西部,尤其是中部省份为主的流出区域[①]。然而,近年来我国这种以内陆向沿海、乡村向城镇为主要流向的人口迁移流动已渐入尾声,城市间人口流动将成为主要形式和主要方向[②],流动人口仍集聚在超大城市。第六次全国人口普查资料显示,2010年我国有11个城市的流动人口规模超过300万,上海是流动人口最多的城市,数量高达897.95万人;北京居第三位,集聚了704.7万流动人口,占全国流动人口总量的3.19%;珠三角的深圳、广州分别居于第二位和第五位。2020年,这一格局仍未发生较大改变,流动人口向

---

① 参见 Z Liang, Z D Ma, "China's Floating Population: New Evidence from the 2000 Census," *Population and Development Review*, 2004 (3): 467-478;丁金宏、刘振宇、程丹明等《中国人口迁移的区域差异与流场特征》,载《地理学报》2005年第1期,第106-114页;C C Fan, "Interprovincial Migration, Population Redistribution, and Regional Development in China: 1990 and 2000 Census Comparisons," *The Professional Geographer*, 2005 (2): 295-311;段成荣、杨舸《中国流动人口的流入地分布变动趋势研究》,载《人口研究》2009年第6期,第1-12页;王桂新、潘泽瀚、陆燕秋《中国省际人口迁移区域模式变化及其影响因素——基于2000和2010年人口普查资料的分析》,载《中国人口科学》2012年第5期,第2-13、111页;劳昕、沈体雁《中国地级以上城市人口流动空间模式变化——基于2000和2010年人口普查数据的分析》,载《中国人口科学》2015年第1期,第15-28、126页。

② 参见朱宇、林李月、柯文前《国内人口迁移流动的演变趋势:国际经验及其对中国的启示》,载《人口研究》2016年第5期,第50-60页;段成荣、程梦瑶《深化新时代人口迁移流动研究》,载《人口研究》2018年第1期,第27-30页。

北上广深集聚的趋势进一步加强。

关于流动人口流向的形成原因，拉文斯坦早在19世纪末就提出了人口迁移法则，之后西方学者从多学科角度对大规模迁移流动的原因进行解释，形成了多个理论，如刘易斯（1954）的二元经济理论、托达罗（1969）的预期收入差异论等。实证研究主要基于以下三个角度展开：一是区域发展不平衡的视角，认为区域经济差距、收入差距是导致流动人口进一步向少数东部城市集中的主要原因[1]；二是从流入地的社会经济特征视角予以解释，认为流入地的非农就业机会、投资水平、产业结构、公共服务水平等是影响人口流入的重要社会经济因素[2]；三是从制度视角进行解释，主要关注的是户籍制度对人口流动的影响[3]。另外，也有学者认为性别、年龄、受教育水平、社会网络等中微观因素对人口流迁决策、区位选择具有重要影响[4]。

综上所述，虽然学界对我国流动人口流向及分布的形成机制进行了多

---

[1] 参见N Zhu, "The Impacts of Income Gaps on Migration Decisions in China," *China Economic Review*, 2002 (2-3): 213-230; 杨舸《我国流动人口空间格局及流场分析》，载《中国青年研究》2013年第4期，第29-35页；刘玉《中国人口流动格局的十年变迁与思考》，载《西北人口》2014年第2期，第1-5页；马银坡、陈体标、史清华《人口流动：就业与收入的区域差异》，载《农业经济问题》2018年第5期，第80-91页。

[2] 参见S Poncet, "Provincial Migration Dynamics in China: Borders, Costs And Economic Motivations," *Regional Science and Urban Economics*, 2006 (36): 385-398; 田相辉、徐小靓《为什么流向大城市？——基于城市集聚经济的估计》，载《人口与经济》2015年第3期，第23-32页；梁向东、魏逸批《产业结构升级对中国人口流动的影响——基于255个城市的面板数据分析》，载《财经理论与实践》2017年第5期，第93-98页；夏怡然、苏锦红、黄伟《流动人口向哪里集聚？——流入地城市特征及其变动趋势》，载《人口与经济》2015年第3期，第13-22页。

[3] 参见M Bosker, S Brakman, H Garretsen, et al., "Relaxing Hukou: Increased Labor Mobility and China's Economic Geography," *Journal of Urban Economics*, 2010 (2/3): 252-266; 孙文凯、白重恩、谢沛初《户籍制度改革对中国农村劳动力流动的影响》，载《经济研究》2011年第1期，第28-41页。

[4] 参见蔡昉《人口迁移和流动的成因、趋势与政策》，载《中国人口科学》1995年第6期，第8-16页；段成荣《省际人口迁移迁入地选择的影响因素分析》，载《人口研究》2001年第1期，第56-61页；J F Shen, "A Study of the Temporary Population in Chinese Cities," *Habitat International*, 2002 (3): 363-377; 李志刚、吴缚龙、肖扬《基于全国第六次人口普查数据的广州新移民居住分异研究》，载《地理研究》2014年第11期，第2056-2068页；C P Chen, L Guo, L J Qin, "Geographic Labor Mobility of Floating Migrant Workers in China: The Impacts of Health Status and Education on Earnings," *Theoretical Economics Letters*, 2018 (8): 2345-2362.

种探讨，分析了各种可能原因，但很少有学者从流动人口个体微观决策的视角来定量分析流动人口向超大城市集聚的原因。另外，大多数研究没有特别关注到空间地理因素尤其是区位和地缘因素的影响。而地理因素在当前城市化快速推进、区域经济快速发展以及地缘经济联系日益紧密的背景下，对经济发展以及个体经济决策的影响越发显著：一是交通便利、靠近港口等地理区位优势明显的地区或城市可以节省运输成本（迁移成本）；二是规模经济和集聚效应对地理区位优势的强化；三是服务业的发展对地理空间集聚的要求更高，随着服务业比重的提高，地理区位越来越重要[①]。基于上述分析，本节将在已有研究的基础上，重点关注区位和地缘等空间地理因素对流动人口选择流入地的影响，试图从微观视角，探讨空间地理因素对人口流动及其分布格局的影响。

一、理论分析与研究假说

根据经典的微观迁移流动理论，流动人口个体在对是否流动以及流向哪里（流入地选择）进行决策时，主要取决于个人在迁移流动时所付出的成本和获得的收益相比较的结果。这里的成本除包括如交通费用，搬迁费用，安置新居所、不同流入地的生活成本等直接现金成本外，还包括离开原来所在地产生的机会成本，以及离开熟悉环境或家乡产生的心理成本等。所获得的收益既包括在流入地所能获得的各种工资、相关文化娱乐、子女受教育等生活条件改善等直接效益，也包括一些隐性的心理方面的满足，以及未来可能的机会等。

从理论上说，只有当潜在的迁移流动的净收益大于零，决策者才会做出迁移或流动的选择，而对于流向哪里，则取决于决策者哪些地方可以得到最大的净收益。同时，个人决策时所要考虑的成本和收益，又会受到个体异质性和宏观社会经济环境两方面因素的影响。个体异质性包括性别、年龄、受教育程度以及婚姻状况等，而宏观社会经济因素则包括区域经济发展差距、城市开放度（外商投资）、就业机会、流入地基础设施和公共

---

① 参见陆铭《空间的力量——地理、政治与城市发展》，上海人民出版社2013年版，第7-11页。

服务等，它们均对流动成本和收益以及决策的行为产生影响。其中，微观个体异质性的影响机制主要源于具有不同特征的个体在迁移决策时所付出的成本和将获得的收益是存在差异的。比如，受教育程度较高的个体在进行迁移决策时，由于其人力资本禀赋较高，议价能力较强，面临选择的就业机会更多，预期收益更高，因而更容易决定迁移。同样，处于不同的婚姻状况的个体面临的迁移成本和收益也不同。通常情况下，已婚者由于受到家庭的牵绊，迁移成本相对较高，这在一定程度上会抑制其迁移行为。性别和年龄的影响也是如此。以上这些在舒尔茨的人力资本理论以及托达罗的迁移理论和模型中得到了理论解释，也有学者进行过相关实证研究。

但如前所述，在宏观影响因素中，很少有学者考虑到区位、地缘等空间地理因素的影响。实际上，在当前城市化快速推进、区域经济快速发展以及地缘经济联系日益紧密的背景下，由于规模经济和集聚效应对地理区位优势的强化，区位、地缘等空间地理因素在经济发展和个体经济决策中逐渐发挥着越来越重要的作用。根据新经济地理学理论，交通便利、靠近港口等地理区位优势明显的地区可以节省企业的运输成本和劳动力的迁移成本，形成"本地市场效应"，吸引企业和劳动力迁入。特别是在循环累积的作用下，地理区位优势得到强化，市场不断扩大，就业机会不断增多，这些都将影响流动人口在流入地选择过程中的预期收益，从而影响流动人口的流入地选择。

基于以上分析，笔者从微观个体决策视角出发，在包含宏观经济社会因素以及个体异质性特征变量的流动人口流入地个体选择的一般分析框架中，纳入了区位、地缘因素，重点考察其对流动人口选择流入地的影响，形成如下理论分析框架（见图4-1）。

通过借鉴 Tabuchi 和 Thisse（2002）[①] 以及 Crozet（2004）[②] 的相关理论，笔者对在该理论基础上建立的流动人口（劳动力）迁移决定机制进行了理论模型构建。该模型假设 i 地区的流动人口在 R 个地区（包括地区 i）中做出选择，其迁移决策是比较各地区的预期收益。迁移决策由下面

---

① See T Tabuchi, J F Thisse, "Taste Heterogeneity, Labor Mobility and Economic Geography," *Journal of Development Economics*, 2002 (69): 155 – 177.

② See M Crozet, "Do Migrants Follow Market Potentials? An Estimation of An New Economic Geography Model," *Journal of Economic Geography*, 2004 (4), 439 – 458.

第四章　城市群人口流动的内在机制及影响因素——区位、制度、政策

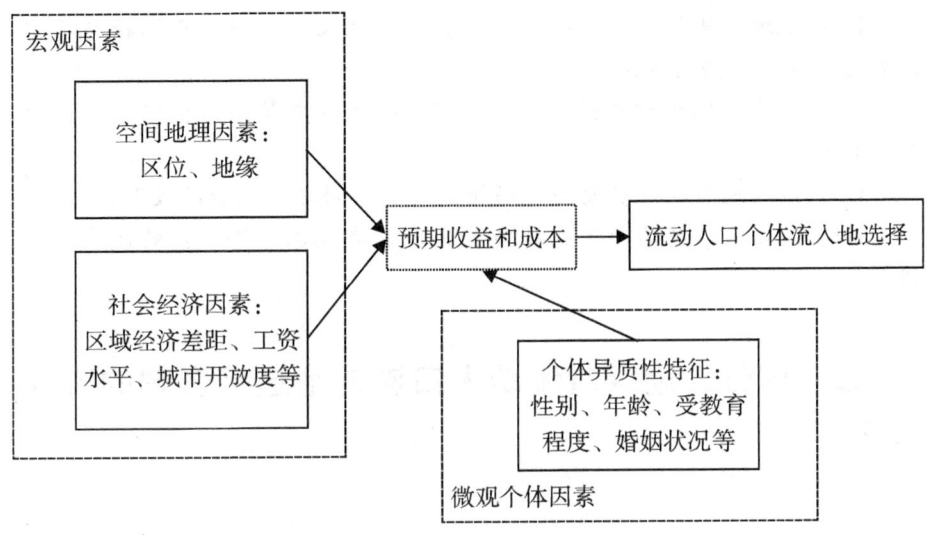

图 4-1　理论分析框架

的效用方程决定：

$$U_{ir}^{k} = \ln(w_r \times \rho_r \times d_{ir}^{-\lambda} \times e^{\beta board_{ir}}) + \gamma_r^k \quad (4-1)$$

其中，U_{ir}^{k} 表示流动人口个体 k 从户籍地 i 流动到地区 r 的预期净收益；w_r 表示流入地的工资收入水平；ρ_r 表示流入地 r 的就业机会或者是就业密度，反映了市场规模的大小；d_{ir} 表示流入地与流出地的空间地理距离，反映了流动人口（劳动力）进入该市场的迁移成本；$\rho_r \times d_{ir}^{-\lambda}$ 反映了区位的概念，即一个国家或城市在地理位置、交通等地理要素方面的特点，以及所在区域的经济、政治、社会、文化、军事等客观事物的总和；$board_{ir}$ 表示流入地与流出地是否相邻，表征的则是地缘的概念，即一个国家或城市地理位置与周边地理环境的相关性，是某区域在特定区位基础上产生的与其他区域之间的相对关系。

如果 $U_{ir}^{k} > U_{ij}^{k}, \forall r \neq j$，流动人口个体 k 将选择流入地 r。流动人口个体向地区 r 迁移的可能性由如下逻辑函数（logit function）决定：

$$P(M_{ir}) = \frac{\exp(U_{ir}^{k})}{\sum_{j=1}^{R} \exp(U_{ij}^{k})} \quad (4-2)$$

基于以上理论分析，笔者提出以下研究假说：

H1：地理距离越大，迁移成本越高，流动人口越倾向于选择与流出地较近的城市作为流入地。

H2：作为区位的重要因素之一，交通的通达度将会弱化空间距离的抑制作用。

H3：流入地市场（劳动力市场等）越大，对流动人口的吸引力越大。

H4：流动人口更倾向于选择与流出地具有地缘经济联系的城市作为流入地。

二、区位、地缘对流动人口流入地选择影响的实证分析

（一）数据来源

本节选用 2014 年全国流动人口动态监测数据进行实证分析。该数据来自国家卫生计生委流动人口司（现已更名为国家卫生健康委员会）2015 年发布的 2014 年流动人口动态监测调查报告。该调查采取分层、多阶段、与规模成比例的 PPS 抽样等方法调查地点覆盖 31 个省（区、市）和新疆生产建设兵团的 329 个地、县级单位，总样本量为 200937 人。笔者选取其中跨省流动的样本，总量 102315 人，覆盖 31 个省（区、市）的 286 个地级市。个人调查对象为 15～60 周岁、非本省（直辖市、自治区）户口的男性和女性流动人口。该调查涵盖了流动人口大量的个人和社会经济信息，为笔者研究提供了重要的数据支持。另外，笔者在该数据的基础上，匹配了空间地理距离数据以及流入地城市的经济社会特征变量，其中距离数据来源于中国人民大学 Yihua Yu 的 CHINA_ SPATDWM：Stata Module to Provide Spatial Distance Matrices for Chinese Provinces and Cities，社会经济数据来源于 2014 年《中国城市统计年鉴》。

（二）研究方法与变量测量

根据研究目的，笔者将流入地分为超大城市和其他地区，得到上述理论模型简化形式，在此基础上纳入影响流动人口选择流入地的个体异质性特征和流入地城市社会经济特征等其他宏观因素，最终得到流动人口个体

第四章　城市群人口流动的内在机制及影响因素——区位、制度、政策

选择超大城市作为流入地概率的决定方程如式（4-3）所示，由此，笔者采用基于个体层面的二元 probit 模型来估计上述因素对流动人口选择流入地的影响。

$$probit(inflow_{megacity} = 1) = \Phi\{\ln(\rho_r \times d_{ir}^{-r} \times traffic_r) + \delta'board_{ir} + \ln w_r + \beta'X_{ij} + \alpha'inflow_r\} \quad (4-3)$$

解释变量方面，$\ln(\rho_r \times d_{ir}^{-r} \times traffic)$ 即 $\ln \rho_r - \ln d_{ir}^r + \ln traffic$ 表示区位因素。笔者在理论模型的基础上增加了表征交通通达度的客运量（$traffic$）这一变量，以期更加全面地反映区位的内涵。关于地缘因素，多数研究将流入地与流出地是否共享地理边界（$board$）作为代理变量。笔者沿用该变量的同时纳入了流出地隶属的经济带，用以考察地缘经济联系对流动人口选择流入地的影响，这是本节在已有理论模型基础上的拓展。X_{ij} 表示可能影响流入地选择的个体特征向量，包括性别、年龄及其平方项、受教育程度、婚姻状况等，从而控制个体的异质性对流入地选择的影响；$inflow_r$ 变量表示流入地 r 的地区特征，包括表征地区经济差距的超大城市人均 GDP 与其他城市之比、城市开放度等。另外，根据理论模型推导以及前期研究可知工资收入等货币收益对流动人口选择流入地具有重要影响，笔者采用流入地的工资水平作为代理变量并将其纳入模型。

被解释变量方面，被解释变量为 0-1 二分变量，即流动人口选择的流入地若为超大城市，则赋值为 1；若为其他地区，则赋值为 0。

具体变量定义和变量描述性统计分别见表 4-1 和表 4-2。

表4-1 变量定义

变量	定义	计量单位
解释变量		
个体异质性		
性别	男性=1，女性=2	
年龄	15~60岁	
受教育程度	小学及以下=1，初中=2，高中或中专=3，大专及以上=4	
婚姻状况	在婚=1，不在婚=0	
社会经济因素		
与超大城市经济差距	2013年超大城市人均GDP与其他流入城市之比	
城市开放度	286个城市2013年实际利用外资金额	万美元
流入地工资水平	工资水平	元
区位因素		
地理距离	流入地与流出地之间欧氏距离	公里
交通通达度	城市客运量	万人
非农就业密度	非农就业人数/土地面积	人/平方公里
地缘因素		
是否共享地理边界	是=1，否=0	
流出地所在经济带	环渤海=0，泛珠三角=1，长三角=2，其他=3	
被解释变量		
流入地	超大城市=1，其他地区=0	

注：(1)"不在婚"包括未婚、离婚、丧偶三种状态；"在婚"是指处于婚姻之中，包括初婚和再婚。(2)超大城市是中国官方划分城市规模的分类之一。根据2014年国务院发布的《关于调整城市规模划分标准的通知》，城区常住人口1000万以上的城市为超大城市，其主要包括北京、上海、天津、重庆、广州、深圳等。

表4-2 变量描述性统计

变量	超大城市		其他流入地	
性别				
男	13853 人	56.11%	46818 人	60.24%
女	10837 人	43.89%	30895 人	39.76%
年龄（均值）	33.78 岁		34.30 岁	
受教育程度				
小学及以下	2310 人	9.36%	13516 人	17.39%
初中	11948 人	48.39%	42970 人	55.29%
高中或中专	4968 人	20.12%	14509 人	18.67%
大专及以上	5464 人	22.13%	6718 人	8.64%
婚姻状况				
不在婚	4966 人	20.11%	18654 人	24.00%
在婚	19724 人	79.89%	59059 人	76.00%
地理距离对数（均值）	6.33 公里		6.56 公里	
交通通达度对数（均值）	10.60 万人		9.64 万人	
非农就业密度对数（均值）	6.31 人/平方公里		4.56 人/平方公里	
是否共享地理边界				
否	18527 人	75.04%	45099 人	58.03%
是	6163 人	24.96%	32614 人	41.97%
流出地所在经济带				
环渤海经济圈	7571 人	30.67%	7555 人	9.73%
长三角经济圈	4796 人	19.43%	30157 人	38.85%
泛珠三角经济圈	2382 人	9.65%	3968 人	5.11%
其他	9936 人	40.25%	35950 人	46.31%
流入地工资水平对数（均值）	8.23		8.06	
与超大城市经济差距（均值）	1.216		20.739	

续上表

变量	超大城市	其他流入地
城市开放度对数（均值）	13.99	11.38
样本总量	24685	77630

注："不在婚"包括未婚、离婚、丧偶三种状态；"在婚"是指处于婚姻之中，包括初婚和再婚。

（三）结果分析与基本结论

基于式（4-3）的理论模型，笔者进行了计量分析。其中，模型一是在控制个体异质性和流入地城市特征的条件下，采用一般 Probit 模型估计区位因素（地理距离、交通通达度以及非农就业密度）和地缘因素（流入地与流出地是否共享地理边界、流出地所在经济带）的影响，得到基本回归结果。模型二是在模型一的基础上，考虑到区位因素中表征交通通达度的客运量这一解释变量与被解释变量（流动人口的流入地选择）可能存在双向因果关系，故采用工具变量 Probit 模型进行估计以克服内生性偏差。其中，选取滞后 10 年的城市客运量和户籍人口总量作为交通通达度（客运量）的工具变量，交通通达度（客运量）与其滞后 10 年的客运量及户籍人口总量显然相关，且流动人口的流入地选择并不会影响 10 年前的交通通达度（客运量），满足外生性的条件，即满足工具变量的两个条件。回归结果如表 4-3 所示。

表 4-3 回归结果

变量	模型一	模型二
地理距离对数	-0.264*** (0.030)	-6.927*** (0.095)
交通通达度对数	0.438*** (0.018)	12.131*** (0.089)
非农就业密度对数	3.097*** (0.079)	3.415*** (0.073)

续上表

变量	模型一	模型二
是否共享地理边界 (参照组 = 否)		
是	-0.861*** (0.079)	-9.559*** (0.121)
流出地所在经济带 (参照组 = 环渤海)		
泛珠三角	-0.533*** (0.044)	-4.568*** (0.138)
长三角	-1.031*** (0.067)	2.176*** (0.188)
其他地区	-0.933*** (0.035)	-5.351*** (0.121)
性别 (参照组 = 男性)		
女性	0.008 (0.024)	0.141 (0.084)
年龄	0.075*** (0.011)	0.292*** (0.036)
年龄的平方	-0.001*** (0.000)	-0.003*** (0.000)
受教育程度 (参照组 = 小学及以下)		
初中	0.132** (0.043)	-0.080 (0.126)

续上表

变量	模型一	模型二
高中	0.126** (0.048)	0.758*** (0.149)
大学专科及以上	0.264*** (0.051)	2.863*** (0.169)
婚姻状况 (参照组=不在婚)		
在婚	0.217*** (0.035)	0.983** (0.120)
工资收入对数	0.063*** (0.019)	0.681*** (0.026)
与超大城市经济差距	0.000*** (0.000)	0.000*** (0.000)
城市开放度对数	2.907*** (0.045)	5.052*** (0.038)
常数项	−62.310*** (1.255)	−182.026*** (1.299)
Wald test of exogeneity	—	$chi^2(1) = 345.07$ $Prob > chi^2 = 0.0000$

注：括号中的数值为稳健标准误；*、**、***分别表示系数在10%、5%和1%显著性水平下显著。

表4-3报告了对交通通达度（客运量）的外生性原假设"$H_0: \rho = 0$"的沃尔德检验，结果显示，其 p 值为0.0000，可在1‰水平上认为交通通达度（客运量）为内生变量。对比模型一和模型二的数据结果可以发现，两个模型系数的方向基本一致，说明模型具有一定的稳健性，而模型二各变量的系数普遍大于模型一，说明采用一般的Probit模型进行估计会忽略交通通达度（客运量）的内生性，在一定程度上会低估交通通达

度等区位地缘因素对流动人口选择流入地的作用。由此得到的主要结论如下：

第一，区位因素中交通通达度对流动人口选择超大城市作为流入地具有十分显著的影响，大大超过地理距离的影响，成为流动人口向超大城市集聚的强吸引力。模型二的回归结果显示地理距离变量的系数为负，说明地理距离对流动人口选择超大城市作为流入地具有抑制作用，这在一定程度上验证了研究假说H1，即在其他影响因素不变的情况下，地理距离越远，迁移成本越高，流动人口更倾向于流入离家乡距离较近的城市。而交通通达度对流动人口选择超大城市作为流入地具有十分显著的正向影响，且系数（12.131）大于地理距离变量的系数（－6.927），这在一定程度上验证了交通的通达度将会弱化空间距离的抑制作用这一研究假说。

第二，非农就业密度对流动人口选择超大城市作为流入地的正向影响不容小觑。其原因在于，当前人口迁移流动的主要目的之一是就业，城市的非农就业密度高说明就业市场广阔，就业机会多，超大城市的就业市场之大、所提供的就业机会之多是其他城市所无法比拟的，因此，对流动人口产生巨大的吸引力便不难想象。

第三，地缘因素对流动人口选择流入地的作用主要体现在地缘经济联系以及区域内部经济发展上，而非单纯地理上的"临近"。其一，地缘因素中共享地理边界这一变量对流动人口的流入地选择有负向影响。理论上，由于社会文化的相近，流动人口更倾向于流入空间地理相邻的地区，而笔者却得到了相反的结论。具体来看，在控制其他影响因素不变的条件下，模型中该变量的系数显著为负，说明流入地与流出地共享地理边界并没有提高流动人口选择超大城市作为流入地的可能性。其二，流出地隶属经济带作为表征地缘因素的另一变量对流动人口的流入地选择具有显著的影响，说明了地缘经济的作用。在控制其他影响因素不变的条件下，流出地隶属于长三角和环渤海的流动人口相对更倾向于选择超大城市作为流入地。其可能的原因是长三角和环渤海经济带中超大城市的优势过于明显，而泛珠三角地区的发展相对较为均衡，其中除了超大城市，其他一些二线城市发展也较好，作为流入地而言，也是好选择。

另外，工资收入、区域经济差距、城市开放度等宏观经济因素对流动人口选择超大城市作为流入地具有显著的正向影响。而个体在年龄、受教育程度以及婚姻状况等方面的异质性对流动人口选择流入地的影响存在显著差异，其中估计结果显示在婚的流动人口比不在婚的流动人口更倾向于选择超大城市，与理论分析有所不同，可能的原因是尽管家庭的迁移成本相对较高，但大城市优质的教育等公共资源带来的预期收益更大，这与当前我国流动人口迁移呈现家庭化趋势相一致。

三、结论与讨论

在理论分析的基础上，本节分析了区位与地缘等空间地理因素对流动人口选择流入地的影响，试图从微观视角对当前学界和政府普遍关注的流动人口分布格局的形成原因进行解释。

基于以上研究目的，笔者采用2014年全国流动人口监测数据并匹配了城市宏观经济以及空间地理数据，运用工具变量Probit模型进行计量分析，得到以下结论：

（1）区位和地缘均是影响流动人口选择流入地的重要因素，区位因素中交通通达度和非农就业密度的正向影响远远超过了地理距离的负向作用。由于北京、上海、广州、深圳等超大城市的交通通达度远远领先于其他城市，非农就业机会同样多于其他大中小城市，从而吸引了大量流动人口克服地理距离产生的迁移成本流入超大城市。

（2）研究表明，流动人口更倾向于流入与其隶属于同一经济带的超大城市。由此可见，随着区域经济的发展，地缘因素对流动人口流入地选择的影响更多的是经济上的联系和依赖，而非单纯地理上的"临近"。

（3）流出地隶属于长三角和环渤海地区的流动人口相对更倾向于选择超大城市作为流入地。可能的原因是超大城市的优势过于明显，而泛珠三角经济带发展较为均衡，其中除了广州、深圳等超大城市，其他一些二线城市发展也较好，作为流入地而言，也是好选择。

如前所述，当前我国的流动人口仍主要集中在北京、上海、广州、深圳等超大城市。这一趋势的直接结果是，在城市管理能力有限的情况下，城市人口规模快速膨胀将带来一系列城市问题以及区域发展差距的进一步拉大。根据以上研究结论，笔者得到以下两点政策启示：

（1）当前区位的内涵更多地体现为交通的通达度以及市场规模的大小两个方面。随着物流经济的发展，区位的重要性愈发凸显，对于净流出地以及中小城市来说，政府应加强交通等基础设施的建设，提高交通通达度，降低流动人口的迁移成本。在交通改善的条件下，城市开放度随之提高，将吸引更多的厂商和资本进入，创造更多的就业机会，从而吸引外来人才并留住当地劳动力，进而在促进本地发展的同时，缓解超大城市的人口压力。

（2）21世纪以来，伴随都市圈的发展，地缘经济对城市的发展具有举足轻重的作用。因此，加强区域内的经济联系，发挥超大城市的辐射作用，带动周边城市的发展，形成合理的城市体系，可以为区域内流动人口提供更多的"选择"而非单向地向超大城市集中，从而实现流动人口相对合理均衡的分布。

第二节 制度因素对城市群人口流动的影响

作为我国建设世界级城市群和参与全球竞争的重要空间载体，粤港澳大湾区在国家发展大局中具有不可替代的战略地位。建设粤港澳大湾区，既是新时代推动形成全面开放新格局的新尝试，也是推动"一国两制"事业发展的新实践。相比其他城市群，粤港澳大湾区11个城市在制度层面存在诸多差异，为研究制度因素如何影响人口流动提供了重要的样本。鉴于此，本节主要从个人所得税制度差异和社会保障制度差异两个方面探讨制度因素对城市群人口流动的影响。

一、个人所得税制度差异对城市群人口流动的影响

关于税收差异对人口迁移流动所产生的影响的已有研究较少，仅有少数学者关注到税收对人口迁移流动的影响。Dahlberg等在移民居住选择的影响因素研究中发现，地方政府提供的诸如教育、儿童护理、养老和社会

福利服务会对人口流动形成吸引力,而地方税制则会对人口流动形成阻力。[1] Tiebout 在其发表的《一个关于地方支出的纯理论》("A Pure Theory of Local Expenditures")中,首次提出政府开支、财政收入如税收等因素对区域间人口流动的影响。[2] Oates 认为,公共服务水平高的地方更容易吸引人口流入该地。[3] 巫锡炜等发现,人口流入地的经济发展水平对人口流入并不具有显著影响,流入地的"拉力"主要表现为经济机会的数量和经济回报的高低。[4] 李袁园根据第六次全国人口普查数据得出,对外开放程度高、企业数量多、就业机会广、工资水平高的地区更能够吸引人口流入。[5] 马红旗和陈仲常认为,省际流动人口以经济活动为主要目的进行迁移,包括务工经商、工作调动和学习培训等原因。[6] 刘欢发现,提高基本公共服务水平有助于促进人口流动,户籍管制抑制了流动人口迁移的稳定性与完整性。[7] 夏怡然和陆铭研究发现,公共服务均等化政策能从某种意义上缓解公共服务和收入水平高的大城市人口高度集聚的状况,促进劳动力在空间上的均衡分布。[8] Day 通过计量结果得出人口迁移与地区的税负水平存在显著的负相关。[9] Mark 研究得出所得税对大多数种族和年龄群

---

[1] See M Dahlberg, M Eklof, P Fredriksson, "Estimating Preferences for Local Public Services Using Migration Data," *Urban Studies*, 2012 (2): 319–336.

[2] See C M Tiebout, "A Pure Theory of Local Expenditures," *Journal of Political Economy*, 1956 (5): 416–424.

[3] See W E Oates, "The Effects of Property Taxes and Local Public Spending on Property Values: An Empirical Study of Tax Capitalization and the Tiebout Hypothesis," *Journal of Political Economy*, 1969 (6): 957–971.

[4] 参见巫锡炜、郭静、段成荣《地区发展、经济机会、收入回报与省际人口流动》,载《南方人口》2013 年第 6 期,第 54–61、78 页。

[5] 参见李袁园《中国省际人口迁移和区域经济发展研究》,吉林大学博士学位论文,2013 年。

[6] 参见马红旗、陈仲常《我国省际流动人口的特征——基于全国第六次人口普查数据》,载《人口研究》2012 年第 6 期,第 87–99 页。

[7] 参见刘欢《户籍管制、基本公共服务供给与城市化——基于城市特征与流动人口监测数据的经验分析》,载《经济理论与经济管理》2019 年第 8 期,第 60–74 页。

[8] 参见夏怡然、陆铭《城市间的"孟母三迁"——公共服务影响劳动力流向的经验研究》,载《管理世界》2015 年第 10 期,第 78–90 页。

[9] See K M Day, "Interprovincial Migration and Local Public Goods," *The Canadian Journal of Economics: Revue Canadienne D'economique*, 1992 (1): 123–144.

体的移民都有影响，居民更倾向于从高所得税的州搬到低所得税的州。①陈帅和方宏实证研究了个人所得税的调整对劳动力供给空间分布的动态影响，研究发现，个人所得税调整对劳动力供给的分布影响存在着显著的空间差异。②李智慧实证分析税率因素对居民迁移行为的影响，结果表明，所得税税率和消费税税率能够显著影响居民的迁移行为，税收竞争可以影响居民定居决策，进而影响地区间税收分布。③陆军和杨志勇认为，当劳动力对地方政府的偏好同质时，地方政府可以通过减税吸引劳动力，其他地方政府提高税收对本地劳动力集聚会产生正外部性作用。④鞠楠发现，高中学历劳动力群体对于较高的个人所得税税负更加敏感，同时个人所得税税负的提高会导致劳动力对于公共服务水平的评价降低。⑤

综合已有研究，国内外学者对人口流动的研究均较成熟，关于影响人口流动的因素有多方面的阐述与分析。"用脚投票"这一公共理论最早由Tiebout（1956）提出，此后许多学者开始更多地关注并研究居民迁移行为。现有研究发现，当地公共服务的质量、户籍制度的管制等相关政策能够影响人口的流动。也就是说，当地公共支出如城市医疗卫生支出对人口流动具有显著的正向作用，而交通服务则具有反向作用。但现有文献中，关于个人所得税税负影响人口流动的实证研究较少，基于此，笔者将以粤港澳大湾区为研究对象，探讨个人所得税差异对城市群人口流动的影响，为研究人口流动提供新的视角和切入点。

---

① See M Gius, "The Effect of Income Taxes on Interstate Migration: An Analysis by Age and Race," *The Annals of Regional Science*, 2011 (1): 205–218.

② 参见陈帅、方宏《个人所得税调整对劳动力供给空间分布影响的动态效应研究》，载《经济研究导刊》2019年第28期，第75–80、82页。

③ 参见李智慧《税收负担会影响居民迁移吗》，载《金融与经济》2017年第2期，第13–18页。

④ 参见陆军、杨志勇《中国地方财税竞争与异质偏好劳动力的空间流动——以京津冀大都市区为例》，载《财经研究》2010年第9期，第4–14页。

⑤ 参见鞠楠《个人所得税税负对地区间劳动力迁移影响研究》，东北财经大学博士学位论文，2020年。

（一）粤港澳大湾区个人所得税制度差异

1. 纳税义务人存在差异，内地纳税义务人范围更广

内地个人所得税的纳税义务人可分为居民与非居民个人两类，并实行属地兼属人原则，即无论是境内所得还是境外所得，居民个人均需缴纳个人所得税，非居民个人则仅对境内的所得缴纳个人所得税。香港地区薪俸税实行属地原则，即仅对在香港从事职业雇佣工作的人员以及领取退休金等的人员课税。澳门地区职业税同样实行属地原则，其纳税义务人主要分为两类：第一类是为他人劳动或服务的个人即雇员，如企业一般职员、临时工等；第二类是为自己筹资的个人即自雇人员或自由职业者。由此可见，内地纳税义务人的范围更广，是内地税收负担更重的原因之一。

2. 征税范围存在差异，内地征税范围更广

内地个人所得税征收范围包括以下9项所得：工资薪金所得、劳务报酬所得、稿酬所得、特许权使用费所得、经营所得、利息股息红利所得、财产租赁所得、财产转让所得、偶然所得。香港地区薪俸税征收范围包括工资、佣金、小费、花红、津贴等。澳门地区职业税征收范围依照收益类型和纳税义务人进行区分。

粤港澳三地个人所得税基本要素差异如表4-4所示。

表4-4　粤港澳三地个人所得税基本要素差异

地区	税收原则	纳税义务人	征税范围	缴纳方式
珠三角9市	效率优先，兼顾公平	中国公民和在我国境内取得所得的外籍人士	9项所得	自行申报、代扣代缴
香港	注重税收公平原则	在香港从事工作或者提供服务，从而获得工资的人。该税种对国籍和地区人士没有区别	纳税人从香港取得的所有收入均需要缴纳薪俸税	税务机关在年末根据其所获得的纳税信息向纳税人发送纳税申报表

续上表

地区	税收原则	纳税义务人	征税范围	缴纳方式
澳门	税收公平为主，兼顾效率原则	在澳门为他人劳动或服务的个人和在澳门从事的职业规章的设置的职业从业者	按收益类型和纳税义务人类型划分	源泉扣缴，职业人士主动申报，对非职业人员，由雇主代扣代缴

3. 税负存在差异，内地税率相对较高

从税率来看，内地综合所得和经营所得均采用超额累进税率，综合所得税率最低为3%，最高为45%，免征额为3.6万元，每年有6万元的基本扣除费用。香港薪俸税的计算方法有两种，一种是按累进税率计算，最高税率为17%；另一种是以总入息净额按照标准税率15%计算，具体缴纳的税额按照两种方法计算的税款取较低值。澳门职业税采取的是7%到12%的超额累进税率，免征额为14.4万澳门元。

（二）模型选择与计量结果分析

1. 空间自相关检验

由于粤港澳大湾区11个城市间的地理距离较近，相邻地区的经济发展水平较接近，人口流动可能存在空间相关性，因此笔者通过建立空间经济距离矩阵和反距离权重矩阵进行空间自相关检验，并根据检验结果，判断是否采用空间计量模型分析。基于 Moran's I 指数检验人口流动是否存在空间自相关。如表4-5所示，通过计算2015—2021年粤港澳大湾区人口流动率的全局 Moran's I 指数，得出2015—2021年各年人口流动率的 Moran's I 指数显著为负，即人口流动具有显著的空间相关性，故需采用空间计量模型进行分析。

表4-5 Moran's I 指数

年份	I	E(I)	sd(I)	Z	$p\text{-}value^*$
2015	-0.540	-0.100	0.169	-2.607	0.009

续上表

年份	I	$E(I)$	$sd(I)$	Z	$p\text{-}value^*$
2016	-0.582	-0.100	0.154	-3.124	0.002
2017	-0.326	-0.100	0.199	-1.136	0.256
2018	-0.416	-0.100	0.189	-1.670	0.095
2019	-0.428	-0.100	0.185	-1.772	0.076
2020	-0.448	-0.100	0.187	-1.856	0.063
2021	-0.420	-0.100	0.187	-1.713	0.087

注：*表示显著性水平小于0.05。

2. 空间计量模型选择

相邻地区的经济发展水平较接近，且各地方政府的税收竞争存在空间溢出效应并会影响邻近地区，这导致相邻地区之间人口流动可能存在空间相关性，因此笔者采用空间计量模型进行实证研究。最基本的空间计量模型包括空间自回归模型（SAR）、空间误差模型（SEM）、空间杜宾模型（SDM）等，其中空间杜宾模型（SDM）在一定条件下可以退化成空间自回归（SAR）模型和空间误差（SEM）模型。

笔者采用LR检验以验证空间杜宾模型（SDM）是否会退化成空间自回归模型（SAR）和空间误差模型（SEM）。由表4-6可知，在LR检验下，检验结果在1%水平显著，应选择空间杜宾模型（SDM）来分析个人所得税对人口流动的影响。

表4-6 空间计量LR检验

模型	统计值	p值
SAR	53.01	0.0031
SEM	54.82	0.0105

根据相关检验，笔者选取空间杜宾模型（SDM）进行实证分析，模型设定如下：

$$\ln mir_{it} = \rho \sum_{j=1}^{n} w_{ij} mir_{it} + \sum_{j=1}^{n} w_{ij} X_{it} \gamma + X'_{it} \beta + \varepsilon_{it} \qquad (4-4)$$

其中 mir_{ij} 表示 i 城市第 j 年的人口流动率；X'_{it} 代表核心解释变量个人所得税税负（$taxbd$）以及一系列控制变量，w_{ij} 为 $n \times n$ 区域中心间反距离权重矩阵 W 的 (i,j) 元素，ε_{it} 为扰动项；ρ 为空间自相关参数；γ 和 β 为待估系数向量。

3. 数据来源与变量选取

（1）数据来源。

本节所用数据来自 2015—2021 年广东省统计年鉴、2015—2021 年香港统计年刊、2015—2021 年澳门统计年刊、《中国人口普查年鉴2020》。个别年份缺失的数值采用插值法补齐，以达到平衡面板的目的。同时，为避免出现由汇率造成的数据差异，香港和澳门地区的货币根据当年汇率换算成人民币。由于香港和澳门的税制与内地的税制存在一定的差异，在统计中个人所得税代指内地的个人所得税、香港的薪俸税和澳门的职业税。

（2）变量说明。

被解释变量：人口流动率（mir），即本年度总人口/上年度总人口 – 本年度自然增长率，除反映人口流动会使当地人口数量发生变化外，还反映当地的自然出生和死亡而导致的总人口数量变化。

核心解释变量：个人所得税税负（$taxbd$），用该地区个人所得税收入与当地 GDP（国内生产总值）之比表示。珠三角 9 市个人所得税制度相同，但由于实行一国两制的政策，香港和澳门的个人所得税税收政策与内地存在差异。

控制变量：主要包括人均 GDP（$\ln pergdp$）、人均可支配收入（$\ln percd$）、平均工资（$\ln wage$）。同时，在参考段成荣[1]、吴伟平和刘乃全[2]、张耀军和岑俏[3] 等文献的基础上，引入控制变量工业化程度（$\ln InDe$）、经济开放水平

---

[1] 参见段成荣《省际人口迁移迁入地选择的影响因素分析》，载《人口研究》2001 年第 1 期，第 56–61 页。

[2] 参见吴伟平、刘乃全《异质性公共支出对劳动力迁移的门槛效应：理论模型与经验分析》，载《财贸经济》2016 年第 3 期，第 28–44 页。

[3] 参见张耀军、岑俏《中国人口空间流动格局与省际流动影响因素研究》，载《人口研究》2014 年第 5 期，第 54–71 页。

(ln open)、产业结构 (ln InStru)、固定资产投资比例 (ln FixAsset)。

考虑到以上变量均可能存在异方差的问题,笔者在回归过程中对所有变量都进行了取对数处理。关于上述变量的描述性统计分析如表4-7所示。

表4-7 变量描述性统计分析

变量	观测值	均值	标准差	最大值	最小值
人口变化率 (mir)	77	1.142	5.012	11.160	-13.350
个人所得税税负 (taxbd)	77	0.006	0.007	0.028	0.001
平均工资 (ln wage)	77	11.450	0.365	12.180	10.880
人均GDP (ln pergdp)	77	11.670	0.672	13.620	10.650
人均可支配收入 (ln percd)	77	11.040	0.902	13.140	9.852
开放水平 (ln open)	77	-0.324	0.777	1.416	-1.877
产业结构 (ln InStru)	77	-0.722	1.478	0.519	-4.582
固定资产投资额 (ln FixAsset)	77	7.769	0.725	9.024	6.090
工业化程度 (ln InDe)	77	-1.335	1.254	-0.483	-4.850

4. 空间计量回归结果分析

空间杜宾模型(SDM)估计的空间自回归系数 ρ 估计值在1%水平上显著,说明空间自回归效应的存在。个人所得税税负的回归系数均显著为负值,说明个人所得税税负对人口流入具有显著的负相关性,即地方政府扩大个人所得税的税收规模不利于人口流入,反之则有利于吸引人口的流入。平均工资的回归系数高度显著为正,表明该地区的平均工资越高,对人口流入的促进作用越大,能够吸引更多的外来人口到本地就业。

粤港澳大湾区目前实施外籍高端人才的个人所得税税收优惠政策,珠三角9市对在大湾区工作的人才按内地与香港的个人所得税税负差额给予财政补贴,并对补贴免征个人所得税。该税收优惠政策有利于促进大湾区内部的人口流动,同时吸引外来人口进入粤港澳大湾区就业发展。为检验上述结果的稳健性,笔者采用反距离权重矩阵代替空间经济距离矩阵进行回归检验，结果如表4-8所示。对比模型结果发现，模型中个人所得税税负的系数没有太大差异，系数符号的方向及显著性与原回归对比并未发生改变，大部分控制变量的符号方向及显著性也与前文实证回归结果基本一致。因此，个人所得税税负影响人口流动的空间回归结果比较稳健。

表4-8 空间计量回归结果

变量	SDM（空间经济距离矩阵）	SDM（反距离权重矩阵）
$taxbd$	-376.569**	-378.876**
	(155.545)	(171.323)
$\ln wage$	15.356***	23.765***
	(5.081)	(6.696)
$\ln pergdp$	-1.496	4.756
	(3.488)	(4.072)
$\ln percd$	-11.854**	-22.284***
	(5.965)	(7.409)
$\ln open$	1.831	2.299
	(2.012)	(2.164)
$\ln FixAsset$	-1.225	0.115
	(2.686)	(2.971)
$\ln InStru$	8.105***	8.075**
	(2.819)	(3.186)
$\ln InDe$	-18.163***	-17.265***
	(4.647)	(5.217)
$W \times taxbd$	94.531	-44.160
	(204.209)	(413.515)
$W \times \ln wage$	11.045	39.924**
	(8.175)	(17.857)

续上表

变量	SDM（空间经济距离矩阵）	SDM（反距离权重矩阵）
W × ln pergdp	10.346*	37.367***
	(6.148)	(13.739)
W × ln percd	-12.730	-63.332**
	(11.798)	(28.998)
W × ln open	8.401*	-6.234
	(4.528)	(7.321)
W × ln FixAsset	-4.906	-7.596
	(3.923)	(7.574)
W × ln InStru	11.051*	10.357
	(5.680)	(13.813)
W × ln InDe	-9.962	9.143
	(9.143)	(20.302)
ρ	0.551***	0.315***
	(0.096)	(0.160)
δ^2	1.757***	1.937***
	(0.295)	(0.315)
N	77	77
r^2	0.294	0.486

注：括号内数值表示标准误；*、**、*** 分别表示 $p<0.05$、$p<0.01$、$p<0.001$。

为了更直观地阐明解释变量对被解释变量的影响，笔者将空间溢出效应分为直接效应和间接效应，结果如表4-9所示，个人所得税税负的直接效应、间接效应和总效应均为负。直接效应表示个人所得税税负对人口流动的平均影响，在5%水平上显著为负，说明个人所得税税负的减轻会吸引人口的流入。个人所得税税负的间接效应并不显著，说明其对周边地区的人口流动没有产生影响。

表 4-9 解释变量空间溢出效应分解

变量	直接效应	间接效应	总效应
$taxbd$	-397.953**	-216.378	-614.330
	(176.986)	(436.970)	(540.220)
$\ln wage$	20.056***	40.410**	60.467***
	(5.774)	(16.562)	(20.429)
$\ln pergdp$	1.124	19.416	20.539
	(4.319)	(13.621)	(16.984)
$\ln percd$	-16.801**	-40.004	-56.805
	(8.253)	(29.204)	(36.320)
$\ln open$	4.215	19.061*	23.276*
	(2.640)	(11.222)	(13.149)
$\ln InStru$	-2.460	-11.299	-13.760
	(3.246)	(8.784)	(11.330)
$\ln FixAsset$	11.882***	31.755**	43.637**
	(4.131)	(15.336)	(18.729)
$\ln InDe$	-23.032***	-41.080	-64.111**
	(6.395)	(25.385)	(30.548)

注：括号内数值表示标准误；*、**、*** 分别表示 $p<0.05$、$p<0.01$、$p<0.001$。

（三）结论与建议

笔者利用大湾区 11 个城市数据进行实证分析发现，个人所得税税负越轻，越能够吸引外来人口流入。粤港澳合作平台的建设为推动区域级的融合进程、缩小区域内的差距、推进大湾区经济建设带来了全新的机遇。研究结果表明，个人所得税税制的差异在一定程度上影响着人口流动，而人口流动对一个城市和一个区域的发展都至关重要。因此，进一步推动粤港澳三地合作，促进各类要素在大湾区便捷流动和优化配置，有利于增强与畅通国内大循环和联通国内国际双循环的功能。粤港澳三地地方政府面临着不同的现实情况，需要结合自身情况进行权衡。比如，在费用扣除、税收优惠等方面，可以考虑赋予地方政府一定的个人所得税税收管理权，加快粤港澳三地的税制协调、促进税收竞争和谐发展，提出长期稳定的税收优惠政策。粤港澳三地政府和税务部门应加强沟通与合作，共同制定改革方案，公布税收政策、税收法规和税务程序，使纳税人能够更清楚地了解个人所得税的计算方法和纳税义务。另外，可运用科技赋能税收征管，加强数据采集，提高信息交换效率。同时，为了提高征管效率，强化纳税人的信息共享，可建立起纳税人的收入信息数据库，通过共享纳税人的收入信息，更准确地核实纳税人的纳税情况，避免出现漏税或逃税现象。

二、社会保障制度差异对城市群人口流动的影响

随着我国市场经济的发展和城镇化进程的推进，人口的空间分布格局不断发生变化，大规模的人口流动成为最普遍、最深刻的社会现象。各国制度的设计基于不同的国情，其中发达国家的人口迁移制度往往采取较为开放的姿态，公民享有充分的迁移和移居自由，且国家拥有较为健全的社会保障制度和社会救济体系，政府和企业对人口流动导致的教育、住房、社会福利等社会问题进行了综合治理。如欧洲的"事后迁移登记"制度、美国的"社会保障号"制度以及日本的"户籍随人走"制度等，对于流动人口总体上不存在制度性的排斥规定，流动人口与本地居民的权益差异较小。我国现行的社会保障制度产生于计划经济时代，在特定的历史背景下被附加了很多政治、经济和社会功能，在流动人口社会保障制度的建设方面与发达国家有着本质的差别。通过不断深化制度改革，我国社会保障制度统一性和规范性不断增强，社会保障体系覆盖面持续稳定扩大，但在区域发展不平衡、地方政府分权的背景下，社会保障制度差异导致的碎片化、转移接续难、福利不可携的困境，不仅影响社会保障经济社会功能的

发挥，而且增加了人口自由流动的制度障碍与成本。①

粤港澳大湾区囊括广州、深圳、佛山、东莞、惠州、珠海、江门、中山、肇庆等珠三角9市及香港、澳门2个特别行政区，总面积5.6万平方公里，2021年人口达到8669.23万。② 粤港澳大湾区经济实力雄厚，区位优势明显，创新要素集聚，社会保障水平较高，对流动人口的吸引力不断增强。2010—2020年，大湾区总人口累计增幅超35%，外省人口流入规模与省内人口流动规模均居十大主要国家级城市群首位，总体上呈现持续较快的人口增长、高密度的人口集聚、不均衡的空间分布的特征。③ 在社会保障制度体系构建过程中，由于政治、经济和文化等方面的差异，对社会保障的理解及制度设计不尽相同，粤港澳三地的社会保障在制度理念、体系、覆盖范围和筹资机制等方面均存在明显差异，制度模式各具特色。与内地各区域相比，由于社会保障制度差异产生的困境和障碍，大湾区各个城市之间社会保障制度的差异对人口流动的影响更为明显和具有代表性。人口作为大湾区经济活力与区域竞争力的重要要素和核心资源，推进粤港澳大湾区社会保障制度的合作与衔接，以促进人口要素的合理流动，是《粤港澳大湾区发展规划纲要》明确要解决的问题之一。那么，粤港澳大湾区的社会保障制度与其他区域相比存在哪些差异？社会保障制度差异如何影响人口流动？这些问题都值得高度关注。

基于此，笔者以粤港澳大湾区社会保障制度的差异性和人口流动的制度成本作为切入点，探究粤港澳大湾区的社会保障制度对人口流动的影响机制及效果，对于实现粤港澳大湾区人口自由、畅通地流动具有重要的现实意义和理论意义。

（一）文献综述

以往学者从人口地理学、发展经济学、政治经济学等诸多学科出发，

---

① 参见张晓杰《流动人口的社会保障与制度构建》，载《重庆社会科学》2014年第2期，第51-56页；陈钊、陆铭、许政《中国城市化和区域发展的未来之路：城乡融合、空间集聚与区域协调》，载《江海学刊》2009年第2期，第75-80页；朱玲《中国社会保障体系的公平性与可持续性研究》，载《中国人口科学》2010年第5期，第2-12、111页。
② 数据来源于2022年《广东统计年鉴》。
③ 参见孙文勇、徐雨璇、刘行等《粤港澳大湾区人口空间分布特征与空间治理优化建议》，载《城市观察》2022年第3期，第77-90、161-162页。

对人口流动的影响因素进行了多维度分析与探讨。传统的人口迁移理论如推拉理论、城乡二元经济理论等，均强调了经济因素对人口流动的驱动作用。随着制度经济学的发展，国内外学术界开始重视制度因素对人口流动的影响。新经济史学家诺思认为"制度变迁决定了人类历史中的社会演化方式"，其在人口动力论中，将人口变化与制度、所有权联系起来。国外学者较多关注教育、社会保障、税收等制度因素对人口流动的影响。如Dahlberg 等在移民居住选择的影响因素研究中发现，地方政府提供的诸如教育、儿童护理、养老和社会福利服务会对人口流动形成吸引力，而地方税制则会对人口流动形成阻力[①]；Jml 和 Wwb 量化了地方政府公共服务的质量，研究表明，更完善的住房保障制度和优质的教育是影响人们选择居住地的关键因素[②]。与欧美国家自由流动的理念不同，制度因素对于我国的人口流动具有关键性的影响，我国的户籍制度以及与其挂钩的如社会保障、社会福利等一系列制度，被视为我国城乡流动的突出制度障碍。[③] 如杨菊华认为户籍赋予了人们制度性身份，与此关联的一系列制度形成的"隔离墙"对人口流动有决定性的影响；制度隔离产生的城—乡、内—外"双重排斥效应"不仅使流动人口难以共享经济社会发展的成果，而且限制了他们在公共服务、社会保障等方面的融合。[④] 大部分研究将这种制度障碍视为人口流动的制度成本，并构建符合我国人口流动特征的劳动力迁移模型。如赵勍和张金麟认为制度成本是指由住房制度、户籍制度和社会保障制度等方面的不完善、不合理带来的转移成本的增加[⑤]；刘军辉和张古、Wang 和 Benjamin 构建了劳动力迁移模型，检验制度因素对劳动力市场的影响，研究表明制度障碍极大地提高了劳动力流动的成本，降低劳动

---

① See M Dahlberg, M Eklof, P Fredriksson, et al., "Estimating Preferences for Local Public Services Using Migration Data," *Urban Studies*, 2012, 49 (2): 319 – 336.

② See A Jml, B Wwb, "Measuring Public Service Quality: Revisiting Residential Location Choice Using Emergy Synthesis of Local Governments in Pennsylvania," *Cities*, 2020, 102 (1): 102753.

③ 参见李强《影响中国城乡流动人口的推力与拉力因素分析》，载《中国社会科学》2003年第1期，第125 – 136、207 页。

④ 参见杨菊华《新型城镇化背景下户籍制度的"双二属性"与流动人口的社会融合》，载《中国人民大学学报》2017 年第 4 期，第 119 – 128 页。

⑤ 参见赵勍、张金麟《基于私人成本与私人收益的农民工市民化意愿研究》，载《华东经济管理》2012 年第 12 期，第 124 – 128 页。

力流动成本、减少制度对劳动力流动的束缚将促进劳动力流动①；杨浩天等构建了市民化成本分析框架，探讨了户籍地与流入地福利获取成本对流动人口居留意愿的影响，研究表明，吸引流动人口流动并居留的根本动力是总体福利获取成本的有效降低②。

　　社会保障制度是我国最重要的社会经济制度之一。在宏观层面，社会保障制度可以推动经济增长、缩小城乡收入差距、促进人口城市化③；在微观层面，社会保障制度具有扩大居民消费、促进就业、提高生活幸福感等积极作用④。作为人口流动的重要制度因素，我国社会保障制度改革持续推进，但不同地区的社会保障制度仍存在多方面的差异。肖严华提出，因我国城乡二元结构、区域经济发展不平衡以及身份职业多元化，社会保障制度在管理方式、保障范围、缴纳水平等方面存在差异，呈现城乡分割、区域分割、社会人群分割的状态。⑤ 学术界对社会保障制度差异影响人口流动的相关研究主要包括两类。一类是社会保障制度差异对人口流动决策的影响。如陈乙酉和张邦辉基于推拉理论实证检验了不同类型的社保制度对人口流动决策的影响，研究表明，农村合作医疗和养老保险显著"推动"劳动力外流，而城镇居民医疗保险和养老保险产生了"拉回"效应⑥；谢胜华等分析了西方福利移民模式，指出福利的托底功能在人口流

---

① 参见刘军辉、张古《户籍制度改革对农村劳动力流动影响模拟研究——基于新经济地理学视角》，载《财经研究》2016年第10期，第80–93页；S X Wang, F Y Benjamin, "Labor Mobility Barriers and Rural-Urban Migration in Transitional China," *China Economic Review*, 2019, 53: 211–224。

② 参见杨浩天、陆军、丁凡琳等《福利获取成本对流动人口落户意愿的影响研究——基于微观视角下市民化成本分析框架》，载《价格理论与实践》2022年第9期，第97–101页。

③ 参见郑功成《中国社会保障改革与经济发展：回顾与展望》，载《中国人民大学学报》2018年第1期，第37–49页；杨风寿、沈默《社会保障水平与城乡收入差距的关系研究》，载《宏观经济研究》2016年第5期，第61–72页；张玮祎《城市化进程中失地农民社会保障问题研究》，载《魅力中国》2014年第23期，第5页。

④ 参见姜百臣、马少华、孙明华《社会保障对农村居民消费行为的影响机制分析》，载《中国农村经济》2010年第11期，第32–39页；吴小明、胡永远《基于社会保障制度就业效应的探索与研究》，载《创新与创业教育》2016年第6期，第5页；马红鸽、席恒《收入差距、社会保障与提升居民幸福感和获得感》，载《社会保障研究》2020年第1期，第86–98页。

⑤ 参见肖严华《劳动力市场、社会保障制度的多重分割与中国的人口流动》，载《学术月刊》2016年第11期，第95–107页。

⑥ 参见陈乙酉、张邦辉《社会保障对农民工流动决策的影响研究——基于"推拉"理论的实证》，载《农业经济问题》2018第10期，第132–140页。

动决策中起着重要作用,并且基于我国场景,他认为地方政府利用制度规制居民的福利获得,由此形成的福利水平差异是人口流动的重要动因①;周心怡和蒋云赟、卢素兰利用微观调查数据,验证了各城市养老、医疗等社会保险制度在缴费率、给付水平、统筹层次等方面的差异会对人口流动意愿产生正向或负向的影响②。另一类是社会保障制度差异对人口流动的阻碍作用。如黄匡时和嘎日达认为流动人口的社会保障存在制度陷阱,即各地差异化的社保制度不仅使社会保障衔接问题复杂繁琐,也给流动人口带来转换负担;社会保障存在流动陷阱,即社会保险便携性损失和流动性损失会使流动人口的社会保险权益受损或待遇缩水③;项益才和吴中宇认为社会保障制度要增强公平性、适应流动性,增强公平性在于实现社会保障广覆盖和缩小差距,解决人口流动的制度障碍,而适应流动性则在于协调不同地区社会保障差异,适应人口流动趋势④;Robert 和 Johannes 从社会权利和风险管理视角出发,提出制度差异导致劳动力在不同职业、不同地区流动中社会福利缺失或不可携带,对劳动力迁移决策和应对风险的能力产生负面影响⑤;邹铁钉对劳动力流动及其对经济与社会影响的 H-T 模型进行扩展,实证检验社会保障差异以及异地接续困难会改变流动成本和流动收益,进而影响流动效率和流动方向⑥。

多元的制度体系所带来的社会保障制度差异对粤港澳大湾区人口流动的影响更为复杂和特殊。如王丽娅、郭攀对比了粤港澳社会保障制度在理念、管理体制、社保基金和覆盖面等方面的差异,认为差异的存在会阻碍

---

① 参见谢胜华、钟敏、冷向明《福利移民:西方国家的典型模式及其启示》,载《中国行政管理》2020 年第 7 期,第 134 – 141 页。

② 参见周心怡、蒋云赟《基本养老保险全国统筹、人口流动与地区不平衡》,载《财政研究》2021 年第 3 期,第 84 – 100 页;卢素兰《参与城乡医保统筹对农业流动人口长期迁移意愿的影响——基于倾向得分匹配法的分析》,载《福建农林大学学报(哲学社会科学版)》2020 年第 3 期,第 39 – 49 页。

③ 参见黄匡时、嘎日达《流动人口的社会保障陷阱和社会保障的流动陷阱》,载《西部论坛》2011 年第 6 期,第 1 – 8 页。

④ 参见项益才、吴中宇《我国现行社会保障体系的缺陷及其完善对策》,载《江西财经大学学报》2011 年第 5 期,第 66 – 71 页。

⑤ See H Robert, K Johannes, "Portability of Pension, Health, and Other Social Benefits: Facts, Concepts, Issues," *CESifo Working Paper Series*, 2012, 61 (2).

⑥ 参见邹铁钉《养老保险可携带性、农村劳动力流动与农村反贫困》,载《统计研究》2021 年第 8 期,第 45 – 58 页。

粤港澳大湾区劳动力的自由流动①；曹建云构建动态搜寻模型考察影响跨境养老决策的因素，研究发现由于技术限制及制度差异，福利跨境可携程度低制约了长者的迁移和流动，在粤港澳大湾区建设背景下，探索福利跨境可携的相关制度是推进香港长者跨境养老的突破口②；王茜和刘文鑫认为粤港澳社会保障制度差异大、衔接复杂程度高，港澳跨境流动人口面临负担更重的社会保障成本，并提出存异求同的体制创新和制度衔接是畅通"大湾区循环"、缓解社保制度差异造成的人口流动障碍的有效路径③。

总体而言，制度因素在人口迁移流动框架中的重要性引起了学术界的广泛重视。已有研究基于我国国情，分析制度差异及阻碍，较为全面地揭示了社会保障制度对我国人口流动的影响机制和效果。但是，在以粤港澳大湾区为空间单元的研究中，已有文献多集中于对社会保障制度差异成因及衔接必要性的研究上，对于社会保障制度差异对人口流动影响的探讨，尚缺乏相应的理论支撑和实证分析。鉴于此，笔者在总结粤港澳大湾区社会保障制度差异的基础上，探究城市群人口流动的影响机制，通过测算社会保障制度差异所带来的流动成本，定量分析其对人口流动的影响，从而弥补现有研究之不足。

（二）粤港澳大湾区社会保障制度差异

1. 社会保障制度建立的理念存在差异

内地的社会保障制度建立在立法的基础上，遵循公平与效率相平衡的原则，一方面强调公平，创造和谐发展的经济社会环境，为社会成员的基本生活权利提供保障，使其共同享受社会带来的普惠；另一方面则强调通过经济效率提高来助力经济平稳增长，维护劳动力的正常再生产，正确筹资合理运作以实现社会效益最大化。

---

① 参见王丽娅《粤港澳三地社会保障制度的比较研究》，载《国际经贸探索》2010年第6期，第45-52页；郭攀《粤港澳三地社会保障制度协调研究》，载《时代经贸》2019年第4期，第83-84页。

② 参见曹建云《粤港澳大湾区建设对跨境养老的影响研究——基于福利可携性视角》，载《华南理工大学学报（社会科学版）》2020年第1期，第12-21页。

③ 参见王茜、刘文鑫《畅通"大湾区循环"的跨境社保衔接问题研究》，载《地方财政研究》2022年第6期，第66-75页。

受西方补缺型福利文化和东方儒家文化的影响，香港建立起以社会救助为核心的社会保障制度，即政府面向社会弱势群体提供必要的支援，以弥补市场经济体系的内在缺陷，同时特别强调社会互助和家庭责任，努力在经济发展和社会福利之间保持平衡。①

澳门的社会保障制度秉持平等、效率、互助和参与四大原则，政府担任制度规划者的角色，承担福利政策中的主要责任，与民间社会团体和谐共处、良性合作，重点扶持弱势群体，促进社区及家庭功能发挥。②

2. 社会保障体系层次各具特色

内地建立起以社会保险为主体，社会救助、社会福利和优抚安置为补充的社会保障制度体系。国家主导着社会保障改革并承担着直接的、重要的责任，构成社会的各个方面及社会成员个人都共同分担着社会保障的责任。

香港建立起以社会救助为核心的社会保障制度体系，包括综合社会保障援助计划、公共福利金计划等五项政府无偿提供的社会福利补贴，以及雇主为雇员提供的职业福利和医疗卫生等社会福利服务。

澳门建立起"双层式社会保障制度"，由第一层的社会保障制度及第二层的中央公积金制度构成，分为强制性供款制度和任意性供款制度，其资金来源于雇主和雇员的定额供款，以及财政盈余拨款和博彩拨款等，通过向合资格受益人发放养老金、残疾金、失业津贴、丧葬津贴等，为居民提供基本的社会保障。

3. 社会保障制度覆盖广度差异

广东省社会保障制度覆盖面持续扩大，城乡居民基本养老、医疗保险与城镇职工基本养老、医疗保险相互衔接，基本覆盖了城镇所有用人单位，包括企业、机关和事业单位、社会团体及其职工，促进了制度公平可持续，提高了社会救助水平。截至2021年底，广东省养老、失业、工伤

---

① 参见岳经纶《香港社会救助制度的发展及其对中国内地的借鉴》，载《暨南学报（哲学社会科学版）》2017年第7期，第50-59页。
② 参见霍慧芬《澳门福利政策转型中的政府角色》，载《新视野》2011年第3期，第94-96页。

三大险种累计参保达 1.56 亿人次，基本实现社会保障制度和人群的全覆盖。

香港社会保障制度的主体综援计划覆盖面非常广，涉及年老、残疾、失业等问题，政府提供资金、以收入补贴等方式使他们的经济收入达到生活基本需要，但申请综援有严格的限制条件且手续繁琐复杂，实际受益人数占比仍较低。香港强积金计划覆盖范围相对广泛，施行以来已实现了较高的参与率，截至 2021 年底，雇主、雇员和自雇人士的参与率近 80%。

澳门社会保障制度的覆盖面自回归以来不断扩大，并且多次提升养老金、残疾金的津贴保障金额，津贴的范围涵盖学习、就业、生活、医疗等众多领域。截至 2021 年底，澳门社会保障制度登记的受益人约 50 万人，养老金受领人 129202 人，基本覆盖了澳门的 65 岁及以上人员；社会保障基金供款者人数 387492 人，占总人口数的 56.4%。

4. 社会保障筹资机制多元化

内地的社会保障资金的筹集由国家、企业和个人共同负担，均要缴纳一定比例的社会保险费用，其中财政作为最后的支持者，补贴社会福利、社会救济等保障项目。香港和澳门筹资采用政府与市场相结合的机制，其中香港的社会保障资金筹资渠道多元，主要来源于政府资助，还包括社会募捐、慈善捐赠和服务收费等款项，具有社会化、市场化的特征。[①] 强积金计划采用的是完全积累型的筹资模式，是由私营机构管理、强制执行、为就业者积累资金保障退休生活的公积金制度，在一定程度上减轻了政府的财政压力。澳门社会保障制度福利性成分高，居民自筹占比低，博彩业作为支柱产业，通过财政拨款与融资制度实现了结合[②]，社会保障基金高度依赖特区政府拨款和博彩税收，同时包括雇主供款、个人缴费、社会捐助等方面。

[①] 参见王海英、梁波《老龄化与养老服务：香港的经验与启示》，载《中国人力资源开发》2014 年第 16 期，第 85-90、97 页。

[②] 参见陈建新、王广智、张锐等《澳门社会保障发展对内地多层次社会保障体系建设的借鉴》，载《中国保险》2022 年第 8 期，第 40-46 页。

(三) 粤港澳大湾区社会保障制度差异对人口流动的影响机制

新制度经济学将制度视为一种行为规则，约束和引导个人理性地追求效用最大化。该理论认为不同制度结构会形成不同的激励结构，对人们的预期、行为方式产生约束和影响，进而导致不同的经济绩效结果。[①] 根据舒尔茨的迁移成本-收益理论，人口流动是人们追求更大经济收益的行为决策过程，流动成本是指为了实现人口迁移流动而花费的各种直接与间接费用的总和，分为货币和非货币成本；流动收益是指一种预期收益，分为货币收益和非货币收益。借鉴上述理论，笔者将制度差异对人口流动产生的影响界定为制度成本，认为社会保障制度差异带来了人口流动中的社会保障制度成本。

社会保障制度成本是指社会保障制度差异对人口流动产生的负面影响，也可以理解为福利净损失。对于跨境流动人口而言，随着城市间互联互通效率的提高，香港、澳门与大湾区其他城市的人口联系日益密切，越来越多的港澳居民到珠三角就业、创业或生活。内地与港澳之间社会保障制度差异和不可跨境携带[②]是限制人口流动的重要因素。由于港澳老龄化严重，长者赴粤养老现象突出，近年来中央有关港澳居民与当地居民享有同等待遇的措施陆续出台，包括发放港澳台居民居住证、完善港澳居民参加内地社会保险的政策等，但目前制度壁垒尚未完全突破，福利不可携带增加了流动的制度成本。在社会福利方面，港澳地区福利制度相对成熟，而珠三角9市社会福利制度有待完善。在港澳，长者可以领取高龄津贴和长者生活津贴，还享有价格低廉的公立医疗服务，为方便其在内地养老，公共福利金"广东计划"已基本实现了香港长者养老津贴的跨境可携，但是在养老和医疗服务的标准和费用方面进展缓慢。港澳长者到内地养老既难以获得高质量的养老和医疗服务，也会因流动失去享有港澳社会福利的资格，需要通过缴纳内地的社会保险来应对养老和医疗需求。在社会保

[①] 参见王冰、李文震《制度经济学中的制度影响理论》，载《江汉论坛》2001年第2期，第15-19页。

[②] 参见广东省人力资源和社会保障厅网 (https://hrss.gd.gov.cn/zwgk/content/post_2522053.html)。

险方面，基于不同的筹资机制，港澳的强积金制度与内地的社会保险制度难以衔接，且缴费差异大。港澳雇员按月薪收入的比例定期向强积金基金供款，除公务员外其他社会人士到退休后一次性领取退休金，而内地社保的缴费基数和征缴比例较高且每年调整，退休后可每月领取基本养老金至身故。港澳居民来内地就业后，参加职工基本养老保险最少要累积供款15年、职工基本医疗保险最少累积供款25年，才可在退休后享受补贴，并且若要提前支取在港澳累积的强积金，就需要放弃港澳永居机会，也就意味着社会福利的损失。

对于内地流动人口而言，也同样存在社会保障制度成本。我国社保制度规定参保人员基本养老保险关系不在户籍所在地且在每个参保地的累计缴费年限均不满10年的，将其基本养老保险关系及相应资金归集到户籍所在地，由户籍所在地按规定办理待遇领取手续，享受基本养老保险待遇。在灵活就业成为新趋势的背景下，大部分流动人口的流动性强，很难满足在一个城市缴费满10年的要求，最终会按照户籍所在地的社保待遇领取养老金。通常人口会向工资水平更高的地区流动，而缴费基数则以当地工资为标准，转移接续不畅使人口流动需要承担一定的制度成本。内地人口向港澳的流动为港澳带来了巨大的经济收益，促进了金融、旅游等产业的蓬勃发展，然而香港和澳门的社会福利的获得与身份类型高度挂钩，符合条件的内地居民需要申请香港身份证或澳门身份证，才可以享有相应的社会福利待遇，身份证类型分为"非永久性居民身份证"和"永久性居民身份证"。内地居民通过香港的优才、专才、进修移民、单程证，澳门的高端人才计划、优秀人才计划及高级专业人才计划，可以分别获得香港非永久性居民身份证和澳门非永久性居民身份证，享受如公立医院免费医疗、退休金、养老金、失业津贴等社会福利；居住在港澳连续7年及以上的中国公民可申请核实永久性居民身份证资格，享有更完善的社会福利，如公共房屋申请及社会福利救济金等。申请香港居民身份证和澳门居民身份证均有学历、年龄、收入等方面的要求。总体而言，内地流动人口能够享有港澳社会福利的门槛较高，粤港澳制度的差异性影响了三地社会福利和公共服务的有效衔接，造成了粤港澳大湾区面临其他湾区所没有的制度难题①，成为内地人口向港澳流动的阻碍。

根据上述分析，笔者提出假说 H5。

H5：社会保障制度成本与人口流动呈负相关，即社会保障成本较低的地区，人口流入较多。

根据成本分担理论，参与主体需支付的费用或应承担的成本份额按照各主体获取收益的大小来划分。笔者在借鉴该理论的基础上，考量社会保障成本的衡量指标，构建人口流动的社会保障成本测算框架。粤港澳大湾区社会保障制度差异主要表现在保障体系、缴费率、覆盖范围、筹资机制等方面，人口流动面临着社会保障关系的转移，流动人口可以享受流入地的社会保障待遇，参加较高缴费水平和给付水平的社会保险，由此带来的社会保障支出增加即为人口流动的社会保障制度成本。

笔者将制度差异带来的社会保障制度成本划分为公共成本、企业成本和个人成本。

（1）公共成本主要指流动人口享受与流入地居民同等社会保障待遇时政府支出的费用。珠三角 9 市社会保障类公共支出涵盖财政对社会保障基金的补助支出，对居民参加社会保险、最低生活保障等的直接补贴，以及就业补助支出等众多项目，隶属于财政支出中的"社会保障和就业"科目；在香港特别行政区政府财政支出预算体系中为"社会福利"项目；在澳门特别行政区财政支出预算体系中为"社会保障"项目。笔者分别测算大湾区各城市人均社会保障类财政支出水平并将其作为公共成本。

（2）企业成本主要指流动人口在流入地就业享有社会保障权利时企业支出的费用。根据《中华人民共和国劳动法》，珠三角 9 市用人单位和劳动者必须依法参加社会保险，企业可以为职工缴纳养老、医疗、工伤、生育和失业五险，具体缴费比例由各省市人民政府确定，一般不超过企业工资总额的 20%。由于灵活就业的流动人口在社会保障方面只能缴纳养老和医疗两种社会保险，其余险种均无法参加，住房公积金没有要求强制缴纳，因此笔者只测算企业缴纳的养老和医疗保险部分并将其作为社会保障的企业成本，且定义为各年度城镇单位在岗职工平均工资 ×（基本养老保险企业缴费比例 + 基本医疗保险企业缴费比例）。香港强积金制度要

---

① 参见伍文中、唐霏、李勤《从竞争走向合作：粤港澳大湾区财政行为的推进路径分析》，载《贵州财经大学学报》2021 年第 4 期，第 24 - 32 页。

求雇主每月要为雇员支付月薪的5%作为强制性供款到员工的强积金账户，上限为1500港元，企业成本定义为各年度雇员平均工资×5%。澳门强制性供款制度要求雇主每月供款60澳门元，企业成本定义为雇主供款金额。

（3）个人成本主要是指流动人口达到与流入地居民相同的社会保障水平时的社会保险支出。珠三角9市职工按照各市规定的缴费标准与用人单位共同缴纳养老保险和医疗保险，个人成本定义为各年度城镇单位在岗职工平均工资×（基本养老保险个人缴费比例+基本医疗保险个人缴费比例）。香港雇员按照强积金制度支付月薪的5%到强积金账户，个人成本定义为各年度雇员平均工资×5%。澳门雇员按照强制性供款制度每月供款30澳门元，个人成本定义为雇员供款金额。

在社会保障制度成本分担机制中，不同主体分担的责任不同，可能会对人口流动产生不同的影响，笔者提出假说H6。

H6：不同责任主体的社会保障成本对人口流动的影响存在差异。

由于粤港澳大湾区各城市的城市功能定位、发展基础和政策侧重不同，社会保障制度成本对人口的吸引力也存在差异。香港、广州和深圳是大湾区的核心圈层城市，经济实力雄厚、劳动力市场规范，往往作为先行城市进行社会保障制度改革，在社保政策制定方面也有一定的自主权，可根据劳动力的需求适时调整保障内容，提供的社保待遇和福利补贴也较为优厚。同时，为了激励外来人口就业、吸纳高端人才落户，政府在社保缴纳基础上放宽了落户条件，这是因为缴纳社保可以在一定程度上增加落户的机会，使流动人口负担社保制度成本的隐性价值提高。例如，根据广州和深圳人才引进入户、职称入户等政策，符合年龄的人群缴纳1个月社保即可落户，或通过积分入户政策缴纳4年社保即可落户；香港强积金的缴纳记录则会作为优才计划、专才计划等续签的重要依据，影响后续香港永居权的获得。核心圈层城市激烈的"抢人大战"，在一定程度上影响了社会保障的制度成本在流动人口的流动决策中的作用。佛山、东莞、珠海等8个非核心圈层城市近年来也加大了对流动人口的社会保障问题的重视，但受到城市规模、政府财力等方面的限制，社保政策的出台与实施具有滞后性，在社会福利供给方面不具有比较优势，如对流动人口的保障不如核心城市健全、人才引进的力度不如核心城市大，这些问题都可能会导致社会保障制度性成本对人口流动的影响程度与核心圈层城市有所差异。此外，香港和澳门特别行政区作为大湾区的窗口，对内促进了资本、技术、人才等多要素流通融合，对外推动了金融、商贸、旅游等多领域开放。但相对于珠三角 9 市人口流动而言，香港和澳门无论是在硬性的证件要求还是高昂的生活成本方面，对人口流动的限制因素较多，可能会对社会保障制度成本在人口流动中的效果造成影响。

因此，笔者将大湾区 11 个城市划分为子样本进行分析，并主要分成核心圈层城市与非核心城市以及香港特别行政区、澳门特别行政区与珠三角 9 市，探究社会保障制度成本在对人口流动的影响方面存在的城市类型差异。对此，笔者提出假说 H7。

H7：粤港澳大湾区不同类型的城市社会保障制度成本对人口流动的影响存在差异。

（四）数据说明与模型构建

1. 数据来源

笔者选取粤港澳大湾区 11 个城市 2018—2021 年面板数据进行分析。选取 2018 年以后数据进行分析的理由在于笔者对社会保障制度成本的测算方式以港澳向内地流动的人口可以参加内地社会保险为前提条件。通过梳理相关政策文件可知 2018 年 7 月国务院正式取消台港澳人员在内地就业许可，人力资源社会保障部同步印发《关于香港澳门台湾居民在内地（大陆）就业有关事项的通知》，规定在内地求职、就业的港澳台人员，可使用港澳台居民居住证、港澳居民来往内地通行证等有效身份证件办理人力资源社会保障各项业务。为维护在内地就业、居住和就读的港澳居民依法参加社会保险和享受社会保险待遇的合法权益，2018 年 10 月人力资源社会保障部研究起草《香港澳门台湾居民在内地（大陆）参加社会保险暂行办法（征求意见稿）》。该征求意见稿明确用人单位应为依法招用的港澳台人员按时、足额缴纳社会保险，进一步明晰了港澳台居民参加社会保险的人员和险种范围。基于上述政策文件颁布的时间节点，笔者选取 2018—2021 年的面板数据，使研究更加具有可行性和科学性。研究所用数据来源于 2018—2021 年的中国城市统计年鉴、广东统计年鉴、澳门统计年鉴、香港统计年刊、世界银行数据库以及粤港澳大湾区各地级市统计年鉴与统计公报。港元和澳门元数据采用当年平均汇率换算成人民币计入。

2. 变量指标说明

（1）被解释变量：人口流动（PM）。粤港澳三地关于人口迁移流动的各种指标在名称、统计口径等方面存在一定的差异，其中香港的流动人口界定，是在点算时刻之前的6个月内，在港逗留最少1个月但少于3个月，又或在点算时刻之后的6个月内，在港逗留最少1个月但少于3个月的香港居民，会被界定为流动居民。澳门的流动人口主要包括中国内地移民、准许居留人士、居澳外地雇员及外地学生。珠三角9市主要采用流动人口规模即年末常住人口与年末户籍人口的差值作为人口流动的衡量指标，该差值主要包含户口登记地不在本地但在本地居住时长超过半年的人、拥有本地户籍但离开本地时长不超过半年的人、没有在任何地方进行户籍登记但居住在本地的人。

（2）解释变量：社会保障成本（SSC）。流动人口的社会保障成本是指人口在流动过程中，为获得流入地的社会保障待遇和服务，所需的各种经济投入的总和。由于数据获取的限制，为了便于实证研究，笔者核算人口流动过程中产生的社会保障成本，以更直观地展现粤港澳大湾区社会保障制度差异。同时，参考康涌泉[①]、傅东平等[②]、张仲芳和舒成[③]对社会保障成本分担机制的研究，笔者将社会保障成本划分为公共成本（SSC_P）、企业成本（SSC_B）和个人成本（SSC_I），最后加总获得综合成本（$SSC = SSC_P + SSC_B + SSC_I$），以便更科学地评价大湾区社会保障制度的差异。

（3）控制变量：控制变量代表其他影响城市人口流动的因素。笔者参考国内研究社会保障制度对人口流动影响的相关文献，选取的控制变量包括城市工资收入水平（SA）、经济发展水平（ED）、劳动力市场失业率（UE）和地方财政支出（FE）。其中，工资收入水平（SA）选择在岗职

---

① 参见康涌泉《农业转移人口市民化的成本及收益解析》，载《河南师范大学学报（哲学社会科学版）》2014年第6期，第116–120页。

② 参见傅东平、李强、纪明《农业转移人口市民化成本分担机制研究》，载《广西社会科学》2014年第4期，第72–77页。

③ 参见张仲芳、舒成《农业转移人口市民化的公共成本测算及分担机制——以江西为例》，载《江西社会科学》2015年第9期，第54–60页。

工平均工资作为代理变量。务工经商是人口流动的主要原因，根据前文的成本-收益分析，人口流动前后的工资收入水平差额是最为明显的货币收益。经济发展水平（ED）选择人均地区生产总值作为代理变量。一个城市的人均GDP可以反映该地区的经济状况。经济发达地区拥有相对更好的物质条件、医疗、教育、环境等，流动人口会为追求更优质的生活而做出流动选择。失业率（UE）选择城镇登记失业人员与城镇劳动力总量之比作为代理变量。粤港澳大湾区城市吸纳就业能力较强，流动人口的失业风险存在不确定性，失业率越高意味着就业机会的减少，就会对人口流动产生推力。地方财政支出（FE）选择地方财政支出作为代理变量。地方生产性、消费性的财政支出可以有效支持城市产业发展、改善居民生活质量，对人口流动产生影响。

各变量的度量和描述性统计结果分别见表4-10和表4-11。

表4-10 各变量的度量

变量及标识	度量	单位
被解释变量		
人口流动（PM）	内地采用流动人口规模表示；香港采用流动居民规模表示；澳门采用包括中国内地移民、准许居留人士、居澳外地雇员及外地学生的流动人口规模表示	百万人
解释变量		
社会保障总成本（SSC）	公共成本+企业成本+个人成本	万元
社会保障公共成本（SSC_P）	人均社会保障类财政支出水平	万元
社会保障企业成本（SSC_B）	企业负担部分	万元
社会保障个人成本（SSC_I）	个人负担部分	万元
控制变量		
工资收入水平（SA）	在岗职工平均工资	万元
经济发展水平（ED）	人均地区生产总值	万元
失业率（UE）	城镇登记失业人员/城镇劳动力总量	

续上表

变量及标识	度量	单位
地方财政支出（FE）	地方财政总支出	百亿元

资料来源：2018—2021年的中国城市统计年鉴、广东统计年鉴、澳门统计年鉴、香港统计年刊。

表4-11 各变量的描述性统计结果（$n=44$）

变量	均值	标准差	最小值	最大值
PM	3.04	3.54	-0.45	12.49
SSC	4.18	1.39	2.17	7.72
SSC_P	1.78	1.04	0.55	4.14
SSC_B	1.55	0.72	0.06	2.99
SSC_I	0.84	0.34	0.03	1.55
SA	11.08	3.49	6.99	19.00
ED	15.13	11.93	5.19	56.49
UE	2.42	0.77	1.20	6.60
FE	16.39	18.08	3.16	72.57

数据来源：根据2018—2021年的中国城市统计年鉴、广东统计年鉴、澳门统计年鉴、香港统计年刊，世界银行数据库和粤港澳大湾区各地级市统计年鉴与统计公报计算所得。

3. 模型构建

通过上文的影响机制分析可知，社会保障制度差异是人口流动的重要影响因素。本部分的数据类型为面板数据，既有横截面维度，又具备时间维度，可以控制个体的异质性，构造出来的回归方程可以做出更精准的预测。使用F检验与Hausman检验确定面板数据适用的具体模型，检验结果均显著，表明固定效应模型适用性较强。为了减少个体特征和时间效应对模型产生的影响，笔者构建了双向固定效应模型以探究社会保障制度差异对人口流动的影响。

根据变量选择与处理，时间个体固定效应模型的具体公式如下：

$$PM_{it} = \alpha_0 + \alpha_1 SSC_{it} + \alpha_2 SSC_{Pit} + \alpha_3 SSC_{Bit} + \alpha_4 SSC_{Iit} + \alpha_5 SA_{it}$$
$$+ \alpha_6 ED_{it} + \alpha_7 UE_{it} + \alpha_8 FE_{it} + \lambda_i + \gamma_t + \varepsilon_{it}$$
$$i = 1,\dots,11; t = 1,\dots,4 \qquad (4-5)$$

其中，PM_{it} 代表人口流动，SSC_{it} 代表社会保障成本，SSC_P 代表社会保障公共成本，SSC_B 代表社会保障企业成本，SSC_I 代表社会保障个人成本，i、t 分别代表区域个体和年份，SA_{it}、ED_{it}、UE_{it}、FE_{it} 分别代表工资收入水平、经济发展水平、失业率以及地方财政支出，λ_i、γ_t 为个体、时间的异质性截距项，ε_{it} 代表模型中的残差项。

（五）实证结果及检验

1. 基准回归结果与分析

表 4-12 报告了时间个体双向固定模型的回归结果。其中，模型（1）考虑了社会保障成本和工资收入水平对粤港澳大湾区人口流动的影响，发现工资收入水平对人口流动具有显著正向影响，这与现实情况相吻合；而社会保障成本对人口流动具有明显的负向影响，社会保障成本提高会促使流动人口流出，这说明粤港澳大湾区城市人口在流动的过程中，除了考虑工资收益因素外，也会考虑社会保障成本。模型（2）纳入了其他控制变量，结果显示，核心解释变量社会保障成本的影响系数仍然为负并在统计上显著，表明社会保障制度差异是粤港澳大湾区人口流动的重要影响因素，较高的社会保障成本不利于人口自由流动，降低社会保障成本能够有效促进人口流入。随着社会发展和人民生活水平的提高，人们对物质和精神上的需求日益增强，更加注重城市的社会公平和福利待遇，尤其是具有特殊性和不确定性的流动人口，他们对于流入地的社会保障问题更为关注。人口流动过程中，在经济驱动的基础上，流入地与流出地社会保障制度差异带来的制度成本与人口流动呈负相关，由此假说 H5 得证。

根据前文对社会保障成本的划分，将公共成本、企业成本和个人成本纳入模型，以考察不同责任主体分担的社会保障成本对人口流动的影响。模型（3）回归结果显示，社会保障的公共成本和企业成本对人口流动的影响均显著为负，即人口流入带来的地方公共物品拥挤效应会使政府财政支出压力增大，企业社保缴费比例较高会使企业的负担过重，可能会出现政府的福利补贴政策将流动人口排除在外，或企业不给流动性强的临时工缴纳社保的现象,因此公共成本和企业成本的增加阻碍了人口流动。而个人成本对人口流动的影响则转为正向,可能的原因在于:其一,笔者对社会保障个人成本的测算与工资水平高度正相关,经济收入的提高仍是粤港澳大湾区人口流动的关键动因。大湾区年龄结构整体呈现年轻化特征,流动人口的年龄集中在21~40岁,青壮年劳动力会更加注重流入地就业机会、薪资收入等经济因素。其二,香港和澳门的社会保障制度呈现"高福利性"特征,个人缴费负担低,而大湾区内地城市的就业机会、生活成本和住房环境等条件优势吸引着港澳居民来内地求学、创业和养老等,他们向内地流动的过程中,在缴纳内地社保、负担一定的社保个人成本的同时,也可以享受到内地的社保服务及相关待遇,因此,由大湾区社会保障制度差异造成的个人成本的提高并没有阻碍港澳人口向内地流动。由此假说H6得证。

就控制变量来看,政府财政支出的系数显著为负。政府财政支出对人口流动的影响具有特殊性和复杂性:财政支出的增加保障了公共服务供给,降低了生活成本,由此可以间接提高劳动力的可支配收入,但受户籍制度的影响,大规模的流动人口很难享受到当地的公共服务,同时高财政支出的地区往往伴随着较高的地区税负率,对人口的流入有一定的阻力。

表4-12 基准回归结果

变量	被解释变量:城市流动人口规模(PM)		
	模型(1)	模型(2)	模型(3)
SSC	-0.7642* (-1.80)	-1.2711** (-2.57)	—
SSC_P	—	—	-1.0535* (-2.45)
SSC_B	—	—	-6.7977*** (-3.67)
SSC_I	—	—	13.5373* (2.77)

续上表

变量	被解释变量：城市流动人口规模（PM）		
	模型（1）	模型（2）	模型（3）
SA	0.5899** (3.27)	1.1244*** (3.73)	0.7256 (1.64)
ED	—	-0.0607 (-1.46)	-0.0333 (-0.88)
UE	—	0.1651 (0.33)	0.2758 (0.65)
FE	—	-0.1983** (-2.44)	-0.1307* (-2.12)
个体固定	控制	控制	控制
时间固定	控制	控制	控制
_cons	3.9850 (1.52)	3.7845 (1.45)	3.6843 (1.51)

注：括号内数值表示 t 值；*、**、*** 分别表示 $p<0.05$、$p<0.01$、$p<0.001$。

2. 稳健性检验

为进一步确定社会保障成本对人口流动的影响，检验模型的稳健性，笔者采用变量替换法，参考甘行琼等①的测算方式，将被解释变量替换为流动人口比重（RPR）即常住人口与户籍人口的比值，测度人口流动的规模，分别进行双向固定效应回归。表4-13中的模型（4）、模型（5）和模型（6）的回归结果显示，替换被解释变量后各变量的系数方向以及显著性基本保持一致，可以认为模型通过了稳健性检验。

---

① 参见甘行琼、刘大帅、胡朋飞《流动人口公共服务供给中的地方财政激励实证研究》，载《财贸经济》2015年第10期，第87-101页。

表4-13 稳健性检验

变量	被解释变量：流动人口比重（RPR）		
	模型（4）	模型（5）	模型（6）
SSC	-0.2340** (-3.27)	-0.2452** (-3.19)	—
SSC_P	—	—	-0.2487** (-3.04)
SSC_B	—	—	-0.1791* (-2.51)
SSC_I	—	—	0.5637 (0.61)
SA	0.0695* (2.30)	0.1143* (2.44)	0.1322 (1.56)
ED	—	-0.0001 (-0.01)	-0.0010 (-0.14)
UE	—	0.1166 (1.52)	0.1125 (1.39)
FE	—	-0.0326** (-2.92)	-0.0322* (-2.74)
个体固定	控制	控制	控制
时间固定	控制	控制	控制
_cons	2.1247*** (4.82)	2.2980*** (5.68)	2.3282*** (5.00)

注：括号内数值表示 t 值；*、**、*** 分别表示 $p<0.05$、$p<0.01$、$p<0.001$。

3. 基于城市类型异质性的回归结果与分析

表4-14报告了粤港澳大湾区不同类型城市异质性回归结果。对于核

心圈层城市和非核心城市而言，社会保障成本对核心圈层城市的人口流动的影响系数为负但并不显著，对非核心城市的人口流动则具有显著的负向影响。社会保障制度是建立在资源条件基础上的，经济发达的核心圈层城市社会保障资源相对丰富，社会保障筹资和待遇的调整也较为及时，且由于参保人数多，社保资金积累余额也比较多，保障水平、补贴力度往往高于非核心城市。通过较为健全的社会保障制度，核心圈层城市流动人口负担的社会保障成本会以养老金、住房公积金、失业金等众多形式得到补偿，这使得社会保障成本对人口流动的阻碍作用并不明显。非核心城市相对较弱的经济水平、政府财力等因素制约了社会保障制度与水平，流动人口负担的社会保障成本与流动带来的收益并不平衡，回归结果说明社会保障成本的增加会阻碍非核心城市的人口流动。

对于香港、澳门和珠三角城市而言，社会保障成本对香港、澳门的人口流动的负向影响并不显著，而对珠三角城市的人口流动则具有明显的负向影响。香港和澳门的社会保障虽在体系层次、筹资机制等方面存在差异，但均主要由政府提供社会福利补贴，企业与个人仅需缴纳较低比例的公积金，因而在人口流动过程中所需负担的社会保障成本变动并未对人口流动产生明显影响。珠三角城市的社会保障制度整体框架一致，但各城市结合自身实际在政策制定、管理体制等方面有不同的安排，尚未实现顺畅的转移衔接，回归结果说明社会保障成本的增加对珠三角城市的人口流动存在显著负面影响。由此假说 H7 得证。

表 4-14　基于城市类型异质性回归结果

变量	被解释变量：城市流动人口			
	核心圈层城市	非核心城市	香港、澳门	珠三角城市
SSC	-0.7216 (-3.30)	-1.0749** (-2.62)	-0.1963 (-0.49)	-0.8850** (-1.92)
SA	0.6064 (4.61)	0.3695 (1.39)	0.0689 (0.52)	1.4206*** (3.82)
ED	0.6289 (5.68)	0.0057 (0.20)	-0.0096 (-0.56)	1.0201*** (3.77)

续上表

变量	被解释变量：城市流动人口			
	核心圈层城市	非核心城市	香港、澳门	珠三角城市
UE	-0.3070 (-1.17)	0.7214 (1.50)	-0.0152 (-0.30)	0.6089 (0.95)
FE	-0.0726 (-1.97)	0.0518 (0.41)	-0.0052* (-0.41)	-0.3370** (-2.29)
个体固定	控制	控制	控制	控制
时间固定	控制	控制	控制	控制
_cons	-2.4133 (-2.42)	1.8681 (0.53)	3.6843 (1.51)	-10.6360** (-2.56)

注：括号内数值表示 t 值；*、**、*** 分别表示 $p<0.05$、$p<0.01$、$p<0.001$。

（六）结论及政策建议

本部分梳理总结了粤港澳大湾区社会保障制度在制度理念、体系、覆盖范围和筹资机制方面存在的差异，分析其对人口流动的影响机制，并提出3个假说，运用2018—2021年粤港澳大湾区11个城市的面板数据，以人口流动为被解释变量、社会保障制度成本为解释变量，实证检验社会保障制度差异带来的制度成本对人口流动的影响。主要结论如下：

第一，社会保障制度成本与人口流动呈负相关，说明社会保障制度差异所产生的成本不利于人口流动，因此，促进粤港澳大湾区城市间的社会保障制度衔接将促进大湾区人口流动。

第二，不同责任主体承担的社会保障成本对人口流动均具有显著影响，但社会成本、企业成本和个人成本的影响效果存在差异。

第三，不同类型城市的社会保障成本对人口流动的影响存在异质性。对于非核心城市的珠三角城市而言，社会保障制度成本的提高对人口流动具有明显的阻碍作用，可以通过降低社会保障制度差异带来的制度成本来吸引人口流入；而核心圈层城市、香港、澳门的社会保障成本则对人口流动的影响不显著。

为了更好地促进粤港澳大湾区人口自由流动，笔者基于理论与实证分析得出的结论，提出以下建议：

第一，粤港澳大湾区各城市社会保障制度差异是客观存在的。根据欧盟在多国社保体制并存、流动人口规模庞大的背景下对社会保障制度协调的探索经验，粤港澳大湾区应注重社会保障制度协调机制，这并不是强调各城市之间要通过财政手段使社会保障均等化，而是在理念趋同的背景下，通过区域一体化的制度设计打破行政边界和制度边界，实现整个湾区内人口要素自由流动。例如，搭建粤港澳大湾区社会保障制度协调合作平台，寻找现行制度上的衔接点，探索有利于共同发展的新制度，统一进行筹划部署与协调执行；依托广东的深圳前海、广州南沙、横琴粤澳深度合作区三大社保服务合作示范区，将"粤澳社保一窗通""港澳一站式社保服务站"等社保跨境服务逐步覆盖到香港、澳门，打破香港、澳门与珠三角地区在行政与制度上的壁垒，以有效降低社会保障制度成本，促进大湾区人口自由流动。

第二，社会保障成本由政府、企业和个人三方共同分担，既保障社会成员的基本生活需要，又鼓励社会成员积极参加经济建设，实现社会保障制度的可持续发展。首先，应扩大社会保障基金筹资渠道，完善基金的投资运营制度，确保资金保值增值，减轻政府的社保财政负担；其次，应适当调整单位缴费比例，在职工社保待遇不受影响的前提下，降低企业社保负担，增强市场主体活力；最后，各城市要加快经济发展，提高居民收入水平，充分发挥社会成员参加社会保险的积极性，尤其要关注流动人口的参保意愿。合理分配各责任主体负担的社会保障制度成本，可以吸引更多人口流入，进而形成城市发展的良性循环。

第三，社会保障制度差异产生的福利不可携带、转移接续不畅的问题，增加了粤港澳大湾区流动人口的缴费负担，形成了社会保障制度成本，进而阻碍了人口流动。跨境层面，在广东省落实港澳居民内地参保有关政策、香港特别行政区政府施行"广东计划"的基础上，应进一步细化关于跨境养老就医、创业就业等的优惠政策，让港澳居民享受内地完善的社会保障待遇，弥补港澳流动人口的福利损失和福利落差。例如，支持港澳医疗卫生服务提供主体在粤设置医疗机构；资助补贴在粤创业的港澳青年；建立大湾区养老服务标准规范等。珠三角层面，各地方政府要积极更新完善流动人口相关社会保障制度政策，取消社会保障与户籍、职业等相挂钩的政策，并在具体情况和实际需要方面体现地方适用性。例如，在社会保险参保年限方面，探索类似于欧盟按照缴费年限分段计算养老金的模式，减少流动人口在社保关系转移过程中的损失；加快实现医疗保险定点机构互认互通、异地结算等；完善社会保障制度，使流动人口应享受的公共服务也能流动起来，从而消除人口流动中的制度障碍。

第三节　政策变迁对城市群人口流动的影响

人口流动和人口迁移是人口学和地理学研究的重点，二者均表现为人口在空间或地理位置上的变更，因此人口流动和人口迁移的概念常常放在一起使用。但在我国，受户籍制度影响，二者存在明显的区别，其中人口流动指不伴随户籍变动的人口移动，而人口迁移则是指伴随户籍变动的人口移动。随着我国进入人口负增长时代，人口增长早已由自然增长决定的历史阶段转变为人口迁移流动决定的历史阶段。改革开放以来，我国人口迁移流动的规模巨大，流动人口规模显著增加，由 1982 年的 657 万人增长到 2020 年的 37582 万人，近 40 年间增长了约 3.7 亿流动人口；流动人口占全国人口的比重也从 1982 年的 0.6% 提高至 2020 年的 26.0%。伴随着人口从乡村流向城镇，我国人口城镇化率显著提高，由 1978 年的 17.9% 提高至 2021 年的 64.7%。在此过程中，随着以中心城市引领城市群发展、城市群带动区域发展新模式的建立，以城市群为主体的城镇化格局持续完善，城市群人口集聚度持续加大，逐步形成了以粤港澳大湾区、长三角、京津冀等为主的流入区域。城市群作为人口迁移流动的主要承载空间，探寻城市群内部人口迁移、流动的时空演变规律及其引发的人口空间再分布，并探究该过程的影响机制对深入研究人口迁移流动具有重要的理论意义和现实意义。

自 2015 年国家发展改革委、外交部、商务部发布《推动共建丝绸之路经济带和 21 世纪海上丝绸之路的愿景与行动》，首次提出"打造粤港澳大湾区"，到 2019 年中共中央、国务院正式发布《粤港澳大湾区发展规划纲要》，建设至今，粤港澳大湾区在珠三角城市群的基础上结合港澳优势已发展成为我国开放程度最高、经济活力以及人口集聚能力最强的城市群之一，在国家发展大局中具有重要的战略地位①。粤港澳大湾区与国内其他城市群相比，人口迁移流动除了受到户籍制度的影响，还受到社会制度差异的制约。那么，经过多年的建设和政策、制度创新，制约人口迁移流动的社会经济政策、制度因素是否发生了变化？粤港澳大湾区规划提出前后城市群内部人口迁移流动强度是否存在差异？人口空间分布的格局是否发生了改变？对上述问题的研究，有助于把握粤港澳大湾区人口流迁的变化规律及影响机制，为推动大湾区生产要素特别是人口和劳动力形成高效、便捷流动的良好局面提供政策参考，现实意义重大，对国内其他城市群推进户籍改革、促进人口自由流动同样具有示范意义。

（一）文献综述

人口迁移流动一直是国内外学者关注的重点，特别是在第七次全国人口普查数据公布之后，我国引发了新一轮的研究热潮。总体而言，研究主要集中在以下三个方面。

（1）对人口迁移、流动统计定义的辨析。对人口迁移、流动特征研判的基础在于厘清概念、明晰定义②，如朱宇等研究认为"流动人口"和"人口流动"在测量人口迁移流动事件时是失效和失真的，基于"人户分离"所计算的"跨省流动人口"夸大了国际通用意义上的我国人口迁移、流动的实际规模和强度③；陈友华和蔡正广对比第七次全国人口普查公报数据，发现2011—2019年人口变动抽样调查结果严重低估了我国迁移流动人口规模与城镇化水平④。

（2）对我国人口迁移、流动最新特征的研判。学者们基于第七次全国人口普查数据进行分析，普遍认为我国人口迁移流动的形式已发生转变，如段成荣等、程梦瑶的研究表明人口的高流动性已然成为我国人口格

---

① 参见吴亚明《建设大湾区 吹响集结号》，载《人民日报》（海外版）2019年2月19日第1版。

② 参见周皓《中国迁移流动人口的统计定义——人口普查视角下的分析》，载《中国人口科学》2022年第3期，第17-30、126页。

③ 参见朱宇、林李月、李亭亭等《中国流动人口概念和数据的有效性与国际可比性》，载《地理学报》2022年第12期，第2991-3005页。

④ 参见陈友华、蔡正广《人口迁移流动与城镇化的再审视——来自第七次全国人口普查的启示》，载《河海大学学报（哲学社会科学版）》2021年第6期，第85-93、112页。

局的新常态,不同地区人口迁移转变的进程不一,我国的人口迁移已经经历并将延续全方位、多层次、多元化的转变历程①;王桂新认为我国人口迁移流动规模的迅速增长,主要是由省内人口迁移流动规模增长带来的,省际人口迁移流动呈弱化趋势②;林李月等、陆杰华和林嘉琪研究发现我国人口迁移流动形式突出表现为人口回流现象不断增多、省际和省内人口迁移流动此消彼长趋势日益明显,城—城流动显著增加,人口的城—城间流动将渐成常态化等③。

(3) 人口迁移流动的动机及影响因素研究。关于人口迁移流动的特征,学者们大多从全国层面或省际层面对我国整体人口迁移流动特征、模式进行研究,对城市群的人口迁移流动的最新特征研究相对较少,多数是从人口集聚和空间分布的视角进行分析,如盛亦男和杨旭宇分析了京津冀、长三角、珠三角城市群流动人口集聚的空间格局与影响机制④;童玉芬等对我国 19 个主要城市群的人口分布格局特征以及存在的问题进行了思考⑤。学界对人口迁移流动影响因素的探讨在本章第一节已阐述,现有研究对政策因素影响的讨论尚不充分。基于此,笔者将以粤港澳大湾区为样本,从政策变迁视角探讨城市群人口迁移流动的时空演变特征及影响机制,以弥补现有研究之不足。

(二) 促进粤港澳三地制度衔接与要素流动的政策变迁

通过对 1997—2021 年香港、澳门关于促进粤港澳三地制度和要素流动政策的梳理和量化分析,可得到如下结论。

---

① 参见段成荣、邱玉鼎、黄凡等《从 657 万到 3.76 亿:四论中国人口迁移转变》,载《人口研究》2022 年第 6 期,第 41 – 58 页;程梦瑶《中国流动人口的迁移转变与多元化发展》,载《兰州学刊》2021 年第 7 期,第 120 – 132 页。

② 参见王桂新《中国省际人口迁移变化特征——基于第七次全国人口普查数据的分析》,载《社会科学文摘》2022 年第 9 期,第 100 – 102 页。

③ 参见林李月、朱宇、柯文前《城镇化中后期中国人口迁移流动形式的转变及政策应对》,载《地理科学进展》2020 年第 12 期,第 2054 – 2067 页;陆杰华、林嘉琪《高流动性迁徙的区域性特征、主要挑战及其战略应对——基于"七普"数据的分析》,载《中共福建省委党校(福建行政学院)学报》2021 年第 6 期,第 4 – 14 页。

④ 参见盛亦男、杨旭宇《中国三大城市群流动人口集聚的空间格局与机制》,载《人口与经济》2021 年第 6 期,第 88 – 107 页。

⑤ 参见童玉芬、杨艳飞、和明杰《中国主要城市群的人口分布格局特征、问题及政策思考》,载《人口学刊》2022 年第 4 期,第 1 – 13 页。

1. 粤港澳大湾区规划提出后，促进人口、人才流动方面的政策显著增加

为促进粤港澳三地协同发展，中央及地方政府出台了一系列政策措施。在粤港澳大湾区概念提出前，相关政策主要以经贸合作为主，如2003年内地与香港、澳门分别签订了《内地与香港关于建立更紧密经贸关系的安排》《内地与澳门关于建立更紧密经贸关系的安排》；在2015年、2017年、2018年、2020年，内地与香港、澳门陆续签订了服务贸易协议、投资协议、经济技术合作协议和货物贸易协议等10个补充协议以及相关修订协议。2019年，《粤港澳大湾区发展规划纲要》（简称《纲要》）出台以后，促进人口流动方面的政策不断增加，据不完全统计，2019—2021年政策数量达110项，政策发布的密度明显高于《纲要》出台前（1997—2018年）。

2. 粤港澳大湾区规划提出后，政策重点由财税支持和人才引进转变为创业就业

如表4-15所示，从政策涉及的方面来看，《纲要》出台前，财税支持政策最多，达到32项，占比为46.40%；其次是人才引进政策，达到27项，占比为39.10%。《纲要》出台后，创业就业政策最多，达到54项，占比为49.10%；其次是财税支持政策，达到37项，占比为33.60%；而人才引进政策则更多是原有政策的延续。另外，在优质生活和通关服务方面，2019—2021年关于优质生活和通关服务方面的政策分别出台了13项和6项，数量明显高于《纲要》出台前。

表4-15 粤港澳三地促进人口流动政策（1997—2021年）

政策涉及的方面	1997—2018年		2019—2021年	
	频数/项	比重/%	频数/项	比重/%
创业就业	6	8.70	54	49.10
财税支持	32	46.40	37	33.60
优质生活	1	1.50	13	11.80

续上表

政策涉及的方面	1997—2018 年		2019—2021 年	
	频数/项	比重/%	频数/项	比重/%
通关服务	3	4.40	6	5.50
人才引进	27	39.10	0	0
合计	69	100.00	110	100.00

资料来源：粤港澳大湾区门户网站（https://www.cnbayarea.org.cn/）。

3. 粤港澳大湾区规划提出后，各地方政府出台的政策明显增加

《粤港澳大湾区发展规划纲要》出台前，内地多数是以中央或中央部委为主体与港澳签署相关的协议，以及推动制定港澳与内地共同发展的相关政策。从表4-16可以看到，在1997—2018年出台的政策中，以中央为制定主体的政策高达18项，占比为26.09%；其次是香港和澳门，占比分别为15.94%和13.04%；广东省以及珠三角9市出台的政策寥寥无几。2017年，国家发展改革委与广东、香港、澳门三地政府在香港签署了《深化粤港澳合作推进大湾区建设框架协议》。与《关于建立更紧密经贸关系的安排》（CEPA）相比，这种方式在程序上尊重了广东和珠三角9市的参与权利①。随着粤港澳大湾区建设的推进，广东省以及珠三角9市出台的政策明显增加。《纲要》出台后，广东省出台的政策数量最多，占比达21.82%；广州、深圳以及珠海3个城市共出台了42项政策，占比达38.19%，与《纲要》出台前相比提高了1倍多。

表4-16 政策制定主体变化状况（1997—2021 年）

政策制定主体	1997—2018 年		2019—2021 年	
	频数/项	比重/%	频数/项	比重/%
中央	18	26.09	18	16.36

---

① 参见朱最新《粤港澳大湾区规则衔接的现状、困境与路径完善》，载《法治论坛》2021年第3期，第178-196页。

续上表

政策制定主体	1997—2018年		2019—2021年	
	频数/项	比重/%	频数/项	比重/%
广东省	6	8.70	24	21.82
香港特别行政区	11	15.94	3	2.73
澳门特别行政区	9	13.04	4	3.64
广州市	5	7.25	17	15.46
深圳市	3	4.35	11	10.00
珠海市	4	5.80	14	12.73
佛山市	2	2.90	6	5.46
惠州市	4	5.80	3	2.73
东莞市	3	4.35	5	4.55
中山市	1	1.45	2	1.82
江门市	2	2.90	2	1.82
肇庆市	1	1.45	1	0.91
合计	69	100.00	110	100.00

资料来源：粤港澳大湾区门户网站（https://www.cnbayarea.org.cn/）。

（三）政策因素对城市群人口流迁的影响——基于粤港澳大湾区的分析

1. 模型设定

中央政府提出构建粤港澳大湾区以及出台《粤港澳大湾区发展规划纲要》可以视为一项外生政策冲击的准自然实验，将粤港澳大湾区涵盖的11个城市①作为处理组，广东省其他12个城市②作为对照组，研究粤港澳大湾区建设规划对人口流动的影响。笔者采用面板数据，建立双重差分法模型（Difference-in-Differences，DID）。具体模型设定如下：

$$flowpop_{it} = \alpha + \beta \times did_{it} + \sum_{k} \gamma_k \times controls_{it} + \mu_t + \lambda_i + \varepsilon_{it}$$

(4-6)

其中，$flowpop_{it}$为被解释变量，表示t年i城市的流动人口数量；did_{it}为核心解释变量，表示粤港澳大湾区建设规划政策；$controls$表示一系列控制变量；μ表示时间固定效应；λ表示个体固定效应；ε_{it}表示随个体和时间变化的扰动项。

2. 变量说明与数据来源

（1）被解释变量：流动人口规模（$flowpop$）。广东省21个城市的流动人口数量由常住人口规模与户籍人口规模之差得到，香港的流动人口数量来自流动居民的数量，澳门的流动人口数量由总人口与本地人口的差值得到，单位为亿人。

（2）解释变量：粤港澳大湾区建设规划政策（did）。其中$did = treat \times post$，$treat$表示个体虚拟变量，若该城市属于粤港澳大湾区，则$treat = 1$；否则，$treat = 0$。$post$表示时间虚拟变量，若时间大于或等于《粤港澳大湾区发展规划纲要》出台的时间，则$post = 1$；否则，$post = 0$。由于《粤港澳大湾区发展规划纲要》出台的时间为2019年，与2019年底新冠疫情暴发的时间基本重合，为避免疫情干扰，笔者在稳健性检验中将政策时点调整到2015年，即粤港澳大湾区首次被提出的时间，以进一步考察政策影响的稳健性。

（3）控制变量：根据已有关于人口流动的影响因素研究以及数据的可得性，笔者选取了如下变量作为控制变量并将其纳入模型，即工资水平（$\ln wage$）采用各城市的就业人员年平均工资水平的对数形式表征，单位为元，其中香港和澳门的数据通过月工资乘以12个月并根据对应年份的

---

① 粤港澳大湾区11个城市：香港、澳门、深圳、广州、珠海、东莞、佛山、惠州、中山、江门、肇庆。

② 广东省非粤港澳大湾区12个城市：汕头、潮州、揭阳、汕尾、湛江、茂名、阳江、云浮、韶关、清远、梅州、河源。

汇率进行折算得到；生活成本（cost）采用消费价格指数表示；城市的宏观经济发展水平（ln pergdp）采用各城市的人均 GDP 的对数形式表征，单位为元，其中香港和澳门的数据根据对应年份的汇率进行折算；产业结构（industry）采用第三产业产值占比表示；投资水平（ln invest）采用各城市固定资本投资的对数形式表征，单位为亿元，香港和澳门的数据根据对应年份的汇率折算；公共服务水平（ln finance）采用各城市的一般财政公共预算支出的对数表征，单位为亿元，其中香港和澳门的数据根据对应年份的汇率进行折算；交通便利水平（traffic）采用是否开通高铁表示，开通高铁年份之前赋值为 0，开通高铁的年份及以后赋值为 1。

笔者采用 2010—2021 年粤港澳三地共 23 个城市的面板数据，数据来自 2011—2022 年广东统计年鉴、香港统计年刊、澳门统计年鉴等。变量的描述性统计如表 4-17 所示。

表 4-17 变量的描述性统计

变量	观测值	平均值	标准差	最小值	最大值
$flowpop$	276	0.011	0.031	-0.021	0.118
$\ln wage$	276	11.029	0.459	10.022	12.192
$cost$	276	101.891	3.306	74.000	106.110
$\ln pergdp$	276	10.943	0.794	9.569	13.244
$industry$	276	49.317	15.820	27.200	96.300
$\ln finance$	276	5.911	0.954	4.025	8.737
$\ln invest$	276	7.012	0.852	5.208	9.124
$traffic$	276	0.583	0.494	0.000	1.000

3. 基准回归结果分析

（1）平行趋势检验。平行趋势假定是使用双重差分模型的前提，只有当处理组与控制组的目标变量在政策发生前（事前）满足平行趋势假设时，才能使用 DID。因此，首先采用动态效应检验目标变量是否满足政策发生前具有平行趋势的假设。动态效应检验是指引入有限个时间虚拟变量，并将其与处理组虚拟变量交乘，考察交乘项的显著性。如果政策实施前的每一期虚拟变量的系数均与 0 无显著差异，则说明满足平行趋势的假设。如图 4-2 所示，政策实施前的两期虚拟变量的系数的 95% 置信区间中包含 0，没有通过显著性检验，说明满足平行趋势的假设，可以采用双重差分法进行分析。

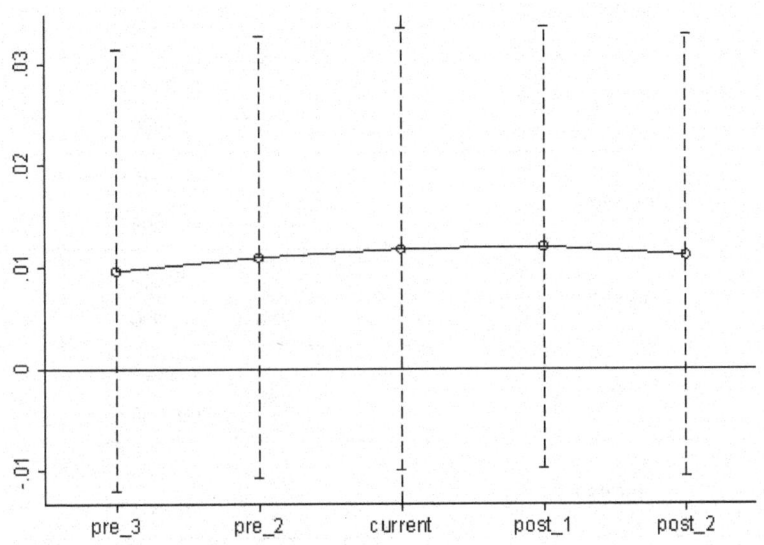

图 4-2　平行趋势检验

（2）结果分析。基准回归以 2019 年《粤港澳大湾区发展规划纲要》出台为政策时点。表 4-18 的基准回归结果显示"粤港澳大湾区"建设规划政策的回归系数显著为正，说明粤港澳大湾区建设对促进粤港澳大湾区内部人口流动具有显著的促进作用。另外，从其他控制变量来看，经济发展水平、公共服务水平以及交通的通达度越高，流动人口的数量就越多，越有利于人口流迁。

表 4-18 基准回归结果（以 2019 年为政策时点）

变量	$\ln flowpop$
did	0.011***
	(0.002)
$\ln wage$	-0.034
	(0.024)
$cost$	0.002***
	(0.000)
$\ln pergdp$	0.015**
	(0.004)
$industry$	-0.001*
	(0.000)
$\ln finance$	0.036***
	(0.005)
$\ln invest$	-0.005
	(0.003)
$traffic$	0.011**
	(0.003)
个体固定效应	YES
时间固定效应	YES
常数项	-0.098
	(0.212)

注：括号内数值表示稳健标准误；*、**、*** 分别表示 $p<0.05$、$p<0.01$、$p<0.001$。

4. 稳健性检验

2019 年底新冠疫情暴发，为避免实证结果受到疫情的干扰，笔者将政策时点调整至首次提出"打造粤港澳大湾区"的时点即 2015 年，并进行结果的稳健性检验。同样，在进行双重差分模型之前，要进行平行趋势

第四章 城市群人口流动的内在机制及影响因素——区位、制度、政策 89

检验。图4-3显示，政策实施前的两期仍然没有通过显著性检验，说明满足平行趋势的假设。表4-19报告的双重差分结果与基准回归结果一致，说明模型结果具有一定的稳健性。另外，从政策效应的回归系数来看，以2015年为政策时点的政策效应更大，这在一定程度上说明以2019年为政策时点估计的政策效应由于疫情因素被部分抵消。

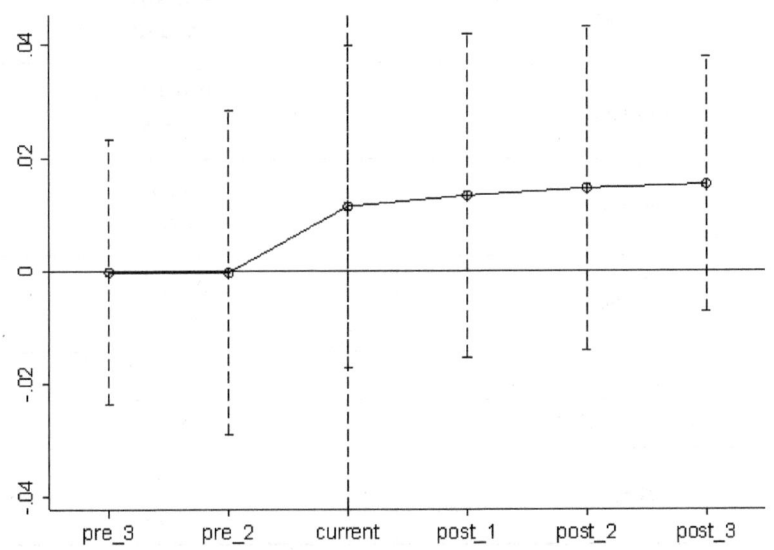

图4-3 以2015年为政策时点的平行趋势检验

表4-19 回归结果（以2015年为政策时点）

变量	ln flowpop
did	0.015*** (0.001)
ln wage	-0.028 (0.024)
cost	0.002*** (0.000)

续上表

变量	ln $flowpop$
ln $pergdp$	0.010*
	(0.004)
$industry$	-0.001*
	(0.000)
ln $finance$	0.036***
	(0.005)
ln $invest$	-0.006
	(0.003)
$traffic$	0.009**
	(0.003)
个体固定效应	YES
时间固定效应	YES
常数项	-0.113
	(0.221)

注：括号内数值表示稳健标准误；*、**、*** 分别表示 $p<0.05$、$p<0.01$、$p<0.001$。

5. 扩展分析：促进粤港澳大湾区人口流动的哪一类政策更为有效？

通过前文对政策的梳理可以看到，为促进粤港澳大湾区人口流动，中央以及地方政府在创业就业、财税支持、优质生活、通关服务以及人才引进方面出台了相关的政策。那么，这五类政策对人口流动的影响是否显著？哪一类政策的效果最为明显？

笔者将出台相关政策的年份及以后年份设置为1，政策出台之前的年份设置为0。以创新就业政策为例，如广州市2019年出台了促进大湾区人口流动的创新就业相关政策，那么2019年及以后的年份设置为1，2019年之前的年份则设置为0。同时，得到5个虚拟变量分别为是否出台创业就业政策（$Policy_{job}$）、是否出台财税支持政策（$Policy_{tax}$）、是否出台优质生活政策（$Policy_{life}$）、是否出台通关服务政策（$Policy_{go}$）、是否出台人才引进政策（$Policy_{geni}$）。在通过平行趋势检验的基础上，笔者采用多期双重差分法对政策效应进行分析。模型设定如下：

$$flowpop_{it} = \alpha + \beta \times treat_i \times post_{i,t} + \sum_k \gamma_k \times controls_{it} + \mu_t + \lambda_i + \varepsilon_{it}$$
(4-7)

其中，若该城市属于粤港澳大湾区，则 $treat=1$，否则，$treat=0$；$post_{it}$ 可以依次替换为 $Policy_{job}$、$Policy_{tax}$、$Policy_{life}$、$Policy_{go}$、$Policy_{geni}$，模型中的政策处理效应 $treat_i \times post_{it}$ 分别采用 did_{job}、did_{tax}、did_{life}、did_{go}、did_{geni} 表示。

表4-20报告的回归结果显示，创业就业政策、税收支持政策以及优质生活政策对粤港澳大湾区人口流动具有显著的促进作用，其中创业就业和优质生活政策的处理效应系数更大，说明政策效果更大；通关服务政策以及人才引进政策的政策处理效应为正，但不显著，可能的原因是目前出台的关于通关服务的政策较少，而人才引进政策具有较高的门槛，仅适用于部分人群，覆盖面较小，因此对人口流动的促进作用并不显著。

表4-20 各方面政策对人口流动的影响回归结果

变量	(1)	(2)	(3)	(4)	(5)
did_{job}	0.013** (0.004)	—	—	—	—
did_{tax}	—	0.003** (0.001)	—	—	—
did_{life}	—	—	0.014** (0.005)	—	—
did_{go}	—	—	—	0.005 (0.007)	—
did_{geni}	—	—	—	—	0.007 (0.004)

续上表

变量	(1)	(2)	(3)	(4)	(5)
控制变量	YES	YES	YES	YES	YES
个体固定效应	YES	YES	YES	YES	YES
时间固定效应	YES	YES	YES	YES	YES
常数项	0.161 (0.130)	0.162 (0.181)	0.164 (0.142)	0.181 (0.180)	0.113 (0.170)

注：括号内数值表示稳健标准误；*、**、***分别表示 $p<0.05$、$p<0.01$、$p<0.001$。

（四）结论与讨论

本部分从政策变迁的视角探讨了粤港澳大湾区人口流迁的内在机制。笔者在对政策进行梳理以及掌握人口流迁时空演变的基础上，采用双重差分方法估计了政策因素对人口流迁的影响，研究表明粤港澳大湾区的提出以及《纲要》的出台对粤港澳大湾区人口流迁具有显著的促进作用。此外，笔者还采用多期双重差分法进一步识别哪一类政策的效果更为显著，结果显示创业就业政策、税收支持政策以及优质生活政策对粤港澳大湾区人口流动具有显著的促进作用，其中创业就业和优质生活政策的处理效应系数较大，说明其政策效果也更为显著。

上述研究结果说明建设粤港澳大湾区这一国家战略对促进粤港澳三地人口流动具有显著的政策效应，为破除制度障碍，实现粤港澳大湾区生产要素特别是人口和劳动力高效、便捷流动提供了可能。同时，创业就业政策、税收支持政策以及优质生活政策对粤港澳大湾区人口流动具有显著促进作用。这一结果表明人口流动的最重要驱动力仍然是影响就业、收入以及生活方面的因素。尽管政策的出台在一定程度上松动了制度差异所产生的人口流动壁垒，但完全破除制度约束，仍需要粤港澳三地政府通力合作，进行制度创新，在就业、税收、优质生活、通关服务以及人才引进等方面出台更多切实有利于人口流动、劳动力资源优化配置的政策。如在创业就业方面，粤港澳大湾区可建立统一的公共服务平台，无论是珠三角9市居民到港澳创业就业还是港澳居民到珠三角9市创业就业，相关手续都可以一站式办理，以解决当前仍然存在的证照办理手续相对复杂、福利落实有障碍、从事行业受限等难题；在税收方面，可扩大税收补贴优惠政策的覆盖范围；在优质生活以及通关服务方面，可发放粤港澳大湾区居民电子一卡通，凡是粤港澳大湾区11个城市的常住居民，均可在粤港澳大湾区网站登记领取粤港澳大湾区居民电子一卡通，该电子一卡通可以涵盖衣、食、住、行等的需求，为生活提供更多便利。

第五章　城市群人口空间集聚的社会经济效应

——基于粤港澳大湾区的分析

第一节　城市群人口集聚对就业的影响

21世纪以来，城市群的发展成为全球城市化进程中不可逆转的时代大趋势，当前我国城市化进程正以前所未有的速度向前推进，并已形成了若干城市群、都市圈。在经济全球化大背景下，城市群、都市圈、大城市对经济发展的增长极效应越来越显著，对地区、国家甚至全球经济发展的引领带动作用更加明显，其在地区、国家中的地位与作用也日益突出。粤港澳大湾区由广州、深圳、珠海、佛山、东莞、惠州、中山、肇庆、江门9市和香港、澳门2个特别行政区构成。作为我国建设世界级城市群和参与全球竞争的重要空间载体，粤港澳大湾区在国家发展大局中具有不可替代的战略地位，其以珠三角城市群为基础，结合港澳优势共同建设成世界级湾区，具有不可估量的发展潜力。

大湾区作为我国人口和劳动力的重要集聚区，吸引了大量的人口和劳动力流入，成为我国人口净流入最多的区域。截至2023年底，大湾区人口近8687.7万。如此庞大的人口规模呈现着何种集聚状态，对大湾区整体以及湾区内不同类型城市的经济社会将产生何种影响？特别是在当前经济形势下，人口向大湾区集聚对其劳动力市场是否会产生冲击，是否会加剧就业压力，进而提高失业风险？从以往研究来看，多数学者从城市规模的角度进行分析，如陆铭等的研究发现，城市规模每增加1%，个人的就业概率将平均提高 0.039% ～ 0.041%①；朱志胜也得到类似的结论，认为城市规模的扩张有利于提高城市迁移人口的就业概率和真实工资水平②。但也有学者得到相反的结论，如刘学军和赵耀辉的研究结果显示，大量迁移人口进入城市对本地人口存在显著的就业挤出效应③；周密等的研究表明迁移人口和本地居民在人口市场上的互补效应和替代效应因城市规模的不同而有所差异，两种效应在特大城市人口市场上同时存在，在大城市表现为互补效应强于替代效应，在中小城市则相反④。也有学者基于马歇尔提出的集聚经济的三大微观机制——"分享、匹配、学习"进行实证研究，结果表明更大的劳动力市场通过为劳动者提供更为专业化的工作岗位来提高工作效率⑤；李宏兵等利用 2007 年我国工业企业数据进行研究，结果表明市场潜能促进了制造业中的女性就业⑥；尹靖华和韩峰认为产品市场潜力和厚的劳动力市场对推进城市就业增长有显著作用，二者不仅在城市层面提高了城市非农就业规模，而且也提高了微观劳动者个体的非农就业概率⑦。上述研究多以全国样本为对象进行分析，且实证研究结果尚未达成一致，而目前针对粤港澳大湾区的文献主要集中在其战略意义与发

---

① 参见陆铭、高虹、佐藤宏《城市规模与包容性就业》，载《中国社会科学》2012 年第 10 期，第 47 - 66 页。

② 参见朱志胜《城市规模对就业福利效应的影响》，载《城市问题》2016 年第 1 期，第 71 - 77 页。

③ 参见刘学军、赵耀辉《劳动力流动对城市劳动力市场的影响》，载《经济学（季刊）》2009 年第 2 期，第 693 - 710 页。

④ 参见周密、张广胜、黄利等《外来劳动力挤占了本地市民的收入吗——基于城市规模视角》，载《上海财经大学学报》2014 年第 1 期，第 96 - 105 页。

⑤ See L Garicano, T Hubbard, "Managerial Leverage is Limited by the Extent of the Market: Hierarchies, Specialization, and the Utilization of Lawyers' Human Capital," *J. Law Econ.*, 2007, 50 (1): 1 - 43; J R Abel, R Deitz, "Agglomeration and Job Matching Among College Graduates," *Regional Science and Urban Economics*, 2015 (51): 14 - 24.

⑥ 参见李宏兵、赵春明、文磊等《市场潜能促进了制造业女性就业吗？——基于中国工业企业数据的实证分析》，载《财经研究》2014 年第 3 期，第 52 - 62 页。

⑦ 参见尹靖华、韩峰《市场潜力、厚劳动力市场与城市就业》，载《财贸经济》2019 年第 4 期，第 146 - 160 页。

展定位①、一体化发展②、建构与制度创新③、城市空间结构及网络④以及产业协同升级与经济绩效⑤等方面。可见，关于粤港澳大湾区人口空间集聚和就业的研究还十分匮乏。基于此，笔者将在本章定量分析粤港澳大湾区人口空间集聚的就业效应。

一、粤港澳大湾区人口空间集聚影响就业水平的理论分析

根据劳动力市场均衡理论，人口空间集聚对就业水平的影响主要通过影响劳动力供给和需求发生作用。人口空间集聚一方面会直接带来更多的劳动力供给，在保持工资水平和劳动需求不变的情况下，劳动力供给大于劳动力需求，劳动者之间的竞争变得更加激烈，而就业压力增大，可能导致一部分劳动者失业；另一方面，当人口空间集聚到一定程度，也会产生拥挤效应，产生交通拥堵、环境污染、房价高企等问题，这将迫使一部分劳动者逃离人口集聚的地区，在一定程度上会减少一部分劳动力供给。而根据规模经济理论可知，人口空间集聚会形成较大的市场，产生规模经济

---

① 参见申勇《湾区经济的形成机理与粤港澳大湾区定位探究》，载《特区实践与理论》2017 年第 5 期，第 42 – 46 页；覃成林、刘丽玲、覃文昊《粤港澳大湾区城市群发展战略思考》，载《区域经济评论》2017 年第 5 期，第 113 – 118 页。

② 参见覃成林、柴庆元《交通网络建设与粤港澳大湾区一体化发展》，载《中国软科学》2018 年第 7 期，第 71 – 79 页；莫文志、何宝峰《粤港澳大湾区协同发展思考——基于陆路交通一体化视角》，载《特区经济》2019 年第 12 期，第 34 – 37 页。

③ 参见钟韵、胡晓华《粤港澳大湾区的构建与制度创新：理论基础与实施机制》，载《经济学家》2017 年第 12 期，第 50 – 57 页。

④ 参见汪行东、鲁志国《粤港澳大湾区城市群空间结构研究：从单中心到多中心》，载《岭南学刊》2017 年第 5 期，第 78 – 85 页；彭芳梅《粤港澳大湾区及周边城市经济空间联系与空间结构——基于改进引力模型与社会网络分析的实证分析》，载《经济地理》2017 年第 12 期，第 57 – 64 页；E C Hui, X Li, T Chen, et al., "Deciphering the Spatial Structure of China's Megacity Region: A New Bay Area—The Guangdong-Hong Kong-Macao Greater Bay Area in the Making," *Cities*, Volume 105, October 2020, 102468；潘苏、种照辉、覃成林《基于先进生产性服务业的粤港澳大湾区城市网络演化及其影响因素》，载《广东财经大学学报》2019 年第 1 期，第 103 – 112 页。

⑤ 参见陈燕、林仲豪《粤港澳大湾区城市间产业协同的灰色关联分析与协调机制创新》，载《广东财经大学学报》2018 年第 4 期，第 89 – 97 页；覃成林、潘丹丹《粤港澳大湾区产业结构升级及经济绩效分析》，载《经济与管理评论》2020 年第 1 期，第 137 – 147 页。

和集聚效应,即较大的市场能够提供更多的中间产品、最终商品以及公共设施,接近更大范围的中间服务和商品会提高最终生产部门的生产力,由此工资随着劳动力规模的扩大而上涨,消费者会消费更多的本地产品和服务,从而产生更多的劳动需求,创造更多的就业机会。综上所述,人口空间集聚对就业水平产生的影响,取决于人口空间集聚通过一系列间接的集聚效应所导致对劳动力需求的增加能否抵消人口空间集聚所直接引起的劳动力供给增加,因此,这种影响具有一定的不确定性。当然,其结果还受到其他因素的影响,特别是对于粤港澳大湾区来说,由于制度等方面的差异和约束,当前人口和劳动力还无法实现自由流动,这在一定程度上会影响劳动力市场的优化配置。基于此,笔者将在上述理论分析框架(如图5-1所示)的基础上,纳入相关政策制度因素,定量考察粤港澳大湾区人口空间集聚对就业水平的影响。

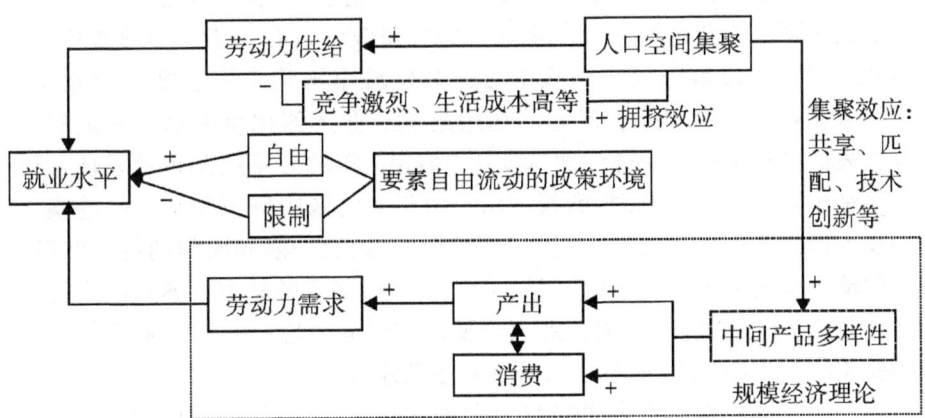

图5-1 人口空间集聚对就业水平的影响:理论分析框架

二、粤港澳大湾区人口空间集聚影响就业的实证检验

(一) 模型设定与变量测量

根据上述理论分析,可得到基本的计量模型:

$$\ln employment_{it} = \alpha + \beta \times popagg_{it} + X_{it}\gamma' + city_i + t + \varepsilon_{it} \quad (5-1)$$

该模型中,被解释变量为 i 城市 t 年的就业数量对数($\ln employment$),$i \in [1,11]$,$t \in [1990,2017]$;α 为常数项;$popagg_{it}$ 表示 i 城市 t 年的人口集聚度,是主要解释变量。X_{it} 表示一系列影响就业水平的因素,作为模型的控制变量。根据已有研究以及数据的可得性,笔者选取工资水平、经济发展水平、产业结构、投资水平、地方财政收入和支出、交通通达度、科教水平以及政策因素等纳入考量,其中城市平均工资表征工资水平,GDP 表征经济发展水平,产业结构用第三产业产值比重表示,固定资产投资表征投资水平,交通的通达度用 i 城市 t 年的公路通车里程表征,科教水平用 i 城市 t 年的高校数量表示。由于大湾区中珠三角 9 市与港澳之间在人口流动等方面受到一定的政策限制,如赴香港和澳门的签注政策,因此笔者采用虚拟变量予以控制。$city_i$ 表示大湾区各城市,纳入模型控制个体效应;t 是时间趋势项,纳入模型固定时间效应;ε_{it} 表示随个体和时间变化的扰动项。β、γ' 分别为系数和系数矩阵。

上述变量采用的是大湾区 11 个城市 1990—2017 年的面板数据,数据来源于 1991—2018 广东统计年鉴、中国城市统计年鉴以及大湾区各城市统计年鉴、香港统计年刊和澳门统计年鉴。由于数据的时间维度 T 大于截面维度 n,因此,笔者采用适用于长面板数据的估计方法。对于时间维度较大的长面板数据来说,可以放松短面板数据对扰动项 $\{\varepsilon_{it}\}$ 独立同分布的假定,需考虑其可能存在的异方差和自相关。如果存在组间异方差和同期相关,则可以选择"OLS + 面板校正标准误差"的估计方法;如果仅仅存在组内自相关,则可采用广义最小二乘法(FGLS)进行估计;如果三种情形同时存在,则需要采用"全面 FGLS"进行估计。因此,在经验分析之前需要对其进行检验,从而选择合适的估计方法。从表 5 – 1 的检

验结果可以看到，三种检验的 p 值均为 0.0000，强烈拒绝"同方差""不存在一阶组内自相关"以及"无同期相关"的原假设，由此可以判定扰动项同时存在组间异方差、组内自相关以及组间同期相关，因此采用"全面 FGLS"模型进行估计。

表 5-1　数据检验结果

组间自相关检验	Wooldridge test for autocorrelation in panel data H_0: no first-order autocorrelation $F(1, 10) = 102.36$ $Prob > F = 0.0000$
组内异方差检验	Modified Wald test for groupwise heteroskedasticity in cross-sectional time-series FGLS regression model $H_0: sigma^2(i) = sigma^2$ for all i $chi^2(11) = 3033.47$ $Prob > chi^2 = 0.0000$
组内同期相关检验	Friedman's test of cross-sectional independence = 1.672 $Prob = 0.0000$

变量测量和变量描述性统计分别如表 5-2、表 5-3 所示。

表 5-2　变量测量

变量	度量	单位
被解释变量		
就业水平	ln（就业人数）	万人
解释变量		
人口集聚度	$A_r = (I_r/I)/(area_r/area)$	
控制变量		
工资水平	ln（工资）	万元
经济发展水平	ln（国内生产总值）	亿美元

续上表

变量	度量	单位
产业结构	第三产业产值比重	—
投资规模	ln（固定资产投资）	亿美元
地方财政收入	ln（地方财政收入）	亿美元
地方财政支出	ln（地方财政支出）	亿美元
交通通达度	ln（公路通车里程）	公里
科教水平	普通高等院校数量	个
是否存在流动限制	无需签注=0，签注政策=1	—

表5-3 变量描述性统计

主要变量	观察值	平均数	标准差	最小值	最大值
就业数量对数	308	5.27	0.91	2.87	6.85
人口集聚度	308	3.79	6.36	0.22	38.53
工资水平对数	308	10.31	1.41	7.74	13.96
GDP对数	308	5.20	1.53	2.20	8.14
第三产业产值比重	308	49.47	19.80	23.10	96.30
固定资产投资对数	308	4.03	1.50	0.88	6.78
地方财政收入对数	308	2.87	1.64	0.41	6.68
地方财政支出对数	308	3.00	1.61	0.41	6.52
公路通车里程对数	308	7.80	1.08	4.82	9.58
高校数量	308	9.03	15.53	0.00	82.00
是否存在流动限制	308	0.82	0.39	0.00	1.00

（二）回归结果

表5-4报告了大湾区人口空间集聚对就业水平影响的回归结果，其中模型二是在模型一的基础上纳入了人口空间集聚度与GDP对数的交互

项。对比两个模型可以看到,各变量系数的符号大小及方向基本一致,说明估计结果具有一定的稳健性。由于人口空间集聚度与 GDP 对数的交互项对就业水平具有显著的影响,因此,笔者选择模型二进行具体解释。

模型二回归结果显示主要解释变量人口集聚度以及人口集聚度的二次方对就业数量具有显著的影响,其中二次项系数显著为负,一次项系数显著为正,说明在保持其他条件不变的条件下,人口集聚度对就业水平的影响呈现先上升后下降的倒"U"型。也就是说,随着大湾区人口空间集聚程度的提高,就业水平也将有所提高,即人口集聚对扩大就业具有促进作用。然而,当大湾区人口空间集聚达到一定程度(根据估计结果,人口空间集聚度平均值约为 19.5)后,其对就业水平的影响转为负向影响,即拥挤效应超过集聚效应,不利于就业水平的提高。当前大湾区人口空间集聚度的平均值仅为 3.79,因此,对于大湾区整体而言,当前人口空间集聚对就业的促进作用还有很大的提升空间。另外,GDP 对数和人口空间集聚度与 GDP 对数的交互项的回归系数均显著为正,这一结果说明随着经济发展水平的提高,人口空间集聚更易释放和发挥集聚效应,从而拉动就业的增长。

表 5-4　大湾区人口空间集聚与就业水平回归结果

变量	模型一 系数	模型二 系数
人口集聚度	0.117*** (0.011)	0.078*** (0.020)
人口集聚度^2	-0.002*** (0.000)	-0.002*** (0.000)
人口集聚度 × ln GDP	—	0.005* (0.002)
工资水平对数	-0.020 (0.020)	-0.004 (0.020)

续上表

变量	模型一 系数	模型二 系数
GDP 对数	0.195***	0.179***
	(0.025)	(0.026)
第三产业产值比重	0.002***	0.002***
	(0.001)	(0.001)
固定资产投资对数	-0.010	-0.012
	(0.012)	(0.012)
地方财政收入对数	0.008	0.005
	(0.014)	(0.015)
地方财政支出对数	0.008	0.013
	(0.016)	(0.016)
公路通车里程对数	-0.001	0.000
	(0.000)	(0.001)
高校数量	-0.020	0.078
	(0.020)	(0.020)
是否存在流动限制（参照组=是）	4.146***	4.096***
	(0.175)	(0.183)
个体效应	YES	YES
时间效应	YES	YES
常数	-22.550***	-20.784***
	(4.601)	(4.994)

注：*、**、*** 分别表示 $p<0.05$、$p<0.01$、$p<0.001$。

（三）稳健性检验

笔者主要从两个方面检验模型的稳健性：其一，由于解释变量和被解释变量均可能存在空间自相关性，因此笔者将通过空间面板模型进行估计来识别是否存在空间效应,同时考察模型一和模型二是否具有稳健性;其二,采用更为简单的人口密度指标来替换人口空间集聚度指标并将其纳入模型。

1. 考虑空间效应

由于空间杜宾模型(SDM)包含因变量和自变量空间自相关性,是空间误差模型和空间滞后模型的扩展形式,因此笔者采用空间杜宾模型进行分析。为了进一步确定模型对固定效应和随机效应的选择,需进行 Hausman 检验,Hausman 统计量为负值(-11.75),故接受原假设,选择随机效应模型。模型结果显示,空间自回归系数在 5% 水平上不显著,说明不存在空间自相关性,而人口集聚度及其二次项,以及空间矩阵加权项的系数均是显著不为零的,尽管显著性有所降低,但系数的大小、方向与模型二基本一致,说明具有一定的稳健性。空间杜宾模型回归结果如表 5-5 所示。

表 5-5 空间杜宾模型回归结果

因变量	系数	稳健标准误
人口集聚度	0.113*	0.053
人口集聚度^2	-0.003**	0.001
人口集聚度 × ln GDP	0.007	0.008
工资水平对数	-0.424*	0.184
GDP 对数	0.601***	0.088
第三产业产值比重	0.010*	0.005
固定资本投资对数	0.007	0.092
地方财政收入对数	-0.142	0.100
地方财政支出对数	0.085	0.165
公路通车里程对数	0.002	0.064
高校数量	-0.001	0.002

续上表

因变量	系数	稳健标准误
是否存在流动限制（参照组=是）	2.371*	1.086
常数	4.041***	1.202
W×人口集聚度	0.102*	0.048
W×人口集聚度^2	-0.002*	0.001
Spatial（rho）	-0.055	0.045
R^2	0.3236	—
Log-pseudolikelihood	95.797	—
$sigma^2\_e$	0.025	0.011

注：*、**、*** 分别表示 $p<0.05$、$p<0.01$、$p<0.001$。

2. 采用更为简单的人口密度纳入模型并检验其稳健性

表5-6报告的回归结果显示，用人口密度代替人口空间集聚度作为解释变量纳入模型，其对就业增长的影响系数和方向基本与模型一和模型二一致，说明模型一和二具有较好的稳健性。但采用人口密度作为解释变量纳入模型，系数相对较大，说明采用人口空间集聚度这一考虑了在整个区域中的相对疏密程度的指标，结果更为精确。

表5-6 稳健性检验：采用人口密度指标替换

变量	模型三 系数	模型四 系数
人口密度	2.712*** (0.200)	2.269*** (0.244)
人口密度^2	-0.688*** (0.061)	-0.651*** (0.066)

续上表

变量	模型三 系数	模型四 系数
人口密度 × ln GDP	—	0.063*** (0.015)
工资水平对数	0.005 (0.018)	0.020 (0.019)
GDP 对数	0.172*** (0.022)	0.166*** (0.023)
第三产业产值比重	0.001 (0.001)	0.001 (0.001)
固定资产投资对数	0.007 (0.013)	0.009 (0.013)
地方财政收入对数	0.010 (0.015)	-0.008 (0.016)
地方财政支出对数	-0.020 (0.017)	-0.008 (0.018)
公路通车里程对数	0.019 (0.016)	0.028 (0.016)
高校数量	-0.001 (0.001)	0.000 (0.001)
是否存在流动限制（参照组=是）	5.155*** (0.189)	5.009*** (0.201)
个体效应	YES	YES
时间效应	YES	YES
常数	-1.575 (3.276)	4.923 (3.634)

注：*、**、*** 分别表示 $p < 0.05$、$p < 0.01$、$p < 0.001$。

三、扩展分析：粤港澳大湾区不同类型城市人口空间集聚对就业的影响

由于粤港澳大湾区各城市处于不同的发展阶段，为获得更具针对性的结论和政策启示，笔者将大湾区11个城市划分为子样本进行分析，进一步考察人口空间集聚对大湾区不同城市就业水平的影响是否存在差异。大湾区11个城市主要划分为核心圈层城市与非核心城市，香港、澳门与珠三角9市。根据经济总量以及相关研究①，笔者所界定的核心圈层城市主要包括香港、广州和深圳。

表5-7报告的回归结果显示，大湾区不同类型城市人口集聚度对就业水平的影响存在较大差异。对于核心圈层城市，人口集聚度及其二次项的系数显著不为零，说明人口空间集聚对核心城市的就业水平具有显著影响。其中，二次项系数显著为负，一次项系数显著为正，说明在保持其他条件不变的条件下，人口集聚度对就业水平的影响呈现先上升后下降的倒"U"型。也就是说，随着核心圈层城市人口空间集聚程度的提高，就业水平也将有所提高，即人口集聚对扩大就业具有促进作用。然而，当人口空间集聚达到一定程度（根据估计结果，人口空间集聚度平均值约为8.83）后，其对就业的影响转为负向影响，即拥挤作用超过集聚效应，不利于就业的增长，说明对于大湾区核心圈层的城市来说，当前人口集聚对就业的拉动作用仍具有较大的上升空间。

而对于非核心城市来说，人口集聚度及其二次项的系数不显著，对其就业具有显著正向影响的变量是表征交通通达度的公路通车里程对数和表征科教水平的高校数量。这一结果表明要促进非核心城市就业水平的提高，不是吸引和集聚更多的人口和劳动力，而是发挥自身的优势，完善道路交通设施，增加教育等方面的投入，加大智力支持，促进经济发展，从而实现就业的稳定增长。

香港、澳门和珠三角9市之间的差异更为显著。对于珠三角9市而

---

① 参见刘力、许耿斌《粤港澳大湾区城市群空间协同关系及边界增长潜力分析》，载《城市观察》2019年第2期，第50-57页。

言,人口空间集聚对其就业水平的影响同样呈现先上升后下降的倒"U"型。而对于香港和澳门来说,人口集聚度的系数不显著,只有表征经济增长的 GDP 对数对其就业水平产生显著的正向影响,说明港澳特别是澳门的人口已然没有进一步集聚的空间,推动经济增长是实现就业增长更为直接的途径。

表 5-7 大湾区人口空间集聚与就业水平——不同类型城市:回归结果

变量	核心圈层城市	非核心城市	香港、澳门	珠三角 9 市
人口集聚度	0.477***	-0.003	0.010	0.555***
	(0.037)	(0.028)	(0.023)	(0.073)
人口集聚度^2	-0.027***	0.000	0.000	-0.039***
	(0.003)	(0.000)	(0.000)	(0.011)
工资水平对数	0.003	0.004	-0.032	0.010
	(0.024)	(0.050)	(0.035)	(0.041)
GDP 对数	0.197***	0.217***	0.211***	0.204***
	(0.051)	(0.040)	(0.049)	(0.031)
第三产业产值比重	0.000	0.001	0.001	0.001
	(0.001)	(0.001)	(0.001)	(0.001)
固定资本投资对数	-0.031	-0.008	0.052	-0.010
	(0.028)	(0.020)	(0.028)	(0.017)
地方财政收入对数	-0.031	0.005	-0.012	0.015
	(0.029)	(0.042)	(0.031)	(0.031)
地方财政支出对数	-0.031	-0.031	-0.035	-0.014
	(0.027)	(0.049)	(0.036)	(0.033)
公路通车里程对数	-0.003	0.051*	0.411	0.020
	(0.048)	(0.021)	(0.287)	(0.017)
高校数量	-0.002*	0.007*	0.022	-0.001
	(0.001)	(0.003)	(0.014)	(0.001)

续上表

变量	核心圈层城市	非核心城市	香港、澳门	珠三角9市
是否存在流动限制（参照组=是）	2.038*** (0.121)	1.278*** (0.326)	—	—
个体效应固定	YES	YES	YES	YES
时间效应固定	YES	YES	YES	YES
常数	-38.923*** (6.003)	-6.412*** (13.272)	-1.042 (7.428)	-2.459 (10.239)

注：*、**、*** 分别表示 $p<0.05$、$p<0.01$、$p<0.001$。

四、结论与讨论

本节主要分析了粤港澳大湾区人口空间集聚所产生的就业效应，得到以下结论：

第一，整体而言，随着大湾区人口空间集聚程度的提高，就业水平也将有所提高，即人口集聚对扩大就业具有促进作用。当人口空间集聚达到一定程度后，其对就业的影响转为负向影响，然而当前大湾区人口空间集聚程度尚未达到峰值，仍有很大的上升空间。

第二，大湾区核心圈层城市与非核心城市，香港、澳门与珠三角9市的人口空间集聚对就业水平的影响存在较大差异。对于珠三角城市特别是核心圈层城市广州和深圳来说，当前人口空间集聚程度仍较低，尚有较大的上升空间，可进一步通过吸引和集聚人口推动就业的增长；而对于香港和澳门来说，由于土地面积的限制，当前人口空间集聚度已经达到"饱和"状态，人口空间的过度集聚对就业增长将不再有积极的促进作用，通过比较优势提高经济增长速度是实现其就业稳定增长的第一要义；对于珠三角的其他非核心城市而言，就业水平的提高不是靠吸引和集聚更多的人口和劳动力，而是要发挥自身的优势，完善道路交通设施，增加教育等方面的投入，加大智力支持，促进经济发展，从而实现就业的稳定增长。

基于上述研究结论，得到如下启示：当前很多城市加入"抢人大战",粤港澳大湾区的城市也不例外,各城市纷纷推出各种人才引进政策吸引人才。然而,从研究结果可看出,中小城市盲目地"抢人"实际上并不能达到提高就业、增加劳动者福利的作用,由于缺乏相应的经济和产业基础,人才引进来却留不住,同时还加大了城市的就业压力。因此,中小城市要根据自身的产业优势,完善公共基础设施,发展经济,从而实现人才引进和就业增长的良性循环。而对于大湾区的核心圈层城市而言,特别是广州、深圳等,具有良好的经济基础且人口空间集聚程度仍具有较大的上升空间,可以带来更多的就业,因此,政府应积极制定相应的优惠政策,以吸引更多的人口和劳动力。

第二节 城市群人口集聚对企业全要素生产率的影响

国家发展改革委于2021年印发的《2021年新型城镇化和城乡融合发展重点任务》提出,要增强中心城市对周边地区的辐射带动能力,培育发展现代化都市圈,增强城市群人口经济承载能力,形成都市圈引领城市群、城市群带动区域高质量发展的空间动力系统。

城市群是新型城镇化的主体形态,是支撑全国经济增长、促进区域协调发展、参与国际竞争与合作的重要平台;都市圈是城市群内部以超大特大城市或辐射带动功能强的大城市为中心、以1小时通勤圈为基本范围的城镇化空间形态。而城市则是构成城市群和都市圈的最基本单元。企业是城市发展的基石,城市是企业成长的厚土。企业特别是上市公司作为城市宏观经济发展的微观基础,其生产效率的提升是实现城市经济持续高质量增长的关键,粤港澳大湾区的发展亦是如此。在我国经济面临新常态的背景下,企业受融资困难和劳动力成本上升的影响,迫切需要提升自身生产效率以应对日益激烈的市场竞争和市场环境,并进行转型升级,实现可持续发展。如何提高企业的生产效率?从以往研究来看,学者们探讨了技术开发和技术改造投入①、企业规模②、对外直接投资③、政府补贴④、资本配置效率⑤、税收等经济政策的不确定性⑥、杠杆率⑦以及股权结构⑧等企业内外部因素对其生产效率的影响，鲜有文献研究城市群人口集聚对企业生产效率的影响。根据规模经济理论，一方面，人口和劳动力的集聚为企业获得人才提供了数量基础；另一方面，人口和劳动力的集聚能带来规模经济，规模经济又通过分享、匹配、学习三个机制来提高效率。其中，"分享"意味着私人投资和公共投资在生产规模扩大过程中被分摊，企业生产成本降低；"匹配"意味着更大的市场会使供给更加专业化、需求更加多样化，不同偏好、拥有不同技能的消费者和生产者相互匹配，从而提高经济活动的效率；"学习"意味着"干中学"和知识溢出，企业可以更

---

① 参见程惠芳、陆嘉俊《知识资本对工业企业全要素生产率影响的实证分析》，载《经济研究》2014年第5期，第174 – 187页。

② 参见孙晓华、王昀《企业规模对生产率及其差异的影响——来自工业企业微观数据的实证研究》，载《中国工业经济》2014年第5期，第57 – 69页。

③ 参见王丁玄《中国企业对外直接投资对其全要素生产率的影响》，载《经济管理文摘》2020年第18期，第57 – 58页。

④ 参见 T H Clausen, "Do Subsidies Have Positive Impacts on R&D and Innovation Activities at the Firm Level," *Structural Change and Economic Dynamics*, 2009, 20 (4): 239 – 253; 李政、杨思莹、路京京《政府补贴对制造企业全要素生产率的异质性影响》，载《经济管理》2019年第3期，第5 – 20页；任曙明、吕镯《融资约束、政府补贴与全要素生产率——来自中国装备制造企业的实证研究》，载《管理世界》2014年第11期，第10 – 23、187页。

⑤ 参见杜传忠、金华旺《制造业产融结合、资本配置效率与企业全要素生产率》，载《经济与管理研究》2021年第2期，第28 – 40页。

⑥ 参见李永友、严岑《服务业"营改增"能带动制造业升级吗？》，载《经济研究》2018年第4期，第18 – 31页；陈启斐、吴金龙《经济政策不确定性、OFDI和服务业全要素生产率——来自中国服务业微观企业的证据》，载《世界经济文汇》2020年第4期，第82 – 101页；张春海、孙海波《融资约束、经济政策不确定性与企业全要素生产率——基于中国上市制造业企业数据的经验分析》，载《当代金融研究》2021年第1期，第27 – 35页。

⑦ 参见宋清华、林永康《杠杆率会影响全要素生产率吗——基于企业和地区异质性的视角》，载《山西财经大学学报》2021年第3期，第112 – 126页。

⑧ 参见孙兆斌《股权集中、股权制衡与上市公司的技术效率》，载《管理世界》2006年第7期，第115 – 124页；叶彬、任佩瑜《股权结构与全要素生产率——对中国上市公司的实证研究》，载《山西财经大学学报》2010年第6期，第78 – 84页；艾文冠《股权结构对上市公司全要素生产率的影响——基于 Olley – Pakes 半参数方法的实证研究》，载《西南师范大学学报（自然科学版）》2017年第3期，第119 – 127页。

便捷地获取新知识、技术及管理经验①。以上便是人口红利转变为人才红利的过程。

粤港澳大湾区作为我国人口和劳动力的重要集聚区,在人口集聚所产生的人口红利依然强劲的同时,人才红利正在形成,为实现城市群高质量发展提供持久动力。而城市群人才红利共享机制是破除城市人口马太效应②的有效方式。《2019 粤港澳大湾区经济发展蓝皮书》数据表明,截至 2017 年,大湾区汇集了大量的企业,其中上市企业数量增至 1803 家。城市群人口集聚对其企业生产效率即全要素生产率的提高将产生何种影响,是促进还是抑制?其内在机制是否与理论阐述相一致?研究上述问题对于探索以城市群高质量发展激活企业内生动力、提高企业生产效率,具有重要的现实意义。

一、粤港澳大湾区内地九市企业全要素生产率变化特征

(一)大湾区内地九市企业全要素生产率逐年提高

基于国泰安数据库、万得数据库、锐思数据库等上市企业数据,计算 2008—2019 年大湾区内地九市(由于上市企业数据中香港和澳门的数据缺失,笔者只统计粤港澳大湾区内地九市的相关数据)企业全要素生产率(见表 5-8)发现,企业全要素生产率总体均值从 2008 年的 7.149 提高到 2019 年的 7.607;工业企业全要素生产率从 2008 年的 7.245 提高至 2019 年的 7.543;服务业企业全要素生产率提升幅度更大,从 2008 年的 6.989 提高到 2019 年的 7.769,均呈现逐年提高的态势。

---

① 参见陆铭、刘雅丽《区域平衡发展:中国道路的"空间政治经济学"思考》,载《广西财经学院学报》2019 年第 4 期,第 1-10 页。

② 城市人口马太效应是指人口不断从小城镇与乡村抽离出来并涌入大城市,形成大城市人口规模不断扩大、小城镇和乡村人口不断萎缩的状态。

表5-8 2008—2019年企业全要素生产率描述性统计

年份	总体均值	工业企业均值	服务业企业均值
2008	7.149	7.245	6.989
2009	7.201	7.235	7.139
2010	7.290	7.252	7.365
2011	7.268	7.224	7.366
2012	7.267	7.216	7.396
2013	7.347	7.317	7.422
2014	7.370	7.344	7.436
2015	7.399	7.360	7.499
2016	7.480	7.397	7.704
2017	7.543	7.459	7.767
2018	7.590	7.524	7.760
2019	7.607	7.543	7.767

（二）大湾区内地九市企业全要素生产率变化趋势存在差异，差距趋于收敛

从表5-9可以看到，2008—2019年大湾区内地九市企业全要素生产率的变化趋势存在较大差异，其中深圳和中山的上市企业全要素生产率呈现平稳上升态势，广州和东莞表现为小幅度波动上升态势，珠海、江门以及肇庆呈现较为明显的先下降后上升的"U"型态势，佛山呈现先下降后上升然后又下降的趋势，惠州呈现先大幅下降再小幅波动上升的态势。比较城市间企业全要素生产率的差异，从图5-2可以看到城市间的差距不断缩小，到2019年基本趋于收敛。

第五章 城市群人口空间集聚的社会经济效应
——基于粤港澳大湾区的分析

表5-9 2008—2019年大湾区内地九市企业全要素生产率均值比较

年份	广州	深圳	珠海	佛山	惠州	东莞	中山	江门	肇庆
2008	7.288	7.064	7.240	7.310	9.538	6.712	7.117	7.415	6.939
2009	7.393	7.161	7.045	7.282	7.940	6.875	7.115	7.245	6.943
2010	7.433	7.290	7.097	7.320	8.079	6.991	7.286	7.044	6.853
2011	7.512	7.251	7.015	7.299	7.549	7.032	7.294	7.019	6.890
2012	7.473	7.271	6.974	7.271	7.253	6.933	7.375	7.041	6.858
2013	7.519	7.361	7.032	7.487	7.424	7.055	7.333	6.951	6.839
2014	7.555	7.396	7.049	7.533	7.463	6.973	7.421	6.836	6.881
2015	7.453	7.459	7.183	7.555	7.347	7.009	7.442	6.833	6.888
2016	7.511	7.542	7.239	7.613	7.319	7.160	7.430	7.082	7.138
2017	7.576	7.576	7.304	7.643	7.482	7.434	7.444	7.271	7.367
2018	7.622	7.656	7.340	7.450	7.506	7.488	7.428	7.394	7.367
2019	7.644	7.679	7.352	7.397	7.564	7.538	7.487	7.376	7.377
变化趋势	～	／	～	～	＼	／	／	∨	∨

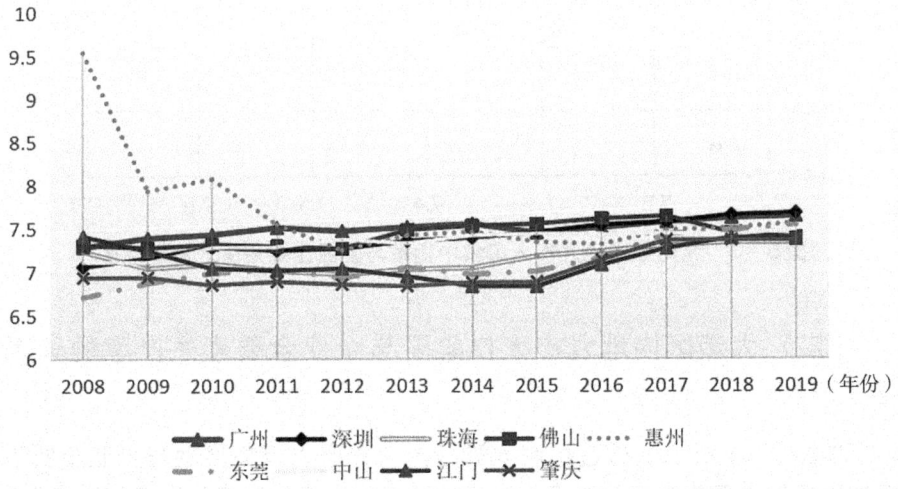

图5-2 2008—2019年大湾区内地九市企业全要素生产率变化趋势

二、粤港澳大湾区内地九市人口集聚与企业全要素生产率互动关系

(一) 大湾区内地九市人口集聚与企业全要素生产率呈正相关

如图5-3所示,通过绘制大湾区内地九市总体的人口集中指数与上市企业全要素生产率的散点图发现,大湾区内地九市人口集聚与企业全要素生产率之间呈现正向变动的关系,即人口集聚程度越高,企业全要素生产率也越高。

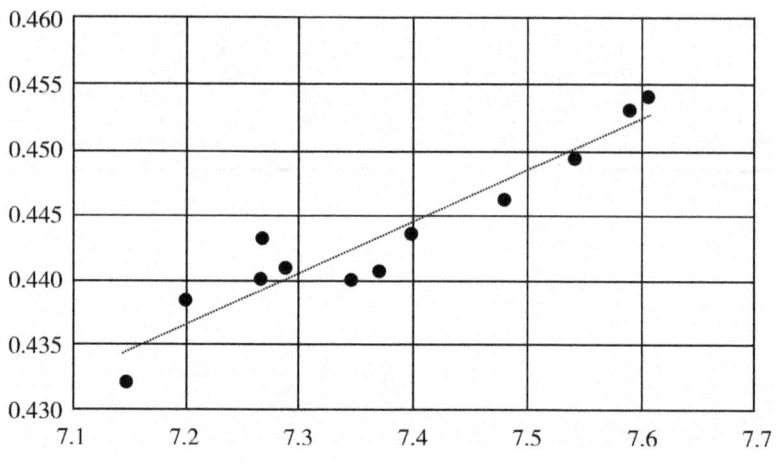

图5-3 大湾区内地九市人口集中指数与企业全要素生产率散点图

(二) 大湾区内地九市人口集聚与企业全要素生产率的关系存在差异

如图5-4所示,通过绘制大湾区内地九市人口集聚度与企业全要素生产率的散点图发现,城市群内部各城市之间存在较大差异,其中广州、深圳、珠海以及佛山的人口集聚与企业全要素生产率呈现较为显著的正相

关关系，而惠州、东莞、中山、江门以及肇庆则呈现较为显著的负相关关系。

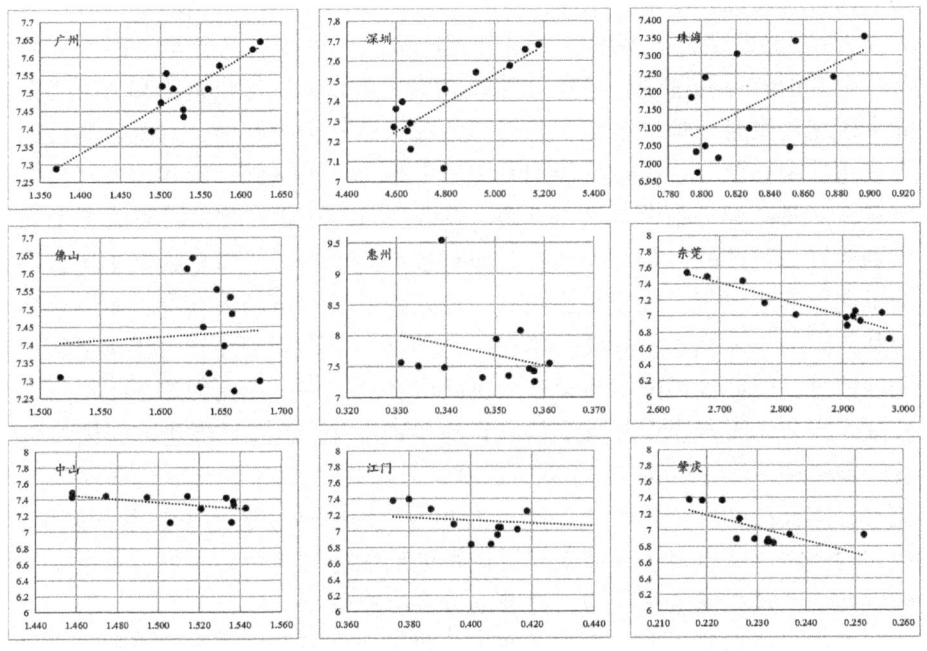

图5-4　大湾区内地九市人口集聚度与企业全要素生产率散点图

三、城市群人口集聚影响企业全要素生产率的理论机制分析

人口集聚对企业全要素生产率的影响，其理论基础主要源于马歇尔提出的规模经济理论。1890 年，英国经济学家阿弗里德·马歇尔（Alfred Marshall）在《经济学原理》一书中首次提出了"规模经济"的概念。马歇尔指出：可把因任何一种货物的生产规模之扩大而发生的经济分两类，一是有赖于从事这一工业的单个企业的资源、组织和经营效率的经济，称为内部规模经济；二是有赖于从事这一工业的多个企业集聚在一定空间地

域内形成的经济,称为外部规模经济。① 外部规模经济又称为经济的外部性,主要包括以下三个方面:①专业化投入品供应的便利性;②专业化劳动力的可获得性;③基于信息交换和面对面交流而产生的新思想。藤田昌久和雅克-弗朗斯瓦·蒂斯在《集聚经济学》一书中,从分享、匹配和学习三个方面解释外部规模经济及其效应。一是分享,指当企业和劳动力在同一区域集聚时,他们会从中获得产品和服务品类的好处,这既包括使用专业化的中介服务,也包括使用各类增强生产力的基础设施和地方性公共服务;二是匹配,指劳动者与工作(企业)的匹配质量在稠密的劳动力市场要好于稀薄的市场,原因在于面对较大的市场时,每个经济主体获得的机遇也相对较多,对于企业而言,较大的劳动力市场为其寻求更专业更与其匹配的人才提供了规模基础;三是学习,指不同的经济主体掌握着不同的信息,因此他们的集聚会产生更高层面的知识,从而促进了生产力的发展。当劳动者与企业集聚在信息容易传播的地区时,"产业的秘密就存在于空气中"②。这一结论的基本逻辑是异质性工人和企业通过面对面交流来分享彼此的知识,由此提高了生产力,同时还创造出更多新的知识,更多的经济主体分享了这些知识,使得他们能够创造和使用更为复杂和有效的技术,这样又会进一步提高劳动者的生产效率。

人口在粤港澳大湾区集聚所产生的对企业全要素生产率的影响可通过匹配和学习两个机制进行解释。首先,人口在大湾区集聚会形成"劳动力池",为企业获得更为专业的人才提供数量基础,更容易实现人才与企业需求的匹配,二者契合度的提高将有利于企业生产效率的提升,这是人口集聚对企业全要素生产率的直接影响。其次,人口集聚带来人口和劳动力在空间距离上的接近,一方面信息更容易传播和接收,新想法之间的碰撞加速新知识、新技术的产生,即促进知识创新,提高生产效率;另一方面,粤港澳大湾区的经济活动密度会随着人口集聚程度的上升而提高,而不同经济主体(包括劳动者、企业以及消费者)之间面对面的交流会随着经济活动密度的提高而更加频繁,同样有利于知识经验的学习和传播,

---

① 参见[英]阿弗里德·马歇尔《经济学原理》,文思编译,北京联合出版公司2015年版,第187-196页。
② [日]藤田昌九、[比]雅克-弗朗斯瓦·蒂斯:《集聚经济学 城市、产业区位与全球化》,石敏俊等译,格致出版社2016年版,第72-73页。

从而提高生产力。该路径是人口集聚对企业全要素生产率的间接影响，理论分析框架如图5-5所示。从理论分析来看，人口集聚对企业全要素生产率的提高具有积极的影响，但事实是否如此以及是直接效应还是间接效应占主导尚存在不确定性，需要进一步实证检验。

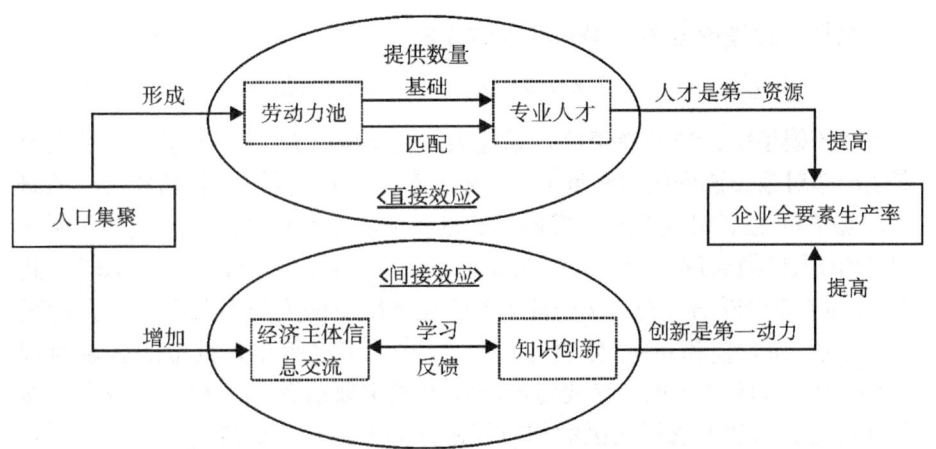

图5-5 人口空间集聚对企业全要素生产率的影响的理论分析框架

四、研究设计与实证结果分析

（一）数据来源

基于数据可得性，笔者采用粤港澳大湾区2008—2019年521家上市企业微观数据作为企业样本进行实证分析。该数据主要来源于国泰安数据库、Wind数据库、锐思数据库等，经过整理，主要包括公司名称、证券代码、资产负债率、公司规模、总资产收益率（ROA）、净资产收益率（ROE）、性质（是否为国有）、股权制衡度、股权集中度、董事会规模、独立董事比例、行业名称、行业代码、员工人数、营业收入、营业总收入、营业成本、销售费用、财务费用、管理费用、支付给职工以及为职工支付的现金、研发支出、政府补贴等指标。另外，在该数据基础上，笔者根据证券代码识别出上市企业所在城市，并将其与粤港澳大湾区内地九市①的宏观经济数据进行匹配，形成实证分析的数据基础。宏观数据来源是历年的广东统计年鉴及粤港澳大湾区各市统计年鉴。

（二）模型设定与变量测量

根据上述理论分析，得到基本的计量模型：

$$\ln tfp_{ijkt} = \alpha + \beta \times popagg_{ijkt} + \sum_m \gamma_m \times X^m_{ijkt} + \eta_j + \varepsilon_{ijt} \quad (5-2)$$

在该模型中，被解释变量 $\ln tfp_{ijkt}$ 表示为 k 城市 j 行业 i 企业 t 年的全要素生产率对数，该变量的测量主要借鉴鲁晓东和连玉君②、钱雪松等③ 的研究，选择 LP 法估计得到；主要解释变量 $popagg_{ijkt}$ 表示 j 行业 i 企业 t 年所在 k 城市的人口集聚度，计算公式为 $popagg_{ijkt} = (I_{ijkt}/I_t)/(area_{ijkt}/area_t)$，其中 I_{ijkt} 和 I_t 分别表示 j 行业 i 企业 t 年所在 k 城市的人口总量和 t 年大湾区人口总量，$area_{ijkt}$ 和 $area_t$ 分别为 j 行业 i 企业 t 年所在 k 城市的区域面积和 t 年大湾区区域面积，该变量的测算方式主要借鉴颜银根④ 的研究，在人口密度的基础上选择地区的相对规模作为平衡，从而避免区域大小不同所产生的"聚集度"高估的问题。X^m_{ijkt} 表示影响上市企业全要素生产率的其他因素，主要根据已有研究和数据的可得性进行选取，如选取企业规模、企业性质、股权集中度、资产负债率、净资产收益率、研发费用、政府补贴等作为模型的控制变量（见表5-10），其中企业规模用企业员工人数衡量，企业性质划分为国有企业和非国有企业两类，股权集中度用上市企业第一大股东持股比例衡量，资产负债率反映企业的杠杆率，净资产收益率反映企业的收益状况，研发费用反映企业科研经费投入情况，政府补贴反映企业所获得的政府支持状况等。η_j 表示影响上市企业全要素生产率的行业效应，ε_{ijt} 表示其他不可观测的因素。α、β、γ_m 分别为系数。

---

① 由于上市企业数据中香港和澳门数据缺失，这里只涵盖了粤港澳大湾区内地九市。
② 参见鲁晓东、连玉君《中国工业企业全要素生产率估计：1999—2007》，载《经济学（季刊）》2012年第2期，第541-558页。
③ 参见钱雪松、康瑾、唐英伦等《产业政策、资本配置效率与企业全要素生产率——基于中国2009年十大产业振兴规划自然实验的经验研究》，载《中国工业经济》2018年第8期，第42-59页。
④ 参见颜银根《FDI、劳动力流动与非农产业集聚》，载《世界经济研究》2014年第2期，第67-75页。

表 5-10 变量的描述性统计

主要变量	观察值	平均数	标准差	最小值	最大值
上市企业全要素生产率对数	4200	7.422	1.039	-1.945	11.635
人口集聚度	4228	3.333	1.753	0.216	5.177
企业规模对数	4202	7.583	1.318	1.946	12.438
企业性质	3830	0.271	0.444	0.000	1.000
股权集中度	3808	33.951	15.129	3.003	81.851
资产负债率	3830	0.459	0.548	0.008	13.711
净资产收益率	3809	0.054	1.099	-65.637	8.199
研发费用对数	3554	20.422	1.811	11.232	26.562
政府补贴对数	4193	0.509	3.002	0.000	21.532

(三) 基本回归结果分析

本节采用的数据为非平衡面板数据，仍然可利用面板数据固定效应模型或随机效应模型进行估计，根据豪斯曼检验结果（p 值为 0.0000）即拒绝随机效应，故采用固定效应模型进行估计。

表 5-11 报告了粤港澳大湾区人口集聚对上市企业全要素生产率影响的回归结果。其中，模型二在模型一的基础上控制了行业固定效应。两个模型均显示人口集聚度对上市企业全要素生产率的提升具有显著的促进作用，但纳入行业效应之后，人口集聚度对上市企业全要素生产率的影响系数有所下降，说明人口集聚对上市企业全要素生产率的影响存在行业差异，因此，笔者基于模型二进行分析。具体来看，在其他条件不变的情况下，人口集聚度每提高一个单位，上市企业全要素生产率将提高 9.2%。该估计结果在一定程度上验证了理论分析中人口集聚对企业全要素生产率具有正向作用这一假说。其他控制变量，如企业规模、股权集中度、净资产收益率以及研发费用均对上市企业全要素生产率具有显著影响，其中企业规模对上市企业全要素生产率的影响呈现先下降后上升的态势，股权集中度对上市企业全要素生产率的影响为负，研发费用的增加有利于促进上市企业全要素生产率的提高。然而，上述结果是否具有稳健性以及内在的

机制是否存在还需要在接下来的中介效应分析中予以验证。

表5-11 人口集聚对上市企业全要素生产率的影响：回归结果

变量	模型一	模型二
人口集聚度	0.126***	0.092**
	(0.031)	(0.029)
企业规模对数	-0.233***	-0.234***
	(0.043)	(0.043)
企业规模^2	0.020***	0.020***
	(0.003)	(0.003)
企业性质（参照组=非国有）	-0.078*	-0.048
	(0.032)	(0.030)
股权集中度	-0.003**	-0.002*
	(0.001)	(0.001)
资产负债率	-0.001	0.003
	(0.010)	(0.010)
净资产收益率	-0.014***	-0.007*
	(0.004)	(0.004)
研发费用对数	0.421***	0.400***
	(0.006)	(0.006)
政府补贴对数	0.003	0.002
	(0.002)	(0.002)
行业固定效应	NO	YES
常数	-0.739**	-20.784***
	(0.217)	(4.994)
观察值	3207	3154

注：括号内数值为标准误；*、**、*** 分别表示 $p<0.05$、$p<0.01$、$p<0.001$。

(四) 稳健性检验

为考察上述回归结果的稳健性,本部分通过考察人口集聚对企业生产效率影响的城市及行业异质性,即子样本回归的方式进行稳健性检验。

1. 人口集聚对企业生产效率影响的行业异质性

表5-11的回归结果显示粤港澳大湾区人口集聚对企业全要素生产率的影响存在行业效应。为进一步识别人口集聚对不同行业企业全要素生产率影响的差异,笔者将上市企业所在行业划归为两类,即工业企业和服务业企业。

表5-12报告的回归结果显示,粤港澳大湾区人口集聚对工业企业和服务业企业全要素生产率仍然具有显著的促进作用。但相比而言,人口集聚对服务行业的企业全要素生产率的影响更大。具体来看,在保持其他因素不变的条件下,粤港澳大湾区人口集聚对工业企业全要素生产率的提升作用为8.7%,而对服务业企业全要素生产率的提升作用为21.8%。究其原因,在于服务业企业的特点是需要接近客户,满足客户的需求。另外,人力资本在企业资本中的占比较高,成为服务业企业的"第一资源",这就决定了提高服务业企业生产效率更需要不同经济主体之间(包括员工之间、员工与客户之间以及不同企业的员工之间等)面对面的信息交流。因此,人口集聚对服务业企业全要素生产率的提升作用更大。这在一定程度上解释了为什么服务业更集中于人口聚集的大城市。

表5-12 人口集聚对不同行业上市企业全要素生产率的影响

变量	工业企业	服务业企业
人口集聚度	0.087***	0.218***
	(0.032)	(0.066)
企业规模对数	-0.191***	-0.052
	(0.053)	(0.107)
企业规模^2	0.017***	0.011
	(0.003)	(0.007)

续上表

变量	工业企业	服务业企业
企业性质（参照组 = 非国有）	-0.071*	0.039
	(0.032)	(0.066)
股权集中度	-0.002*	0.001
	(0.001)	(0.001)
资产负债率	-0.006	-0.048
	(0.009)	(0.032)
净资产收益率	-0.030	-0.002
	(0.020)	(0.005)
研发费用对数	0.401***	0.404***
	(0.007)	(0.013)
政府补贴对数	0.008*	0.001
	(0.003)	(0.004)
常数	-0.504	-1.491
	(0.259)	(0.510)
观察值	2338	869

注：括号内数值为标准误；*、**、*** 分别表示 $p<0.05$、$p<0.01$、$p<0.001$。

2. 人口集聚对企业生产效率影响的城市异质性分析

根据图 5-4 中各城市人口集聚与企业全要素生产率所呈现的不同特征，笔者将粤港澳大湾区内地九市分为两类：一类是人口集聚与企业生产效率呈现正相关关系的广州、深圳、珠海和佛山四个城市，另外一类是人口集聚与企业生产效率呈现负相关关系的中山、东莞、惠州、江门、肇庆五个城市，并采用计量模型进一步考察是否存在城市异质性。

表 5-13 报告的估计结果与图 5-4 呈现的状态基本一致。以广州、深圳、珠海和佛山四个城市为子样本进行回归分析，结果显示人口集聚对企业全要素生产率具有显著的正向作用；而以中山、东莞、惠州、江门、

肇庆五个城市为子样本进行回归分析，结果显示人口集聚对企业全要素生产率的影响显著为负。可能的原因是广州和深圳作为超大城市，服务业比重较高，同时集聚了大量的上市企业，人口在其中集聚更容易实现人才与企业需求的匹配，二者契合度的提高有利于企业生产效率的提升，同时人口集聚使人口和劳动力在空间距离上更加接近，信息更易于传播和接收，新想法之间的碰撞加速新知识、新技术的产生，即促进知识创新，提高生产效率。而珠海和佛山毗邻深圳和广州，在一定程度上受到空间溢出效应的影响。而中山、东莞、惠州、江门、肇庆则多以工农业为主，受企业类型和产业结构的影响，并不需要大量的人口和劳动力，因此人口集聚效应的释放受到限制。上述结果说明人口集聚对企业生产要素的提升作用并不适用于所有的城市。

表5-13　人口集聚对不同城市上市企业全要素生产率的影响

变量	广深珠佛	其他城市
人口集聚度	0.216***	-0.415*
	(0.033)	(0.208)
企业规模对数	-0.226***	-0.049
	(0.047)	(0.145)
企业规模^2	0.019***	0.006
	(0.003)	(0.009)
企业性质（参照组=非国有）	-0.057	-0.157*
	(0.040)	(0.053)
股权集中度	0.001	-0.006***
	(0.001)	(0.002)
资产负债率	-0.004	0.110
	(0.010)	(0.116)
净资产收益率	-0.013**	0.134
	(0.004)	(0.079)

续上表

变量	广深珠佛	其他城市
研发费用对数	0.400***	0.527***
	(0.007)	(0.018)
政府补贴对数	0.002	-0.005
	(0.003)	(0.006)
常数	-0.829**	-2.614**
	(0.241)	(0.751)
观察值	2529	442

注：括号内数值为标准误；*、**、*** 分别表示 $p<0.05$、$p<0.01$、$p<0.001$。

分样本回归结果显示，人口集聚对企业全要素生产率的影响与基准回归基本一致，说明该回归结果具有一定的稳健性。

（五）中介效应检验

根据理论分析，人口集聚对企业全要素生产率的影响存在直接和间接两个路径。为识别这两种路径是否如理论阐述的那样存在以及作用大小如何，本部分将采用中介效应模型予以检验。

中介效应检验主要参考温忠麟和叶宝娟[①]经典的中介检验三步法：第一步，检验人口集聚是否能够显著提高上市企业全要素生产率；第二步，检验人口集聚是否能够显著提升创新水平；第三步，检验人口集聚和创新对上市企业全要素生产率的作用。笔者构建中介效应模型如下：

$$\ln tfp_{ijkt} = \alpha_1 + \beta_1 \times popagg_{ijkt} + \sum_m \gamma_m \times X^m_{ijkt} + \eta_j + \varepsilon_{ijt} \quad (5-3)$$

$$M_{ijkt} = \alpha_2 + \beta_2 \times popagg_{ijkt} + \sum_m \gamma_m \times X^m_{ijkt} + \eta_j + \varepsilon_{ijt} \quad (5-4)$$

$$\ln tfp_{ijkt} = \alpha_3 + \beta_3 \times M_{ijkt} + \beta_4 \times popagg_{ijkt} + \sum_m \gamma_m \times X^m_{ijkt} + \eta_j + \varepsilon_{ijt}$$

$$(5-5)$$

[①] 参见温忠麟、叶宝娟《中介效应分析：方法和模型发展》，载《心理科学进展》2014年第5期，第731-745页。

本部分选取城市创新指数 M_{ijkt} 作为中介变量,数据来源于北京大学企业大数据研究中心,其他符号意义如前。

该模型的具体检验步骤如下:首先,检验主要解释变量人口集聚度对上市企业全要素生产率的总效应估计系数 β_1 是否显著;其次,检验主要解释变量人口集聚度和中介变量的关系,即 β_2 是否显著;最后,控制中介变量 M_{ijkt} 后,检验方程(5-5)中 β_3 和 β_4 是否显著。如果 β_1、β_2 以及 β_3 均显著不为零,则中介效应显著;如果在此条件基础上 β_4 不显著,则说明是完全中介效应。

表 5-14 为使用 Stata 软件中 sgmediation 命令进行中介效应检验的结果。结果显示,列(1)中的人口集聚度对上市企业全要素生产率的影响显著为正;列(2)中的人口集聚度对创新指数同样具有显著的正向影响;列(3)表明中介变量创新指数对上市企业全要素生产率具有显著正向影响,而人口集聚度对上市企业全要素生产率的影响系数不显著,说明人口集聚对企业全要素生产率的直接影响效应不显著,主要通过间接效应发挥作用,即人口集聚对企业全要素生产率的影响主要通过创新这一中介变量发挥显著的促进作用,验证了理论分析所阐述的学习机制。此外,表 5-14 还进一步报告了 Sobel 检验的结果。其中,Sobel Z 值显著为正、中介效应占比 87.33% 均说明存在中介效应,进一步验证了该结论。

表 5-14 中介效应检验结果

变量	(1) $\ln tfp_{ijkt}$	(2) 创新指数	(3) $\ln tfp_{ijkt}$
创新指数	—	—	0.008*** (0.001)
人口集聚度	0.021*** (0.005)	2.439*** (0.064)	0.003 (0.006)
企业规模对数	-0.319*** (0.043)	-0.737 (0.607)	-0.313*** (0.043)
企业规模对数^2	0.021*** (0.003)	0.030 (0.038)	0.021*** (0.003)

续上表

变量	(1)	(2)	(3)
	$\ln tfp_{ijkt}$	创新指数	$\ln tfp_{ijkt}$
企业性质 (参照组=非国有)	-0.137*** (0.018)	-0.291 (0.261)	-0.135*** (0.018)
股权集中度	0.000 (0.001)	0.054*** (0.007)	0.000 (0.001)
资产负债率	0.013 (0.014)	0.056 (0.192)	0.013 (0.014)
净资产收益率	0.229*** (0.036)	1.178* (0.508)	0.219*** (0.036)
研发费用对数	0.467*** (0.006)	0.340*** (0.087)	0.464*** (0.006)
政府补贴对数	0.010*** (0.003)	-0.031 (0.038)	0.010*** (0.003)
行业效应	YES	YES	YES
常数	-1.060*** (0.200)	83.555*** (2.829)	-1.698*** (0.229)
观察值	2751	2751	2751
Adj R-squared	0.822	0.373	0.824
Sobel（Z值）		5.6110	
Sobel（p值）		0.0000	
Goodman-1（Z值）		5.6090	
Goodman-1（p值）		0.0000	
Goodman-2（Z值）		5.6130	
Goodman-2（p值）		0.0000	
中介效应占比		0.8733	

注：括号内数值为标准误；*、**、*** 分别表示 $p<0.05$、$p<0.01$、$p<0.001$。

为进一步验证上述中介效应的稳健性,笔者采用结构方程模型再次检验中介效应是否存在及其作用方向。表 5-15 报告的结果显示,直接效应中的人口集聚度对上市企业全要素生产率的影响系数不显著,而间接效应中的人口集聚度则对上市企业全要素生产率的影响系数显著为正,说明人口集聚通过创新这一中介变量间接促进企业全要素生产率的提高。人口集聚对上市企业全要素生产率的直接效应不显著,这同样验证了人口集聚主要通过创新这一中介变量间接提高企业全要素生产率。另外,上述所有估计的结果均显示人口集聚对上市企业全要素生产率的影响具有正向作用,因此,模型的估计结果具有稳健性。

表 5-15 结构方程中介效应检验结果

变量	直接效应		间接效应	总效应
	$\ln tfp_{ijkt}$	创新指数	$\ln tfp_{ijkt}$	$\ln tfp_{ijkt}$
创新指数	0.014***	—	0	0.014***
	(0.003)		(no path)	(0.003)
人口集聚度	-0.012	2.296***	0.033***	0.020*
	(0.012)	(0.052)	(0.007)	(0.009)

注:括号内数值为 OIM 标准误;*、**、*** 分别表示 $p<0.05$、$p<0.01$、$p<0.001$。

五、结论与讨论

本节以粤港澳大湾区为实践样本,采用匹配了宏观经济数据的 2008—2019 年粤港澳大湾区内地九市上市企业微观非平衡面板数据,在理论机制分析的基础上,利用固定效应和中介效应模型分析人口集聚对企业全要素生产率的影响,得到以下三点结论:

一是城市群人口集聚对企业全要素生产率的提升具有促进作用,而这种促进作用在一定程度上是由于人口集聚增加了经济主体间的面对面信息交流,通过学习机制激发知识创新等间接实现的。

二是人口集聚对工业企业和服务业企业全要素生产率均具有显著的促

进作用,但相比而言,人口集聚对服务行业的企业全要素生产率的影响更大。

三是城市群内部不同类型的城市人口集聚对企业生产效率的影响存在异质性。人口集聚在广州、深圳等超大城市以及毗邻超大城市且服务业基础好的大城市中,更有利于集聚效应的发挥,促进企业生产效率的提升;而对于以资本和科技密集型工业为主或工业以及服务业发展滞后、人口集聚程度弱的城市,人口集聚效应呈现负向影响。

根据上述结论,可得到如下启示:城市群作为人口等要素集聚的重要平台,通过发挥集聚效应,可以推动人口红利向人才红利转变,促进企业生产效率的提高,为经济高质量增长提供更为强劲的动力。集聚效应的发挥离不开构建规模合理的城市体系,合理布局和优化城市群的产业结构,促进城市群内多样化城市和专门化城市协调发展。当前粤港澳大湾区内部发展差距仍较大,协同性、包容性有待加强,部分地区和领域仍存在同质竞争和资源错配问题,如城市间产业同构和城市人口马太效应。针对以上问题,建议从以下四方面改变这一现状,从而更好地发挥人口集聚效应。一是打破行政壁垒,强化规划引领,完善联动共享机制,全面深化战略协同和合作;二是发挥各城市产业优势和利用好各城市资源禀赋,推进产业分工协作,打造阶梯式产业链条,避免同质竞争;三是共建共享,强化公共服务建设,促进城市群市民享有"同城待遇",破除城市人口马太效应;四是推动广州都市圈、深圳都市圈"双圈联动"发展,促进人流、物流、技术流、信息流等要素资源自由流动,配置共享,助力粤港澳大湾区建设成为世界级城市群。

第三节　城市群人口集聚对共同富裕的影响

共同富裕是中国式现代化的重要特征和中国特色社会主义的本质要求。2020 年,我国如期完成消除绝对贫困的艰巨任务,但相对贫困问题依然严峻,我国收入差距仍在不断拉大。《中国收入分配报告 2021:现状与国际比较》数据显示,我国收入基尼系数从 1978 年的 0.317 上升至 2008 年的 0.491,达到顶峰,近年来维持在 0.46~0.47 区间,高于 0.4

第五章　城市群人口空间集聚的社会经济效应
——基于粤港澳大湾区的分析

这一警戒线。将收入差距控制在合理区间是我国进入扎实推进共同富裕历史阶段的重要任务和目标。[①] 2021 年底召开的中央经济工作会议指出实现共同富裕目标，首先要通过全国人民共同奋斗把"蛋糕"做大做好，然后通过合理的制度安排把"蛋糕"切好分好。如何推进共同富裕目标的实现成为政府和学界亟待解决的难题。近年来，一些研究关注数字经济、普惠金融、平台经济等对共同富裕的影响，为实现共同富裕的目标提供了一些思路。然而，在我国区域发展不平衡不充分这一主要矛盾仍然十分突出的现实背景下，各地区推动共同富裕的基础和条件不尽相同所带来的实现共同富裕的困难不是凭借数字经济发展就能解决的。探索出一条具有平衡性、协调性和包容性的高质量发展路径，在发展的过程中共享发展成果，是实现共同富裕的必由之路。[②] 党的十八大以来，在深入实施已有的区域协调发展战略基础上，党中央积极推进京津冀城市群协同发展、长江经济带发展、长三角经济圈一体化发展、粤港澳大湾区建设等，城市群发展成为促进区域协调发展的重要手段。国家发展改革委印发的《2021 年新型城镇化和城乡融合发展重点任务》提出，培育协同一体化的都市圈、城市群引领高质量发展是实现区域共同富裕的空间抓手。在城市群集聚人口等要素、资源从而提高生产效率、推动经济增长的同时，集聚是否会进一步拉大区域发展差距也引起了人们的担忧与争论。城市群发展所带来的要素集聚特别是最为活跃的人口集聚能否促进区域经济增长，在把"蛋糕"做大的同时，缩小区域差距分好"蛋糕"仍是一个需要深入探讨并加以实证的问题，具有重要的理论意义和现实意义。

粤港澳大湾区是在珠三角城市群的基础上结合港澳优势形成的我国三大国家级城市群之一，是我国开放程度最高、经济活力最强的区域之一，在国家发展大局中具有重要的战略地位。尽管粤港澳大湾区和广东整体经济发展均在全国处于前列，是改革发展的前沿阵地，但其区域发展的不平衡矛盾依旧十分突出。在粤港澳大湾区 11 个城市中，2020 年人均 GDP 排名首位的香港，其人均 GDP 是人均 GDP 排名末位的肇庆市的 5.67 倍；

[①] 参见青连斌《扎实推动共同富裕取得更为明显的实质性进展》，载《中国党政干部论坛》2021 年第 2 期，第 46–49 页。

[②] 参见黄群慧《协调发展是实现共同富裕的必由之路》，载《金融理论探索》2022 年第 1 期，第 3–9 页。

同时，粤港澳大湾区的人均 GDP 是粤东翼、西翼和山区人均 GDP 的 2.71～3.29 倍。该区域发展的不平等格局在很大程度上是我国多数城市群内部中心城市与边缘城市、城市群与周边区域之间发展不平等格局的缩影和典型代表。另外，相比于长三角和京津冀城市群几乎涵盖区域内的全部城市且不在城市群内的城市较为零散的特点，以粤港澳大湾区为研究样本具有独特的优势：大湾区位于广东省中南部，仅包含了广东省 1 个区域即珠三角 9 市，广东省其他 3 个区域即东翼、西翼和山区并没有被包括在内，这为研究上升为国家战略的国家级城市群发展对周边区域的影响以及先富能否带动后富提供了实践样本。因此，本部分以粤港澳大湾区作为研究区域，分析城市群人口集聚对共同富裕的影响，探索实现共同富裕的道路，对全国而言具有良好的示范作用和借鉴意义。

一、文献综述

关于城市群人口集聚对共同富裕的影响，学界多从单方面就人口集聚对做大"蛋糕"的影响或人口集聚对分好"蛋糕"的影响进行了探讨。

关于人口集聚对做大"蛋糕"即经济增长的影响，从研究结论来看主要有三类。一是人口集聚对经济增长具有显著的促进作用。如 Braun 指出劳动力向发达地区集聚会降低流出地的人口增长率，促进经济增长[1]；Martin 和 Ottaviano 等认为当创新收益大于通勤成本时，人口等要素集聚能够促进地区经济的增长[2]；范剑勇研究发现我国的就业密度对劳动生产率的增长具有促进作用，且这种作用因地区的不同而存在差异，相对来说，该促进作用在东部地区比在西部地区更强[3]；陈乐等发现人口集聚对我国城市经济增长产生显著的正向影响，其影响程度沿东部、中部、西部依次

---

[1] See J Braun, "Essays on Economic Growth and Migration," *Massachusetts: Harvard University Press*, 1993.

[2] See P Martin, I P Ottaviano, "Growing Locations: Industry Location in a Model of Endogenous Growth," *European Economic Review*, 1999, 43 (2): 281–302.

[3] 参见范剑勇《产业集聚与地区间劳动生产率差异》，载《经济研究》2006 年第 11 期，第 72–81 页。

递减①；杨东亮和任浩锋认为人口集聚主要通过影响人口抚养比、人力资本和城镇化率等途径来推动经济增长②；宋宝琳等基于2005—2016年京津冀区域数据，建立面板误差修正模型，研究表明无论长期还是短期人口集聚对区域经济增长都有正向推动作用③。二是人口集聚与经济增长之间存在倒"U"型关系。如杜旻和刘长全以我国地市级以上城市为样本，运用系统GMM法进行定量分析，发现人口密度与经济增长率呈倒"U"型关系④；王智勇的研究表明人口集聚与经济增长的关系随着经济增长阶段的变化而有所不同，在经济增长初期，人口集聚会有效促进经济增长，但当人口增长过快时，人口集聚对经济增长带来的效应会衰减甚至变成负面效应⑤；刘洁等基于2007—2019年长三角地级市面板数据进行研究，结果显示人口集聚对经济高质量发展的影响轨迹呈倒"U"型⑥。三是有部分学者的研究结果显示人口集聚对区域经济发展具有负面效应⑦。

关于人口集聚对分好"蛋糕"即区域收入差距影响的研究，更多是从人口向特定区域迁移流动这一人口集聚的动态含义展开，已有研究的结论也不尽相同，同样存在三种观点。一是人口迁移流动有利于缩小地区差距。如王小鲁和樊纲的研究表明劳动力流动会缩小地区间差距⑧；王淑娟

---

① 参见陈乐、李郇、姚尧等《人口集聚对中国城市经济增长的影响分析》，载《地理学报》2018年第6期，第1107–1120页。

② 参见杨东亮、任浩锋《中国人口集聚对区域经济发展的影响研究》，载《人口学刊》2018年第3期，第30–41页。

③ 参见宋宝琳、周国富、张春红等《财政收入、人口集聚与区域经济增长关系的实证》，载《统计与决策》2020年第3期，第100–103页。

④ 参见杜旻、刘长全《集聚效应、人口流动与城市增长》，载《人口与经济》2014年第6期，第44–56页。

⑤ 参见王智勇《人口集聚与区域经济增长——对威廉姆森假说的一个检验》，载《南京社会科学》2018年第3期，第60–69页。

⑥ 参见刘洁、张新乐、陈海波《长三角地区人口集聚对经济高质量发展的影响》，载《华东经理》2022年第2期，第12–20页。

⑦ 参见 P P Combes, "Economic Structure and Local Growth：France, 1984—1993," *Journal of Urban Economics*, 2000, 47 (3)：329–355；杨东亮、李朋鹭《人口集聚的经济效应：基于工具变量的实证研究》，载《人口学刊》2019年第3期，第28–37页。

⑧ 参见王小鲁、樊纲《中国地区差距的变动趋势和影响因素》，载《经济研究》2004年第1期，第33–44页。

等以新疆为例进行研究，结果显示劳动力流动抑制了新疆区域差距的扩大①；陆铭和刘雅丽认为如果生产要素（特别是劳动力）能够在区域间自由流动，那么既可以获得由集聚效应产生的生产效率，又能在区域之间实现人均 GDP 或人均收入的平衡发展②。二是人口迁移流动以及集聚会进一步扩大区域差距。如段平忠和刘传江认为人口迁移将最终导致地区差距的进一步扩大③；关爱萍和葛思羽的研究结果显示劳动力流动对西北、东北等欠发达地区的区域收入差距有扩大作用④；楚尔鸣和曹策考察了人才流动对区域经济差距的影响，同样得到人才向东部地区流动造成人才集聚从而扩大了区域经济差距的结论⑤。三是人口迁移流动对区域收入差距的影响受到其他条件的影响，二者具有非线性关系。如安虎森等在新经济地理学的基础上对我国劳动力流动和城乡收入差距扩大的悖论进行了分析，认为户籍制度对我国城乡收入差距具有一定的门槛效应，只有当市场开放达到一定水平时，开放户籍制度才能有效缩小我国的城乡收入差距⑥；蔡昉则更深入地分析了这个问题，认为迁移要缩小城乡或地区差距需满足一定的条件⑦；乔榛和桂琳探讨了劳动力流动、人口集聚与区域收入差距的关系，认为劳动力流动会扩大区域收入差距，但由于人口集聚效应的存在，劳动力流动对区域收入差距的影响轨迹呈倒"U"型⑧。

综上所述，关于人口集聚对共同富裕的影响的研究还存在以下三个方

---

① 参见王淑娟、王笳旭、李豫新《劳动力流动对区域经济发展差距的影响研究——以新疆为例》，载《人口与经济》2015 年第 1 期，第 72 – 80 页。

② 参见陆铭、刘雅丽《区域平衡发展：中国道路的"空间政治经济学"思考》，载《广西财经学院报》2019 年第 4 期，第 1 – 10 页。

③ 参见段平忠、刘传江《中国省际人口迁移对地区差距的影响》，载《中国人口·资源与环境》2012 年第 11 期，第 60 – 67 页。

④ 参见关爱萍、葛思羽《劳动力流动对区域收入差距的影响：2000—2015 年》，载《人文杂志》2017 年第 10 期，第 54 – 61 页。

⑤ 参见楚尔鸣、曹策《人才流动缩小了区域经济差距吗——来自技术转移的经验证据》，载《财经科学》2019 年第 9 期，第 99 – 112 页。

⑥ 参见安虎森、颜银根、朴银哲《城市高房价和户籍制度：促进或抑制城乡收入差距扩大？——中国劳动力流动和收入差距扩大悖论的一个解释》，载《世界经济文汇》2011 年第 0 期，第 41 – 54 页。

⑦ 参见蔡昉《为什么劳动力流动没有缩小城乡收入差距？》，载《理论前沿》2005 年第 20 期，第 20 – 22 页。

⑧ 参见乔榛、桂琳《劳动力流动、人口集聚与区域收入差距》，载《商业研究》2022 年第 5 期，第 141 – 152 页。

面的问题有待深入探讨。第一,如前所述,已有研究大多从共同富裕的单方面来探讨人口集聚对其产生的影响。然而共同富裕内涵是多维的,既意味着做大"蛋糕"夯实经济基础,又意味着分好"蛋糕",将区域收入差距控制在合理区间,因此,从两方面探讨人口集聚对共同富裕的影响更为必要。第二,人口集聚既是过程,又是结果;既具有静态的人口空间分布状态的含义,又具有动态的人口向特定区域迁移流动的含义[①]。已有研究大多基于人口集聚的动态含义分析其对区域收入差距的影响,而忽略了其静态含义所产生的影响。研究人口集聚对共同富裕的影响比单方面研究人口迁移流动或人口空间分布对共同富裕的影响更有学术价值和现实意义。第三,在已有的探讨城市群人口集聚影响共同富裕的研究中,多数探讨的是其对城市群内部经济增长或收入差距的影响,而在一定程度上忽略了城市群人口集聚对城市群以外周边区域的影响是负向的虹吸作用还是正向的溢出效应。基于此,笔者将以粤港澳大湾区为样本,从经济增长和区域收入差距两个维度探讨城市群人口集聚对共同富裕的影响,并进一步考察人口集聚对城市群内部共同富裕和城市群与周边区域共同富裕的影响,以弥补现有研究之不足。

二、粤港澳大湾区人口集聚与共同富裕的动态关系

(一) 共同富裕的度量

共同富裕的内涵十分丰富,在范围上是指全体人民共富,在领域上涵盖物质、精神、文化、社会、生态等多维度共富,在路径上是人人参与、人人享有的共创共建共享,在时间上是循序渐进的逐步共富,在过程上是追赶现代化和弥合多元差异的共进共富[②]。关于共同富裕的量化,笔者主要从实现共同富裕的两个方面(一是大量地创造财富,二是合理地分配

---

① 参见杨东亮、李朋鹭《人口集聚的经济效应:基于工具变量的实证研究》,载《人口学刊》2019 年第 3 期,第 28-37 页。
② 参见原新《人口规模巨大的现代化建设之路》,载《人口研究》2022 年第 6 期,第 3-9 页。

财富）予以度量，基于结果导向且使用较少指标的原则，从富裕程度和共享程度两个维度进行衡量，其中采用人均 GDP 来度量社会富裕程度，该指标也是国际上通用的衡量富裕程度的指标；采用人均收入差距衡量社会分配制度是否合理、贫富差距是否过大，即通过计算该年区域内人均国内生产总值最高值与最低值之比来度量[①]。

（二）粤港澳大湾区人口集聚与共同富裕的动态变化特征

1. 粤港澳大湾区内部人口集聚程度和富裕程度同步提升，收入差距有所收敛

如表 5-16 所示，通过计算粤港澳大湾区 1990—2020 年人口集中指数以及各城市的人口集聚度可以看到，在此 30 年间，粤港澳大湾区人口集中指数进一步提高，人口集中指数由 1990 年的 0.338 提高至 2020 年的 0.469，其中广州、深圳、珠海、佛山以及中山的人口集聚度呈上升态势，东莞的人口集聚度先升后降，而江门、肇庆、香港和澳门的人口集聚度则持续下降，人口空间格局呈现多中心集聚状态。在人口集聚程度有所提高的同时，粤港澳大湾区经济增长迅速，11 个城市的人均 GDP 最大值、最小值以及反映平均水平的人均 GDP 的中位数均呈倍数增长，其中人均 GDP 最大值由 1990 年的 70402 元增长至 2020 年的 319522 元（46707 美元），达到高收入国家人均 GDP 水平（43953 美元）；人均 GDP 最小值由 1990 年的 1697 元增长至 2020 年的 56318 元（8165 美元），接近中等偏上收入国家人均 GDP 水平（9192 美元）；人均 GDP 的中位数由 1990 年的 4959 元提高至 2020 年的 114157 元（16550 美元），是中等偏上收入国家人均 GDP 的 1.8 倍，可见粤港澳大湾区总体经济发展水平处于中等偏上水平。从年均增长率来看，1990—2020 年粤港澳大湾区人均 GDP 中位数的年均增长率高达 11.42%，经济增长迅速。由此可见，粤港澳大湾区实现共同富裕的经济基础较为良好。

此外，大湾区内部收入差距有所收敛，人均 GDP 最大值与最小值之

---

① 参见李兰冰、姚彦青、张志强《农村劳动力跨部门流动能否缩小中国地区收入差距》，载《南开经济研究》2020 年第 4 期，第 127-143 页。

间的比值由 1990 年的 41.49 倍下降至 2020 年的 5.67 倍，其中 1990—2000 年下降了 12.75 倍，2000—2010 年下降了 14.48 倍，2010—2020 年下降了 8.85 倍，说明粤港澳大湾区内部不平等状况在逐年改善。

表 5-16　1990—2020 年粤港澳大湾区人口集聚程度与共同富裕程度变化趋势

指标	细目	1990 年	2000 年	2010 年	2020 年	变化趋势
人口集聚程度	人口集中指数	0.338	0.431	0.441	0.469	上升
	广州	1.52	1.50	1.53	1.67	上升
	深圳	1.64	4.01	4.66	5.71	上升
	珠海	0.72	0.82	0.83	0.91	上升
	佛山	1.50	1.55	1.64	1.62	上升
	惠州	0.39	0.32	0.36	0.35	下降
	东莞	1.36	2.92	2.92	2.76	先升后降
	中山	1.32	1.47	1.52	1.61	上升
	江门	0.70	0.46	0.41	0.33	下降
	肇庆	0.41	0.25	0.23	0.18	下降
	香港	10.11	6.78	5.58	4.36	下降
	澳门	37.64	18.83	15.85	13.47	下降
富裕程度	人均 GDP 最大值（元）	70402	213268	354613	319522	上升
	人均 GDP 最小值（元）	1697	7422	24875	56318	上升
	人均 GDP 中位数（元）	4959	20231	80024	114157	上升
收入差距	人均 GDP 差距	41.49	28.73	14.26	5.67	下降

注：根据 1990—2020 年广东统计年鉴、香港统计年刊以及澳门统计年鉴计算所得；澳门、香港的人均 GDP 数据按照每年实际汇率折算，单位为元。

2. 粤港澳大湾区在粤港澳全域中的人口集聚度有所提升，各区域人均收入同步提升，差距趋于收敛

粤港澳全域可以分为粤港澳大湾区、东翼、西翼和山区四个区域①。如表5-17所示，粤港澳大湾区的人口集聚度逐年提升，由2000年的1.73提高至2022年的2.08；而东翼、西翼以及山区的人口集聚度则逐年下降，其中东翼人口集聚度由2000年的1.84下降至2020年的1.42，西翼人口集聚度由2000年的0.80下降至2020年的0.65，山区人口集聚度由2000年的1.76下降至2020年的1.38。以上数据说明人口空间格局发生了再分布，人口由东翼、西翼以及山区向粤港澳大湾区转移，形成以粤港澳大湾区为中心、粤东西翼及山区为外围的空间格局。粤港澳大湾区流动人口规模快速增长也可以在一定程度上说明这一态势。东翼、西翼以及山区的人口集聚度下降的同时，富裕程度却有所提升，与大湾区的收入差距也趋于收敛。从人均GDP来看，2020年东翼、西翼以及山区的人均GDP分别为43118元、49202元以及40428元，分别是2000年的5.54倍、7.18倍和7.11倍，呈现人口集聚度越低，人均GDP水平越高的特征。三个区域与大湾区的人均GDP差距的变化也呈现类似的特征，东翼、西翼以及山区人均GDP与大湾区人均GDP的差距也分别由2000年的5.98倍、6.79倍及8.17倍，下降至2020年的3.09倍、2.71倍和3.30倍。人口集聚度越低，与大湾区人均GDP的差距越小。由此可见，随着人口向粤港澳大湾区集聚，粤港澳全域的共同富裕水平有所提升。

---

① 粤港澳大湾区包括广东省广州、深圳、珠海、佛山、江门、东莞、中山、惠州和肇庆9市和香港、澳门2个特别行政区，东翼包括汕头、汕尾、潮州和揭阳，西翼包括湛江、茂名和阳江，山区包括韶关、河源、梅州、清远和云浮。

表 5-17 1990—2020 年粤港澳大湾区人口集聚程度
与粤港澳全域共同富裕程度变化趋势

指标	细目	2000 年	2010 年	2020 年
人口集聚程度	大湾区人口集聚程度	1.73	1.84	2.08
	东翼人口集聚程度	1.84	1.76	1.42
	西翼人口集聚程度	0.80	0.76	0.65
	山区人口集聚程度	1.76	1.68	1.38
	大湾区流动人口规模（万人）	1882.85	2884.48	4021.23
富裕程度	东翼人均 GDP（元）	7780	19371	43118
	西翼人均 GDP（元）	6850	23239	49202
	山区人均 GDP（元）	5687	20370	40428
收入差距	东翼与大湾区人均 GDP 差距	5.98 倍	4.49 倍	3.09 倍
	西翼与大湾区人均 GDP 差距	6.79 倍	3.74 倍	2.71 倍
	山区与大湾区人均 GDP 差距	8.17 倍	4.27 倍	3.30 倍

注：根据 1990—2020 年广东统计年鉴、香港统计刊以及澳门统计年鉴计算所得；澳门、香港的人均 GDP 数据按照每年实际汇率折算，单位为元。

上述特征似乎说明了这样一个事实：随着人口向粤港澳大湾区集聚，不仅粤港澳大湾区内部共同富裕水平有所提升，周边区域的共同富裕水平也有所提升。然而，这一关系是否真实存在，还需要采用更为严谨的计量分析予以验证。

三、城市群人口集聚影响共同富裕的理论基础

共同富裕作为空间科学的重要范畴，在空间上要求各地区协调发展，共同繁荣。空间均衡是实现共同富裕必不可少的空间环节和空间措施。通过人口在空间的适当分布、资源在空间维度优化配置来实现经济在时间维

度可持续发展，其目的是最终实现地区共同富裕①。共同富裕作为空间均衡的终极目标，一方面追求总体效率的提高，做大"蛋糕"；另一方面又要兼顾公平，分好"蛋糕"。在新古典增长理论分析框架下，总体效率和空间平等之间并不存在冲突，受到边际报酬递减规律的支配，区域间人口的自由流动最终能带来要素报酬的收敛，从而在不损害总体效率的前提下，促进区域公平的实现。在此过程中，人口在市场力量的驱动下会形成集聚，集聚能带来规模经济，规模经济通过分享、匹配、学习三个机制来促进经济增长，提高效率，夯实共同富裕的经济基础。其中，"分享"意味着私人投资和公共投资在生产规模扩大的过程中被分摊，经济增长的成本降低；"匹配"意味着在更大的市场会使供给更加专业化、需求更加多样化，不同偏好和拥有不同技能的消费者和生产者相互匹配，经济活动的效率提高；"学习"意味着"干中学"和知识溢出，推动经济增长的新知识、新技能被快速传播和掌握②。欠发达地区人口通过迁移流动到经济发达地区，一方面流出人口可以在流入地分享经济效率带来的成果；另一方面，随着人口的不断流出，欠发达地区留守人口分摊到的资源会相应增加，人均收入、人均享受的公共服务以及人均财政预算也都会有所增加，最终实现人均差距层面的收敛。

循环累积因果关系理论认为区域经济发展将产生两种效应：一是回波效应，即劳动力、资金、技术等生产要素受收益差异的影响，由落后地区向发达地区流动并形成集聚，导致地区间发展差距的进一步扩大；二是扩散效应。由于回波效应的作用并不是无限的，地区间发展差距的扩大也是有限度的。当发达地区发展到一定程度后，人口稠密、交通拥挤、污染严重、资本过剩、自然资源相对不足等问题，使其生产成本上升，外部经济效益逐渐变小，从而减弱其经济增长的势头。这时，发达地区生产规模的进一步扩大将变得不经济，资本、劳动力、技术就自然而然地向落后地区扩散，即产生扩散效应。扩散效应有助于落后地区的发展，缩小落后地区与发达地区之间的差距。

新古典增长理论和循环累积因果关系理论均认为人口集聚最终可以实

---

① 参见陈映《论共同富裕与区域经济非均衡协调发展》，四川大学博士学位论文，2005年。
② 参见陆铭、刘雅丽《区域平衡发展：中国道路的"空间政治经济学"思考》，载《广西财经学院报》2019年第4期，第1-10页。

现总体效率和空间平等的平衡,实现区域共同富裕。但在现实中,城市群在走向共同富裕的道路上会受到制度等各方面因素的约束,人口自由流动常常受到限制,人口集聚所产生的经济效应难免会被扭曲,是否与理论相一致还有待实证检验。本部分选择我国发育程度相对成熟、开放程度和市场化水平最高、规模最大的城市群之一粤港澳大湾区为样本,探讨我国城市群发展过程中人口集聚能否助力共同富裕的实现,为理论提供经验证据,具有重要的理论意义。

四、城市群人口集聚影响共同富裕的实证检验

(一)人口集聚对城市群内部共同富裕的影响

1. 模型构建

根据新古典增长理论以及柯布-道格拉斯生产函数,经济增长主要取决于劳动力、资本以及技术。对柯布-道格拉斯生产函数 $Y = AL^\alpha K^\beta$ 两端的变量同时进行区位熵处理,如式(5-6)所示,公式左端为经济集聚程度,公式右端的劳动力、资本以及技术变换为人口集聚程度、资本集聚程度以及技术集聚程度。

$$\frac{\frac{Y_{it}}{Area_{it}}}{\frac{Y_t}{Area_t}} = \frac{\frac{A_{it}}{Area_{it}}}{\frac{A_t}{Area_t}} \times \left(\frac{\frac{P_{it} \times \gamma}{Area_{it}}}{\frac{P_t \times \gamma}{Area_t}}\right)^\alpha \times \left(\frac{\frac{K_{it}}{Area_{it}}}{\frac{K_t}{Area_t}}\right)^\beta \quad (5-6)$$

其中,$Area_{it}$ 为 i 单元 t 年的土地面积,$Area_t$ 为全域 t 年的土地面积,P_{it}、K_{it} 以及 A_{it} 分别表示 i 单元 t 年的人口数量、资本以及技术投入,P_t、K_t 以及 A_t 分别表示全域 t 年的人口数量、资本以及技术投入;γ 为劳动年龄人口比重。

假定劳动年龄人口比重各单元与整体区域基本一致,式(5-6)可进一步简化得到式(5-7):

$$\frac{\frac{Y_{it}}{Area_{it}}}{\frac{Y_t}{Area_t}} = \frac{\frac{A_{it}}{Area_{it}}}{\frac{A_t}{Area_t}} \times \left(\frac{\frac{P_{it}}{Area_{it}}}{\frac{P_t}{Area_t}}\right)^\alpha \times \left(\frac{\frac{K_{it}}{Area_{it}}}{\frac{K_t}{Area_t}}\right)^\beta \quad (5-7)$$

对式（5-7）两边取对数并将左端分子乘以 P_{it}/P_{it}，可得到式（5-8）：

$$\ln\left(\frac{Y_{it}}{Y_t} \times \frac{P_{it}}{P_{it}} \times \frac{Area_t}{Area_{it}}\right) = \ln A_{it}^{agg} + \alpha \times \ln\frac{P_{it}}{Area_{it}} - \alpha \times \ln\frac{P_t}{Area_t}$$
$$+ \beta \times \ln K_{it}^{agg} \quad (5-8)$$

经变换得到式（5-9）：

$$\ln\frac{Y_{it}}{P_{it}} + \ln\frac{P_{it}}{Area_{it}} - \ln\frac{Y_t}{Area_t} = \ln A_{it}^{agg} + \alpha \times \ln\frac{P_{it}}{Area_{it}} - \alpha$$
$$\times \ln\frac{P_t}{Area_t} + \beta \times \ln K_{it}^{agg} \quad (5-9)$$

经变换得到式（5-10）：

$$\ln\frac{Y_{it}}{P_{it}} = \ln A_{it}^{agg} + (\alpha - 1) \times \ln\frac{\frac{P_{it}}{Area_{it}}}{\frac{P_t}{Area_t}} - \ln\frac{P_t}{Area_t}$$
$$+ \ln\frac{Y_t}{Area_t} + \beta \times \ln K_{it}^{agg} \quad (5-10)$$

即得到式（5-11）：

$$\ln\frac{Y_{it}}{P_{it}} = \ln A_{it}^{agg} + (\alpha - 1) \times \ln P_{it}^{agg} - \ln\frac{P_t}{Area_t}$$
$$+ \ln\frac{Y_t}{Area_t} + \beta \times \ln K_{it}^{agg} \quad (5-11)$$

由此可以得到反映共同富裕的一个方面即富裕程度（采用人均 GDP 衡量，取对数）与人口集聚之间的关系，而反映共同富裕的另一个方面即收入差距与人口集聚的关系也可以在此基础上得到，在此不再赘述。

由于 $\ln\frac{P_t}{Area_t}$ 和 $\ln\frac{Y_t}{Area_t}$ 两个变量分别表示 t 年大湾区整体的人口密度对数和经济密度对数，在采用面板数据个体时间双固定效应模型中纳入时间固定效应，因此，模型设定如下：

$$\ln pergdp_{it} = \alpha_0 + \alpha_1 \times \ln P_{it}^{agg} + \alpha_2 \times \ln K_{it}^{agg} + \alpha_3 \times \ln A_{it}^{agg} + \mu_i + \delta t + \varepsilon_{it} \tag{5-12}$$

$$\ln gap_{it} = \alpha_0 + \alpha_1 \times \ln P_{it}^{agg} + \alpha_2 \times \ln K_{it}^{agg} + \alpha_3 \times \ln A_{it}^{agg} + \mu_i + \delta t + \varepsilon_{it} \tag{5-13}$$

其中，式 (5-12) 中的被解释变量 $\ln pergdp_{it}$ 为 i 城市 t 年的人均 GDP 对数，$i \in [1,11]$，$t \in [1990,2020]$；式 (5-13) 中的被解释变量 $\ln gap_{it}$ 为 t 年 i 城市的人均 GDP 与该年人均 GDP 最大值差距的对数；式 (5-12) 和式 (5-13) 的核心解释变量 $\ln P_{it}^{agg}$ 为 i 城市 t 年的人口集聚度对数，控制变量 $\ln K_{it}^{agg}$ 和 $\ln A_{it}^{agg}$ 分别为 i 城市 t 年的资本集聚度对数和技术集聚度对数，μ_i 代表不可观测的个体效应，δt 为时间固定效应，ε_{it} 为随个体和时间变化的扰动；α_0 为常数项，α_1、α_2、α_3 均为待估系数。

2. 变量度量与数据来源

被解释变量：富裕程度 ($\ln pergdp$) 与收入差距 ($\ln gap$)。富裕程度主要通过经济增长即一个国家或地区人均产出水平的持续增加来表征，用人均 GDP 取对数来度量，澳门、香港数据按照每年的实际汇率折算，单位为元。笔者借鉴李兰冰等的标杆法[①]，采用标杆城市即该年人均 GDP 最大的城市与 i 城市的人均 GDP 之比来衡量区域收入差距。采用该方法主要出于如下考虑：笔者采用的是面板数据，如果采用比较常用的泰尔指数或基尼系数进行衡量，则需要利用区县一级的数据计算出市一级的泰尔指数或基尼系数，而计算出来的收入差距是某城市内部的收入差距，不是城市群内部的收入差距；如果采用同年人均 GDP 最大值与其他城市人均 GDP 最大值的比值作为人均 GDP 的差距，则类似于统计中的极差，是最简单的衡量不平等的方法，更为直观。

核心解释变量：人口集聚度 ($\ln P^{agg}$)。如前文所述，人口集聚度的计算公式为 $agg_i = (P_i/P)/(Area_i/Area)$，该式中 P_i 和 P 分别表示 i 城市人口数量和大湾区人口总量，$Area_i$ 和 $Area$ 分别为 i 城市和大湾区区域面积。根据模型设定，将其取对数后纳入模型。

控制变量：资本集聚度 ($\ln K^{agg}$) 和技术集聚度 ($\ln A^{agg}$)。资本投入

[①] 参见李兰冰、姚彦青、张志强《农村劳动力跨部门流动能否缩小中国地区收入差距？》，载《南开经济研究》2020 年第 4 期，第 127-143 页。

主要以固定资本形成总额来表征，而技术则采用 R&D（研究与试验发展）内部经费支出总额来表征。资本集聚度的计算公式为 $K_i^{agg} = (K_i/K)/(Area_i/Area)$，该式中 K_i 和 K 分别表示 i 城市固定资本形成总额和大湾区固定资本形成总额，$Area_i$ 和 $Area$ 分别为 i 城市和大湾区区域面积。技术集聚度的计算公式为 $A_i^{agg} = (A_i/A)/(Area_i/Area)$，该式中 A_i 和 A 分别表示城市 R&D 内部经费支出总额和大湾区 R&D 内部经费支出总额，$Area_i$ 和 $Area$ 分别为 i 城市和大湾区区域面积。香港和澳门固定资本形成总额和 R&D 内部经费支出总额根据当年人民币和港元、澳元的汇率，单位统一折算为人民币。

本部分采用的是粤港澳大湾区 11 个城市 1990—2020 年的面板数据，数据来源包括 1990—2021 年的广东统计年鉴、香港统计年刊以及澳门统计年鉴。表 5-18 为变量的描述性统计。

表 5-18 变量的描述性统计

变量	平均值	标准差	最小值	最大值	观测数
人均 GDP 对数（$\ln pergdp$）	10.689	1.195	7.437	13.244	341
区域收入差距对数（$\ln gap$）	1.985	0.748	0.693	3.767	341
人口集聚度对数（$\ln P^{agg}$）	1.115	0.822	0.166	3.654	341
资本集聚度对数（$\ln K^{agg}$）	1.095	1.200	0.049	4.826	341
技术集聚度对数（$\ln A^{agg}$）	0.889	0.796	0.010	3.057	231

3. 实证结果分析

由于本部分选用的面板数据的时间维度大于截面维度，因此需采用长面板数据的估计方法。对于时间维度较大的长面板数据来说，可以放松短面板数据对扰动项 $\{\varepsilon_{it}\}$ 独立同分布的假定，但要考虑其可能存在的异方差和自相关。如果存在组间异方差和同期相关，则可以选择"OLS + 面板校正标准误差"的估计方法；如果仅仅存在组内自相关，则可采用广义最小二乘法（FGLS）进行估计；如果三种情形同时存在，则需要采用"全面 FGLS"进行估计。因此，在进行经验分析之前需要对其进行检验，从而选择合适的估计方法。检验结果表明，三种检验的 p 值均为 0.0000，强烈拒绝"同方差""不存在一阶组内自相关"以及"无同期相关"的原假设,可以判定扰动项同时存在组间异方差、组内自相关以及组间同期相关,因此,笔者采用"全面 FGLS"模型进行估计。

表 5-19 报告的回归结果显示,人口集聚对人均 GDP 的影响显著为正,即在控制资本和技术因素的条件下,城市群内部人口集聚程度越高,经济增长越快,富裕水平越高;同时,人口集聚对城市群内部收入差距的影响显著为负,说明在控制其他因素的条件下,城市群内部人口集聚程度越高,越有利于收入差距的收敛。上述结果说明人口集聚有利于推动城市群内部共同富裕。

表 5-19 人口集聚对城市群内部共同富裕的影响回归结果

变量	$\ln pergdp$	$\ln gap$
$\ln P^{agg}$	0.567***	-0.177**
	(0.100)	(0.065)
$\ln K^{agg}$	0.201***	-0.206***
	(0.028)	(0.015)
$\ln A^{agg}$	0.207***	-0.063***
	(0.023)	(0.014)
个体	YES	YES
时间	YES	YES
常数项	-129.040***	44.320***
	(3.826)	(4.353)

注:括号内数值表示标准误;*、**、*** 分别表示 $p<0.05$、$p<0.01$、$p<0.001$。

4. 稳健性检验

为考察上述实证结果是否稳健,笔者采用粤港澳大湾区 1990—2020 年时间序列数据重新进行估计,理论模型与基准回归一致,不同之处在于被解释变量(大湾区经济增长及富裕水平的变化)采用粤港澳大湾区人均 GDP 的中位数($\ln pergdpmedian$)表征,并采用 1990—2020 年粤港澳大湾区 11 个城市中人均 GDP 的最大值与最小值之比度量粤港澳大湾区整体的收入差距（$\ln gap$）。将核心解释变量 $\ln P^{agg}$ 由人口集聚度替换为人口集中指数，控制变量 $\ln K^{agg}$ 由资本集聚度替换为资本集中指数、$\ln A^{agg}$ 由技术集聚度替换为技术集中指数。具体模型设定如下：

$$\ln pergdpmedian_t = \beta_0 + \beta_1 \times \ln P_t^{agg} + \beta_2 \times \ln K_t^{agg} + \beta_3 \times \ln A_t^{agg} + \varepsilon_t \quad (5-14)$$

$$\ln gap_t = \beta_0 + \beta_1 \times \ln P_t^{agg} + \beta_2 \times \ln K_t^{agg} + \beta_3 \times \ln A_t^{agg} + \varepsilon_t \quad (5-15)$$

由于采用时间序列数据，在进行 OLS 回归之前，需检验各序列是否为平稳序列，以及如果不平稳，各序列是否存在协整关系。

（1）平稳性检验

由表 5-20 的 ADF 单位根检验结果可知，$\ln pergdpmedian$ 和 $\ln P^{agg}$ 为平稳序列，$\ln gap$、$\ln K^{agg}$ 和 $\ln A^{agg}$ 为一阶单整序列，在 $\ln pergdpmedian$、$\ln P^{agg}$、$\ln K^{agg}$、$\ln A^{agg}$ 四个序列以及 $\ln gap$、$\ln P^{agg}$、$\ln K^{agg}$、$\ln A^{agg}$ 四个序列中，最高阶单整变量个数均大于等于 2，满足 Johansen 协整检验的前提条件，可以进行协整检验。

表 5-20 ADF 单位根检验

变量	ADF 值	5% 水平临界值	p 值	结论
$\ln pergdpmedian$	-3.458	-2.986	0.009	平稳
$\ln gap$	-0.475	-2.986	0.896	非平稳
$\Delta \ln gap$	-6.263	-2.989	0.000	平稳
$\ln P^{agg}$	-2.875	-2.986	0.048	平稳
$\ln K^{agg}$	-1.558	-2.986	0.505	非平稳
$\Delta \ln K^{agg}$	-6.385	-2.989	0.000	平稳
$\ln A^{agg}$	-1.804	-3.000	0.379	非平稳
$\Delta \ln A^{agg}$	-3.681	-3.000	0.004	平稳

注：Δ 表示变量的一阶差分。

（2）Johansen 协整检验

进行 Johansen 协整检验之前，需先建立 $\ln pergdpmedian$、$\ln P^{agg}$、

$\ln K^{agg}$、$\ln A^{agg}$ 或 $\ln gap$、$\ln P^{agg}$、$\ln K^{agg}$、$\ln A^{agg}$ 构成的 VAR 模型（1）和模型（2），并根据信息准则确定滞后阶数。表 5-21 结果显示 VAR 模型（1）和模型（2）的滞后阶数均为 4（以 * 表示）。

表 5-21　VAR 模型滞后阶数及准则信息

模型	滞后阶数	LL	LR	FPE	AIC	SC	HQ
VAR 模型（1）	0	199.85	—	1.2e-15	-23.04	-23.02	-22.85
	1	260.03	120.36	6.9e-18	-28.24	-28.14	-27.26
	2	288.48	56.89	2.4e-18	-29.70	-29.53	-27.94
	3	376.75	176.55	2.1e-21*	-38.21	-37.95	-35.66
	4	1907.39	3061.30*	—	-216.40*	-216.07*	-213.07*
VAR 模型（2）	0	193.09	—	2.6e-15	-22.25	-22.23	-22.05
	1	253.24	120.31	1.5e-17	-27.44	-27.34	-26.46
	2	282.29	58.09	5.0e-18	-28.97	-28.80	-27.21
	3	335.41	106.26	2.7e-19*	-33.34	-33.09	-30.79
	4	2238.42	3806.00*	—	-255.34*	-255.01*	-252.01*

接下来，我们通过协整秩迹检验（trace statistic）判断是否存在协整关系。表 5-22 结果表明，$\ln pergdpmedian$、$\ln P^{agg}$、$\ln K^{agg}$、$\ln A^{agg}$ 四个序列之间存在最多两个线性无关的协整向量，即最多存在两个协整关系，而 $\ln gap$、$\ln P^{agg}$、$\ln K^{agg}$、$\ln A^{agg}$ 四个序列之间只存在一个线性无关的协整向量，即存在一个协整关系。

表 5-22 协整秩迹检验结果

被解释变量	maximum rank	eigenvalue	trace statistic	5% critical value
ln pergdpmedian	0	—	54.988	39.890
	1	0.783	25.994	24.310
	2	0.657	5.656*	12.530
	3	0.252	0.135	3.840
	4	0.007	—	—
ln gap	0	—	49.445	39.890
	1	0.803	18.546*	24.310
	2	0.465	6.659	12.530
	3	0.250	1.204	3.840
	4	0.061	—	—

若存在协整关系，便可以采用原序列进行 OLS 回归。表 5-23 的回归结果显示，人口集中指数所表征的粤港澳大湾区人口集聚程度对富裕程度具有显著的正向影响，同时对城市群内部收入差距的收敛具有显著的促进作用。该结果与基准回归的结果一致，说明粤港澳大湾区人口集聚对推动城市群内部共同富裕具有显著的正向作用。这在一定程度上证实了新古典增长理论所阐述的总体效率和空间平等之间并不存在冲突的观点。受到边际报酬递减规律的支配，区域间人口的自由流动最终能带来要素报酬的收敛，从而在不损害总体效率的前提下，促进区域公平的实现。尽管粤港澳大湾区人口流动受到制度差异的制约，并没有完全实现自由流动，但随着粤港澳大湾区建设的不断推进，大湾区各城市政府通过制度创新，出台了一系列打破制度壁垒、推动港澳与珠三角城市之间人口流动的政策，为人口集聚助力发挥城市群内部共同富裕的作用创造了条件。

表 5-23 人口集聚对城市群内部共同富裕的影响回归结果

变量	ln pergdpmedian	ln gap
ln P^{agg}	18.564***	-29.517***
	(4.597)	(6.244)
ln K^{agg}	-10.651***	5.467*
	(1.660)	(2.255)
ln A^{agg}	-1.662	-5.027
	(2.720)	(3.695)
常数项	9.760***	13.472***
	(2.385)	(3.240)

注：括号内数值表示标准误；*、**、*** 分别表示 $p<0.05$、$p<0.01$、$p<0.001$。

（二）粤港澳大湾区人口集聚对共同富裕影响的空间溢出效应

1. 空间计量模型的选择

研究粤港澳大湾区人口集聚对周边区域共同富裕的影响，即存在虹吸效应（回波效应）抑或扩散效应，可采用空间计量方法来识别是否存在空间溢出效应。以粤港澳大湾区、东翼、西翼、山区之间的平均距离构建空间反距离矩阵，计算人均 GDP 和区域收入差距以及人口集聚度的局部莫兰指数，得到 Moran's I 分别为 -0.419、-0.417 以及 -0.352，说明存在空间自相关，可采用空间计量模型进行分析。首先构建更为一般的空间杜宾模型（SDM）。该模型是空间滞后模型（SLM）和空间误差模型（SEM）的结合，基于豪斯曼检验结果判断采用固定效应模型还是随机效应模型，再通过 LR 检验来判断究竟应选择空间滞后、空间误差还是空间杜宾模型。豪斯曼检验结果显示无法拒绝原假设，因此选择随机效应模型进行估计。通过 LR 检验判断空间杜宾模型（SDM）能否退化为空间误差模型（SEM）或空间滞后模型（SLM）如表 5-24 所示，LR-SEM 和 LR-SLM 检验均拒绝了原假设因而选择空间杜宾模型（SDM），考虑到动态面板空间杜宾模型在克服变量间的内生性问题方面具有明显的优势①，最终采用动态面板空间杜宾模型进行估计，并分解出长期和短期的直接效应（区域 i 的人口集聚对本区域共同富裕水平的影响）和间接效应（区域 i 的人口集聚对临近区域共同富裕的影响），具体模型如下：

$$\ln pergdp_{i,t} = \theta \ln pergdp_{i,t-1} + \rho \sum_{j=1}^{n} w_{i,j} \ln pergdp_{i,t} + \sum_{j=1}^{n} w_{ij} X_{i,t} \gamma + X'_{i,t} \beta + \varepsilon_{i,t} \tag{5-16}$$

$$\ln gap_{i,t} = \theta \ln gap_{i,t-1} + \rho \sum_{j=1}^{n} w_{i,j} \ln gap_{i,t} + \sum_{j=1}^{n} w_{ij} X_{i,t} \gamma + X'_{i,t} \beta + \varepsilon_{i,t} \tag{5-17}$$

其中，式（5-16）中的被解释变量 $\ln pergdp_{i,t}$ 为 i 区域 t 年的人均 GDP 对数，$i \in [1,4]$，$t \in [2000,2020]$；式（5-17）中的被解释变量 $\ln gap_{i,t}$ 为 t 年 i 区域的人均 GDP 与该年人均 GDP 最大值（也就是粤港澳大湾区人均 GDP）差距的对数，$\ln pergdp_{i,t-1}$ 和 $\ln gap_{i,t-1}$ 分别为 $\ln pergdp_{i,t}$ 和 $\ln gap_{i,t}$ 的一阶时间滞后项；式（5-16）和式（5-17）中，$X'_{i,t}$ 代表主要解释变量 $\ln P_{i,t}^{agg}$ 即 i 区域 t 年的人口集聚度对数，控制变量 $\ln K_{i,t}^{agg}$ 即 i 区域 t 年的资本集聚度对数、$\ln A_{i,t}^{agg}$ 即 i 区域 t 年的技术集聚度对数；$w_{i,j}$ 为 $n \times n$ 区域中心间反距离权重矩阵 W 的 (i,j) 元素；$\varepsilon_{i,t}$ 为扰动项；ρ 为空间自相关参数；θ、γ 和 β 均为待估系数向量。变量的计算公式与前文一致，只是范围不同，前文对指标度量已有说明，在此不再赘述。表 5-25 为各变量的描述性统计结果。

---

① 参见 R Xie, W Fu, S L Yao, et al., "Effects of Financial Agglomeration on Green Total Factor Productivity in Chinese Cities: Insights from an Empirical Spatial Durbin Model," *Energy Economics*, 2021, 101 (4): 1-9；罗海平、何志文、李卓雅《基于动态空间杜宾模型的 2008—2018 年中国粮食全要素生产率增产效应》，载《浙江农业学报》2021 年第 11 期，第 2195-2204 页；赖永剑、贺祥民《制度质量改善有利于削减地区 R&D 资源错置吗？——基于空间动态面板数据模型》，载《科技管理研究》2018 年第 23 期，第 26-32 页；Q ZHANG, J YANG, Z X SUN, et al., "Analyzing the Impact Factors of Energy-Related CO_2 Emissions in China: What Can Spatial Panel Regressions Tell Us?," *Journal of Cleaner Production*, 2017, 161: 1085-1093。

表 5-24 LR 检验

空间权重类型	ln pergdp				ln gap			
	LR-SEM		LR-SAR		LR-SEM		LR-SAR	
	chi^2	p	chi^2	p	chi^2	p	chi^2	p
反距离矩阵	43.42	0.000	48.2	0.000	40.12	0.000	68.46	0.000

表 5-25 变量的描述性统计

变量	平均值	标准差	最小值	最大值	观测数
人均 GDP 对数（ln pergdp）	10.229	0.895	8.646	11.981	84
区域收入差距对数（ln gap）	1.483	0.495	0.693	2.216	84
人口集聚度对数（ln P^{agg}）	0.882	0.196	0.501	1.125	84
资本集聚度对数（ln K^{agg}）	0.427	0.495	0.001	1.362	84
技术集聚度对数（ln A^{agg}）	0.371	0.531	0.005	1.414	84

2. 空间计量结果分析

表 5-26 报告的空间杜宾模型结果显示，人口集聚对共同富裕的影响存在显著的空间溢出效应。人口集聚影响富裕水平即人均 GDP 的空间溢出效应系数（6.600）显著为正，而对区域收入差距影响的空间溢出效应系数（-1.513）为负但不显著，说明临近区域人口集聚程度的提高对本地区富裕程度的提高具有促进作用，且对本地区收入差距的拉大具有抑制作用，即临近区域人口集聚程度的提高对本地区共同富裕具有促进作用。本部分研究的样本是粤港澳大湾区以及广东省东翼、西翼、山区三个区域，结果说明粤港澳大湾区人口及技术集聚程度的提高对临近的东西两翼及山区区域富裕程度的提高具有促进作用。由于该结果是点估计（或者说是瞬时影响结果），其中不包含反馈过程，如果仅采用该结果来判断空间效应则可能存在偏误。为更准确地识别人口集聚影响共同富裕的空间效应，笔者通过偏微分分解将其划分为直接效应、间接效应和总效应。其中，直接效应为各因素的直接作用和区域内溢出效应；间接效应即空间溢出效应，即邻近地区因素对本地区共同富裕的影响效应，这里笔者更关注

的是间接效应即空间溢出效应。

表5-27报告的空间效应分解中的间接效应结果显示,人口集聚影响共同富裕的空间溢出效应主要体现在短期。具体来看,人口集聚影响富裕程度的短期间接效应系数为5.138,影响收入差距的短期间接效应系数为-1.225,即临近区域人口集聚程度的影响对本地区富裕程度的影响显著为正,对区域收入差距的影响显著为负。该结果意味着粤港澳大湾区人口集聚程度的提高对东西两翼及山区富裕程度的提高以及收入差距的缩小具有积极的作用,即有利于带动临近区域实现共同富裕。而长期效应则主要体现为本区域人口集聚对本区域共同富裕水平的影响。具体来看,人口集聚对区域富裕程度的长期影响显著为负,而对区域内收入差距的长期影响显著为正,说明就长期而言,人口集聚不利于区域共同富裕。该结果意味着粤港澳大湾区人口不可能无限集聚,当发展到一定程度后,人口稠密、交通拥挤、污染严重、资本过剩、自然资源相对不足等问题会使其生产成本上升,外部经济效益逐渐下降,从而减弱了经济增长的势头,内部两极分化程度也会不断加深。

表5-26 动态面板空间杜宾模型计量结果

变量	$\ln pergdp$	$\ln gap$
$L1. \ln pergdp\ (\ln gap)$	1.957***	0.999***
	(0.199)	(0.203)
$L1.\ W \times \ln pergdp\ (\ln gap)$	4.197***	1.642**
	(0.535)	(0.545)
$\ln P^{agg}$	1.294***	0.159
	(0.374)	(0.320)
$\ln K^{agg}$	-0.576	0.216
	(0.326)	(0.276)
$\ln A^{agg}$	1.154***	-0.064
	(0.258)	(0.219)

续上表

变量	ln pergdp	ln gap
W × ln P^{agg}	6.600***	-1.513
	(1.115)	(0.943)
W × ln K^{agg}	-2.828**	1.643*
	(0.973)	(0.829)
W × ln A^{agg}	2.878***	-0.082
	(0.636)	(0.540)
ρ	0.445**	0.640***
	(0.164)	(0.169)
σ^2	0.000***	0.000***
	(0.000)	(0.000)
N	80	80
R^2	0.511	0.953

注：括号内数值表示标准误；*、**、*** 分别表示 $p<0.05$、$p<0.01$、$p<0.001$。

表5-27 空间效应分解

时期	变量	直接效应		间接效应		总效应	
		ln pergdp	ln gap	ln pergdp	ln gap	ln pergdp	ln gap
短期	ln P^{agg}	0.605	0.451*	5.138***	-1.225*	5.743***	-0.774
		(0.363)	(0.213)	(1.044)	(0.595)	(1.391)	(0.785)
	ln K^{agg}	-0.290	-0.050	-2.209**	1.165*	-2.500*	1.115
		(0.261)	(0.176)	(0.756)	(0.518)	(1.002)	(0.673)
	ln A^{agg}	0.870***	-0.057	1.966***	-0.047	2.836***	-0.104
		(0.210)	(0.148)	(0.477)	(0.299)	(0.675)	(0.432)

续上表

时期	变量	直接效应		间接效应		总效应	
		ln pergdp	ln gap	ln pergdp	ln gap	ln pergdp	ln gap
长期	ln P^{agg}	-1.707*** (0.319)	1.853*** (0.314)	0.003 (0.149)	-0.659 (1.084)	-1.704*** (0.291)	1.195 (1.238)
	ln K^{agg}	0.741** (0.263)	-1.139*** (0.279)	-0.002 (0.064)	-0.644 (0.863)	0.739** (0.254)	-1.783 (1.034)
	ln A^{agg}	-0.872*** (0.219)	-0.048 (0.145)	0.021 (0.165)	0.234 (0.703)	-0.852*** (0.191)	0.186 (0.736)

注：括号内数值表示标准误；*、**、*** 分别表示 $p<0.05$、$p<0.01$、$p<0.001$。

五、结论与讨论

本节以粤港澳大湾区为样本，探讨城市群人口集聚对城市群内部以及周边区域共同富裕的影响。基于柯布-道格拉斯生产函数，笔者通过区位熵处理得到理论模型，采用"全面FGLS"方法以及空间杜宾模型进行估计得到如下结论：粤港澳大湾区人口集聚对城市群内部共同富裕和周边区域共同富裕均具有积极的促进作用，在短期内存在正向的空间溢出效应，但从长期来看，粤港澳大湾区人口不可能无限集聚，当发展到一定程度时，拥挤效应将超过集聚效应，对共同富裕产生负面影响。

上述结论说明当前粤港澳大湾区内部处于多中心集聚的态势，空间协调发展程度较高，在推动城市群内部实现共同富裕的同时，在短期内带动了周边区域的发展，但要实现长期更持续的发展仍需人口在粤港澳全域更为均衡地分布，而非无限地向粤港澳大湾区集聚。那么，该如何通过促进人口等要素资源更为顺畅地流动来实现资源优化配置从而促进广东全域发展，实现真正意义上的先富带动后富从而最终实现共同富裕？笔者提出以下建议：

第一，基础设施的互联互通是促进粤港澳大湾区与粤东西两翼及山区人口等要素资源互通互联协同发展的基石。从区域间的地理距离来看，粤东西两翼及山区与粤港澳大湾区各城市的平均距离分别为 368 公里、344 公里以及 259 公里，通勤时间为 3～4 小时。以地处粤西的湛江为例，作为粤西重要的中心城市，长期受制于落后的交通条件，偏居粤省一隅，与粤港澳大湾区城市的平均距离达 434 公里，特别是与广州、深圳等超大城市往来十分不便。随着粤港澳大湾区战略的实施，加强粤港澳大湾区城市与粤东西北城市交通基础设施的规划建设，为互通互联提供便利，将有利于区域间实现联动发展，为粤东西两翼及山区城市的发展带来新的机遇，从而使大湾区的人们充分分享粤港澳大湾区建设红利。

第二，粤港澳大湾区产业互联、构建优势产业集群，为劳动力和人才发展提供产业基础和发展空间。产业发展是城市和区域经济发展的基础，粤港澳大湾区与东西两翼及山区城市在产业发展方面应联动发展，而非产业同构，相互竞争。如珠三角各城市在汽车、家电制造方面实力雄厚，但缺乏钢材等原材料。建设工厂生产钢材等原材料受制于建设用地而不经济，粤西的湛江、粤东的汕头等城市在钢铁、合金等材料生产方面可对接大湾区在钢材、合金材料方面的需求。山区即北部生态发展区对接大湾区的"大农场""后花园"及"康养地"，在绿色生态经济方面实现产业互联。

第三，城市互联，广州都市圈、深圳都市圈"双圈联动"发展，发挥核心城市与粤东西北城市间的对口帮扶长效机制的作用，完善联动共享机制，全面深化战略协同和合作，共建发展平台，促进人流、物流、技术流、信息流等要素资源自由流动和交流共享，带动粤东西北城市在人员素质、技术水平、城市治理水平等方面的提高，在共同发展中逐步缩小与大湾区城市之间的差距。

第六章　城市群人口年龄空间结构的社会经济效应

——基于粤港澳大湾区的分析

第一节　人口老龄化对经济增长的阶段性影响及空间结构异质性

随着人口老龄化的不断加深，其对经济增长的影响已成为世界各国政府和学界共同关注的议题。党的十九届五中全会将积极应对人口老龄化上升为国家战略。党的二十大更明确提出要积极发展养老事业和养老产业，优化孤寡老人服务，推动实现全体老年人享有基本养老服务。根据联合国世界卫生组织的定义，若65岁及以上人口占总人口的比例达到7%，即表示已步入老龄社会或称轻度老龄化社会；如果该比例达到14%，则称老龄社会或中度老龄化社会；若该比例超过20%，则为超老龄社会或重度老龄化社会①。基于这一标准，我国已于2000年进入轻度老龄化社会；2020年我国65岁及上老年人口占比13.52%，跨入中度老龄化社会；预计2035年该比例将超过20%，进入重度老龄化社会②。人口老龄化快速发展同时引发发达国家和发展中国家的担忧：人口老龄化社会如何支撑经济的持续增长？

学界十分关注人口老龄化所带来的经济后果，但他们的判断并不一

---

① 参见澳门特别行政区政府统计暨普查局《人口老化的趋势与挑战》，澳门特别行政区政府统计暨普查局2014年版。
② 《郑秉文：中国的老龄化是非常快的，预计到2035年我国65岁人口超过20%》，见新浪网（https://finance.sina.com.cn/jryx/insurance/2022-04-17/doc-imcwipii4786505.shtml）。

致。多数研究认为，人口老龄化对经济增长、储蓄、投资均具有消极作用。国外研究方面，如 Pecchenino 和 Pollard 根据生命周期理论，提出理性人都会随着预期寿命的增加而将更多的储蓄用于养老，而这将降低对儿童的人力资本投入，进而对社会经济发展带来不利的影响[①]；Abeywardhana 以南亚为研究对象，发现经济增长主要取决于人口的变化，因老龄人口的消费较高，特别是医疗支出很高，会对该地区的经济增长产生明显负面影响，并给各国政府带来挑战[②]；Yashiro 的研究显示，老年人数量越多，代际间的收入转移越多，财政负担会越重，而劳动力的减少不仅会直接拖累经济增长，还会导致储蓄率下降间接降低经济增长[③]。国内研究方面，如胡鞍钢等认为人口老龄化对我国区域经济增长具有负面影响[④]；盖骁敏和张双双认为人口老龄化不仅对经济增长具有直接抑制作用，而且会抑制人力资本对经济发展的促进作用[⑤]；李琼等认为人口老龄化的加速会对经济长期发展起到更加深刻的抑制作用[⑥]。

不过，也有少数学者认为，资本的积累和劳动资本的积累可通过人口老龄化的加深而增加，进而促进经济增长。国外学者如 Prettner 认为，老龄化并非一定不利于经济增长，甚至对长期经济增长有利[⑦]；Ngoc 和 Hong 同样认为长期来看人口老龄化对经济发展将产生积极的影响[⑧]；Bloom 和 Williamson 对人口年龄结构如何影响人均收入增长进行了系列研

[①] See R A Pecchenino, P S Pollard, "Dependent Children and Aged Parents: Funding Education and Social Security in an Aging Economy," *Journal of Macroeconomics*, 2002, 24 (2): 145–169.

[②] See D K Y Abeywardhana, "The Impact of Ageing Population on Economic Growth in South Asia," *Asian Social Science*, 2019, 15 (7): 70–76.

[③] See N Yashiro, "Aging of the Population in Japan and Its Implications to the Other Asian Countries," *Journal of Asian Economics*, 1997, 8 (2): 245–261.

[④] 参见胡鞍钢、刘生龙、马振国《人口老龄化、人口增长与经济增长——来自中国省际面板数据的实证证据》，载《人口研究》2012 年第 3 期，第 14–26 页。

[⑤] 参见盖骁敏、张双双《人口老龄化对中国经济增长的影响研究——基于劳动力供给和资本投资视角》，载《山东社会科学》2018 年第 6 期，第 163–167 页。

[⑥] 参见李琼、李松林、张蓝澜等《粤港澳大湾区人口老龄化时空特征及其经济效应》，载《地理研究》2020 年第 9 期，第 2130–2147 页。

[⑦] See K Prettner, "Population Aging and Endogenous Economic Growth," *Journal of Population Economics*, 2013, 26 (2): 811–834.

[⑧] See P T Ngoc, V D Hong, "Aging Population and Economic Growth in Developing Countries: A Quantile Regression Approach," *Emerging Markets Finance and Trade*, 2021, 57 (1): 1–15.

究，将影响因素具体分解为人口增长率和劳动资源增加两个方面，并以亚洲国家为样本进行了实证分析，得出了人口年龄结构变化对经济增长具有积极影响的结论[①]。国内学者如蔡昉认为，人口老龄化会推动人力资本投资取代物质资本投资，从而有助于经济增长[②]；李乐乐和秦强的研究同样发现人口老龄化对经济发展具有显著的正向影响，且这种影响存在显著的地区异质性[③]；符建华和曹晓晨的研究结果显示，人口老龄化对本地区的经济增长具有显著的正面激励作用，但其对周边地区的经济具有负外部性[④]。

此外，还有学者认为人口老龄化对经济增长具有非线性的影响或者不具影响。如包玉香将人口老龄化变量纳入新古典经济增长模型进行研究，发现人口老龄化对经济增长具有双重影响[⑤]；贺俊等对1989—2017年我国省级面板数据进行实证分析，发现老年比率与经济增长之间呈倒"U"型关系[⑥]；齐红倩和闫海春利用2001—2015年我国省级面板数据进行分析，发现人口年龄结构对经济增长的影响存在门槛效应，呈"先促进，后抑制"的倒"V"型[⑦]。同时，也有学者认为人口老龄化对经济增长的影响不显著。如Acemoglu和Johnson以45个国家为样本进行实证分析，

[①] See D E Bloom, J G Williamson, "Demographic Transitions and Economic Miracles in Emerging Asia," *World Bank Economic Review*, 1998, 12 (3): 419 - 455; D E Bloom, D Canning, J Sevilla, "The Demographic Dividend: A New Perspective on the Economic Consequences of Population Change," *Foreign Affairs*, 2003, 82 (3): 148 - 149; D E Bloom, D Canning, R K Mansfield, et al., "Demographic Change, Social Security Systems and Savings," *Journal of Monetary Economics*, 2007, 54 (1): 92 - 114; D E Bloom, D Canning, G Fink, "Implications of Population Ageing for Economic Growth," *Oxford Review of Economic Policy*, 2010, 26 (4): 583 - 612.

[②] 参见蔡昉《人口转变、人口红利与经济增长可持续性——兼论充分就业如何促进经济增长》，载《人口研究》2004年第2期，第2-9页。

[③] 参见李乐乐、秦强《人口老龄化、社会保障支出与经济发展》，载《经济问题探索》2020年第5期，第40-52页。

[④] 参见符建华、曹晓晨《人口老龄化对中国经济高质量发展的影响研究》，载《经济问题探索》2021年第6期，第44-55页。

[⑤] 参见包玉香《人口老龄化的区域经济效应分析——基于新古典经济增长模型》，载《人口与经济》2012年第1期，第1-7页。

[⑥] 参见贺俊、胡玲玲、唐述毅《人口老龄化与少子化对经济增长的非线性影响研究》，载《上海经济研究》2021年第11期，第48-58页。

[⑦] 参见齐红倩、闫海春《人口老龄化抑制中国经济增长了吗?》，载《经济评论》2018年第6期，第28-40页。

发现人口老龄化与人均收入增长之间并没有显著的关系[①];李文星等利用1989—2004年我国省级面板数据研究人口结构变化对家庭消费的影响,发现人口老龄化的变化对家庭消费没有太大影响[②];谢雪燕和朱晓阳利用1998—2017年我国省级面板数据并采用多种计量方法进行实证研究,同样得出了人口老龄化并没有显著影响经济增长的结论[③]。

综合已有研究发现,有关人口老龄化对经济增长影响的研究结论之所以不一致,一个重要原因是人口老龄化本身是一个具有阶段性特征的长期过程。因此,不同阶段的人口老龄化对经济增长的影响方向、影响程度及内在机制均会存在差异[④]。但现有文献尤其是在实证分析方面忽略了人口老龄化过程具有阶段性的重要特征,因而研究结论出现了分歧。基于此,本节根据人口老龄化的不同阶段来分析其对经济增长影响的方向、程度以及内在机制,对弥补已有研究之不足具有重要意义。

相比于全国,粤港澳大湾区整体的人口老龄化程度相对较轻,但内部各市之间存在较大差异:既有深圳、东莞、中山、惠州、珠海等尚未进入老龄化社会的城市,也有广州、佛山处于轻度老龄化社会的城市,还有江门、肇庆、澳门等处于轻度老龄化社会晚期,即将步入中度老龄化社会的城市,以及香港处于中度人口老龄化晚期,即将进入重度老龄化社会的城市。粤港澳大湾区内部人口老龄化的这种差异,为研究不同阶段的人口老龄化对经济增长的影响提供了完整的样本,这也是笔者以粤港澳大湾区为研究对象的重要原因。笔者期待本研究能有益于未来我国进入重度老龄化社会的政府决策,能为促进粤港澳地区建设、完善社会保障体系提供参考;能为粤港澳大湾区乃至全国制定更有利于经济社会发展的人口政策、增强城市人口管理的前瞻性提供理论与实证支持。

---

① See D Acemoglu, S Johnson, "Disease and Development: The Effect of Life Expectancy on Economic Growth," *Journal of Political Economy*, 2007, 115 (6): 925 – 985.

② 参见李文星、徐长生、艾春荣《中国人口年龄结构和居民消费: 1989—2004》,载《经济研究》2008年第7期,第118 – 129页。

③ 参见谢雪燕、朱晓阳《人口老龄化、技术创新与经济增长》,载《中国软科学》2020年第6期,第42 – 53页。

④ 参见李建民、王晶晶《人口老龄化背景下经济增长的国际比较》,载《南开学报(哲学社会科学版)》2020年第4期,第65 – 76页。

一、理论分析与研究假说

根据经济增长理论,一个国家的产出增长主要源于劳动力市场规模的扩大和劳动生产率的提高,而劳动生产率的提高又主要源于资本产出比与全要素生产率的提高。因此,如果人口老龄化对上述任何一个因素产生影响,那么都将对总体的经济增长绩效产生影响,这是人口老龄化影响经济增长的一般路径。①

人口老龄化对劳动力市场规模的影响主要体现在劳动供给数量和劳动供给质量两个方面。从劳动供给数量来看,一方面,人口老龄化带来的直接后果是劳动年龄人口数量减少、占总人口的比重相对下降以及劳动人口结构老化,间接后果则是劳动参与率降低,劳动时间投入不足,而这一切均不利于经济增长;但另一方面,这一负面影响在人口老龄化发展过程中并非一成不变。因为人口老龄化的原因之一是人口平均预期寿命延长,随着延迟退休制度的不断推进以及老年人力资源的开发,人口老龄化带来的劳动供给减少对经济增长产生的负效应将有望在一定程度上得到缓解。从劳动供给质量来看,一般认为随着劳动者年龄的增长,其身体状况、学习能力都会下降,从而不利于接受和更新知识,其对新设备、新方法的接受能力也会变差②。在老年群体中,不乏老龄精英尤其是老年科技人才和管理人才,他们是宝贵的人力资源和社会财富③。此外,随着人口老龄化程度的加深,劳动力必将成为稀缺资源,全社会对人力资本的投资有望不断加大,"终身学习"的理念也会更加深入,进而由劳动力供给质量下降带来的经济负效应也可能得到一定改变。根据上述分析,笔者提出假说 H8。

H8:在人口老龄化初期,人口老龄化会经由劳动供给路径对经济增长产生负面影响,但随着人口老龄化程度的不断加深,该负面影响将有所

---

① 参见都阳《构建中国特色人口老龄化应对方略》,载《经济日报》2021年3月26日第10版。

② 参见盖骁敏、张双双《人口老龄化对中国经济增长的影响研究——基于劳动力供给和资本投资视角》,载《山东社会科学》2018年第6期,第163-167页。

③ 参见齐红倩、闫海春《人口老龄化抑制中国经济增长了吗?》,载《经济评论》2018年第6期,第28-40页。

缓解。

根据经济学中的生产理论，厂商会根据要素相对价格的变化来改变要素的投入，即成本相对较高的要素可能会被成本相对较低的要素所取代。资本和劳动是最重要的两种生产要素，如果劳动力成本提高，那么厂商有可能会寻求以资本来替代劳动。人口老龄化的发展会引发有效劳动供给减少、劳动力成本上升，经济增长可能会因此而放缓。但从长远来看，传统的劳动密集型产业优势将逐渐消失，并被资本密集型产业所取代，因而最终会有利于经济的可持续发展。根据上述分析，笔者提出假说H9。

H9：在人口老龄化初期，资本替代劳动效应带来的阵痛期不利于经济增长，但从长期来看，人口老龄化程度的加深将促使产业结构转型升级，推动经济持续增长。

人口老龄化对全要素生产率的影响主要体现在技术进步方面。基于诱致性技术变迁理论，人口老龄化的加深将有利于诱发和推动劳动节约型技术的发展与应用[1]，并推动与人口老龄化需求相关的技术进步[2]。新技术从出现到成为通用型技术往往需要花费较长时间，此时人口老龄化导致有效劳动减少，其对经济的负面效应若不能被技术进步所抵消，便会对经济增长产生负面冲击[3]；但从长远来看，随着人口老龄化程度的不断加深，新技术逐渐成熟并成为通用型技术，进而可有效替代劳动投入，则这种负面影响将因技术进步得以缓解或抵消。根据上述分析，笔者提出假说H10。

H10：在人口老龄化初期，人口老龄化的技术进步效应为负或影响不显著，但随着人口老龄化的不断深化，技术进步效应将逐步显现，人口老龄化对经济增长的不利影响有望得到缓解或抵消。

综合上述分析，人口老龄化基于劳动供给路径、资本替代劳动路径以及技术进步路径对经济增长的影响方向、作用大小在人口老龄化发展的不

---

[1] See D Acemoglu, P Restrepo, "Artificial Intelligence, Automation, and Work," in *The Economics of Artificial Intelligence: An Agenda*, Chicago: University of Chicago Press, 2018: 191 – 236.

[2] See D Acemoglu, J Linn, "Market Size in Innovation: Theory and Evidence from the Pharmaceutical Industry," *The Quarterly Journal of Economics*, 2004, 119 (3): 1049 – 1090.

[3] 参见都阳、封永刚《人口快速老龄化对经济增长的冲击》，载《经济研究》2021年第2期，第71 – 88页。

同阶段存在差异性。由此提出假说 H11。

H11：人口老龄化对经济增长的影响具有阶段异质性，即二者之间呈非线性关系。

二、人口老龄化对经济增长的影响：阶段及空间异质性及机制检验

（一）人口老龄化影响经济增长的阶段及空间异质性

1. 模型构建

基于前面的理论分析，笔者将人口老龄化系数及其平方项逐步纳入柯布 – 道格拉斯生产函数中，并构建回归模型进行估计。估计策略如下：基于粤港澳大湾区 2000—2020 年 11 个城市的全样本面板数据，采用个体时间双固定模型，考察人口老龄化对经济增长的影响是否存在非线性特征。若是，则基于人口老龄化不同发展阶段的分样本数据，进一步检验这种非线性特征是否由人口老龄化发展的阶段不同所导致。具体模型如下：

$$\ln pergdp_{it} = \alpha_0 + \alpha_1 \times aging_{it} + \alpha_2 \times \ln K_{it} + \alpha_3 \times \ln L_{it} + \alpha_4 \times \ln R\&D \\ + \mu_i + \gamma t + \varepsilon_{it} \qquad (6-1)$$

其中，被解释变量 $\ln pergdp_{it}$ 为 i 城市 t 年的人均 GDP 对数，$i \in [1,11]$，$t \in \{2000, 2005, 2010, 2015, 2020\}$；核心解释变量 $aging_{it}$ 为 i 城市 t 年的人口老龄化系数，以 65 岁及以上人口占总人口的比例来衡量；$\ln K$ 为资本投入，以固定资本形成总额的对数来表征；$\ln L$ 为劳动投入，以年底就业人员数量取对数表征；技术水平以 R&D 经费的对数来表征；μ_i 代表不可观测的个体效应；γt 为时间趋势项；ε_{it} 为随个体和时间变化的扰动项；α_0 为常数项；α_1、α_2、α_3、α_4 均为待估系数。

为考察人口老龄化对经济增长的影响是否存在非线性关系，在式 (6-1) 的基础上纳入人口老龄化系数的平方项 $aging_{it}^2$ 构建式 (6-2)，并对其进行回归分析：

$$\ln pergdp_{it} = \beta_0 + \beta_1 \times aging_{it} + \beta_2 \times aging_{it}^2 + \beta_3 \times \ln K_{it} + \beta_4 \\ \times \ln L_{it} + \beta_5 \times \ln R\&D + \mu_i + \gamma t + \varepsilon_{it} \qquad (6-2)$$

其中，β_0 为常数项；β_1、β_2、β_3、β_4、β_5 分别表示人口老龄化、人口老龄化平方项、资本投入、劳动投入及技术水平对被解释变量的影响程度。若 $\beta_2 > 0$，且转折点在样本区间范围内，则表明人口老龄化对经济增长的影响呈"U"型关系，否则为倒"U"型关系或不存在曲线关系。

2. 变量度量与数据来源

（1）被解释变量：经济增长（$\ln pergdp$）。

经济增长通常是指在一个较长的时间跨度上，一个国家或地区人均产出水平的持续增加。笔者采用人均 GDP 的对数来度量经济增长，其中澳门、香港数据按照每年的实际汇率折算，单位为元。

（2）解释变量：人口老龄化系数（$aging$）。

人口老龄化系数主要采用 65 岁及以上人口占总人口比重来衡量，反映人口老龄化的程度。

（3）控制变量。

根据柯布－道格拉斯生产函数，控制变量主要包括资本投入（$\ln K$）、劳动投入（$\ln L$）以及技术水平（$\ln R\&D$），其中澳门、香港资本投入和 R&D 经费数据按照每年实际汇率折算，单位为亿元。

对控制变量资本投入（$\ln K$）的数据需进一步说明。根据国家统计局和省统计局 2019 年有关报表制度的新要求，自 2019 年起，取消各省、各市支出法 GDP 核算制度，因此，2020 年粤港澳大湾区中广东省 9 市的固定资本总额无法从统计年鉴中获得。为此，笔者利用以下公式得出 2020 年广东省固定资本总额：

$$\text{固定资本总额}_{2020} = \text{固定资本总额}_{2019} \times \frac{\text{地方生产总值}_{2020}}{\text{地方生产总值}_{2019}} \quad (6-3)$$

接着，利用 2017 年各市固定资本形成总额占全省固定资产的比例，估计得出 2020 年大湾区中广东省 9 市的固定资本总额。而香港与澳门的固定资本总额则从 2001—2021 年香港统计年刊、澳门统计年鉴中获得。其中，分样本回归中的香港数据采用的是 1990—2020 年的时间序列数据。

大湾区中广东省 9 市的指标数据来自广东省第五次、第六次和第七次的人口普查数据，以及 2005 年、2015 年的广东省 1% 人口抽样调查数据；香港和澳门的相关数据分别来自香港统计年刊和澳门统计年鉴。表 6-1 是对粤港澳大湾区样本指标的描述性统计分析结果。

表6-1 变量的描述性统计

变量	平均值	标准差	最小值	最大值	观测数
人均GDP对数（$\ln pergdp$）	11.07	0.97	8.91	13.02	55
人口老龄化水平（$aging$）	7.11	3.65	1.20	19.00	55
资本投入（$\ln K$）	6.78	1.27	4.08	9.13	55
劳动投入（$\ln L$）	5.32	0.93	3.04	6.81	55
技术水平（$\ln R\&D$）	3.45	1.84	0.38	7.32	55

3. 阶段及空间异质性实证结果分析

表6-2报告了基于理论分析的全样本基本回归结果，其中模型（2）在模型（1）的基础上加入了时间趋势。可以看出，模型（1）和模型（2）的变量系数符号、大小及方向基本一致，说明估计结果具有一定的稳健性，时间趋势对经济发展产生了显著影响。模型（2）的回归结果显示，人口老龄化对区域经济增长产生了线性影响，核心解释变量人口老龄化对经济增长的影响系数为负，但未通过显著性检验。不显著的原因可能是粤港澳大湾区各城市的人口老龄化处于不同发展阶段，这使得二者之间不再是单一的线性关系。

在模型（2）的基础上再纳入人口老龄化平方项构建模型（3），以考察因发展阶段不同，人口老龄化对经济增长产生的非线性影响。模型（3）的估计结果显示，人口老龄化系数和人口老龄化平方项系数均显著不为零，其中人口老龄化的平方项系数显著为正，且转折点为13.81，在样本区间[1.2,19]之内。这一结果表明，人口老龄化对粤港澳大湾区经济增长的影响呈"U"型态势，即在人口老龄化程度较轻的阶段，其对经济增长具有消极影响；随着老龄化程度不断加深，在达到转折点（该转折点接近14%，即达到中度老龄化社会临界值）之后，其负面效应开始转变，人口老龄化将有利于推动经济增长。

表 6-2 全样本回归结果

变量	模型（1）	模型（2）	模型（3）
$aging$	-0.019 (0.025)	-0.019 (0.044)	-0.135 (0.077)
$aging^2$	—	—	0.005* (0.002)
$\ln K$	0.358*** (0.050)	0.295** (0.078)	0.361** (0.095)
$\ln L$	0.023 (0.068)	0.040 (0.074)	0.032 (0.073)
$\ln R\&D$	0.186*** (0.038)	0.139** (0.046)	0.132** (0.042)
个体	YES	YES	YES
时间	NO	YES	YES
常数项	7.074*** (0.433)	-35.102 (35.847)	-28.487*** (35.350)

注：括号内数值表示标准误；*、**、*** 分别表示 $p<0.05$、$p<0.01$、$p<0.001$。

为进一步验证该结果的稳健性，我们再对人口老龄化处于不同阶段的子样本城市进行估计。根据前文对人口老龄化发展阶段的划分，笔者分别对未进入老龄化社会阶段、轻度老龄化社会初期、轻度老龄化社会晚期、中度及重度老龄化社会阶段的子样本城市进行估计。对于前三个阶段，仍采用面板数据个体时间双固定效应模型；对于中度及重度老龄化社会阶段，由于香港的样本数据为时间序列数据，因此采用多元线性回归模型进行估计。表 6-3 的结果显示，在未进入人口老龄化社会阶段和轻度老龄化社会阶段时，人口老龄化对经济增长的影响均显著为负；进入中度老龄化社会阶段后，随着人口老龄化程度的不断加深，其对经济增长的影响逐渐转为显著为正，即人口老龄化对经济增长的影响具有阶段异质性特征，是一种非线性的影响。假说 H11 得证。

表6-3 分阶段子样本回归结果

变量	转折点左侧			转折点右侧
	未进入老龄化社会阶段	轻度老龄化社会初期	轻度老龄化社会晚期	中度老龄化社会晚期（接近重度老龄化社会）
aging	-0.107* (0.046)	-0.633*** (0.072)	-0.244*** (0.062)	0.062** (0.018)
$\ln K$	0.168 (0.090)	0.720*** (0.051)	0.001 (0.130)	0.371*** (0.071)
$\ln L$	0.255*** (0.049)	1.024*** (0.171)	-0.119*** (0.027)	0.339 (0.485)
$\ln R\&D$	-0.002 (0.041)	-2.105*** (0.199)	0.111 (0.096)	0.291** (0.070)
个体	是	是	是	否
时间	否	是	是	是
常数项	-120.365*** (24.252)	-806.103 (62.421)	-214.367*** (56.092)	5.623* (2.323)

注：括号内数值表示标准误；*、**、***分别表示 $p<0.05$、$p<0.01$、$p<0.001$。

由于经济增长和人口老龄化均可能存在空间自相关性①，因此需再计算出全局自相关指标经济增长和人口老龄化2000—2020年的Moran's I指数，以此判断是否存在空间自相关。表6-4的结果显示，无法拒绝二者"无空间自相关"的原假设，因而可排除空间自相关对上述模型的干扰。

---

① 参见邵丽、嵇振华、崔霞等《东北地区人口问题和经济增长的空间计量分析》，载《数理统计与管理》2020年第4期，第571-583页。

表6-4 经济增长和人口老龄化系数的 Moran's I 值

年份	ln $pergdp$				$aging$			
	Moran's I	Z	p	标准化统计量阈值	Moran's I	Z	p	标准化统计量阈值
2000	0.161	1.133	0.129	1.96	-0.412	-1.294	0.098	1.96
2005	0.089	0.793	0.214	1.96	-0.387	-1.187	0.118	1.96
2010	-0.012	0.368	0.356	1.96	-0.354	-1.087	0.138	1.96
2015	0.142	1.033	0.151	1.96	-0.324	-0.983	0.163	1.96
2020	0.167	1.098	0.136	1.96	-0.275	-0.746	0.228	1.96

（二）阶段及空间异质性的内在机制检验

上述分析提出，在人口老龄化的不同发展阶段，劳动供给路径、资本替代劳动路径以及技术进步路径发挥作用的大小和方向的不同，会导致人口老龄化对经济增长的影响存在异质性。下面对这一理论假说进行实证检验。

根据前文的实证结果，在进入中度老龄化社会阶段之前，人口老龄化对经济增长的影响均显著为负，进入中度老龄化社会后逐渐转为正向作用。因此，本部分将主要考察进入中度老龄化社会前和进入中度老龄化社会之后特别是进入重度老龄化社会阶段后，人口老龄化如何通过劳动供给路径、资本替代劳动路径以及技术进步路径影响经济增长。

表6-5的 Sobel 中介效应检验结果显示，上述三条路径在进入中度老龄化社会前后所发挥的作用存在较大差异。进入中度老龄化社会之前，人口老龄化主要通过劳动供给路径和资本替代劳动路径影响经济增长，劳动供给路径和资本替代路径的 Sobel 估计量 p 值均小于 0.05，即中介效应显著，而技术进步路径的 Sobel 估计量 p 值大于 0.05，即中介效应不显著。具体地，在劳动供给路径中，人口老龄化对劳动供给的影响显著为负，进而劳动供给对经济增长产生了抑制作用，因此假说 H8 得证。资本替代劳动路径的实证结果也与理论假说基本一致，即人口老龄化使得劳动成本上升，厂商将会寻求以资本替代劳动，这对资本投入的增长具有正向

作用,而资本的增长会促进经济增长,只是其作用不足以弥补人口老龄化带来的负面影响。据此,假说 H9 得证。

表6-5 进入中度老龄化社会之前阶段的中介效应估计

变量	劳动供给路径		资本替代劳动路径		技术进步路径	
	$\ln L$	$\ln pergdp$	$\ln K$	$\ln pergdp$	$\ln R\&D$	$\ln pergdp$
aging	-0.104* (0.046)	-0.078* (0.036)	0.087*** (0.022)	-0.078* (0.036)	-0.118** (0.032)	-0.078* (0.036)
$\ln K$	0.075 (0.283)	0.878*** (0.209)	—	0.878*** (0.209)	1.337*** (0.076)	0.878*** (0.209)
$\ln L$	—	-0.688*** (0.109)	0.020 (0.077)	-0.688*** (0.109)	0.118 (0.108)	-0.688*** (0.109)
$\ln R\&D$	0.213 (0.195)	-0.166 (0.146)	0.651*** (0.037)	-0.166 (0.146)	—	-0.166 (0.146)
个体固定效应	YES	YES	YES	YES	YES	No
时间固定效应	YES	YES	YES	YES	YES	YES
常数项	4.726 (1.170)	9.780 (1.004)	3.809*** (0.430)	9.780*** (1.004)	-5.419*** (0.624)	9.780 (1.004)
直接效应	-0.078* (0.036)		-0.078* (0.036)		-0.078* (0.036)	
间接效应	0.072* (0.034)		0.076* (0.026)		0.019 (0.018)	
Sobel	$Z=2.131$ $p>\|Z\|=0.033$		$Z=2.898$ $p>\|Z\|=0.004$		$Z=1.088$ $p>\|Z\|=0.276$	

进入中度老龄化社会后,人口老龄化对经济增长的影响路径发生了转

变，其中人口老龄化对劳动供给具有负面影响，但此阶段劳动供给对经济增长的影响不再显著，这进一步验证了假说 H8。也就是说，随着人口老龄化程度的不断加深，该负面影响将有所缓解。表 6-6 的结果表明，此时劳动供给路径的 Sobel 估计量 p 值大于 0.05，资本替代劳动路径和技术进步路径的 Sobel 估计量 p 值均小于 0.05，因此起主导作用的不是劳动供给路径，而是资本替代劳动路径和技术进步路径。随着人口老龄化程度不断加深，资本替代劳动效应促进了产业结构转型升级，人口老龄化诱发技术进步产生的效应逐步显现，从而缓解或抵消了人口老龄化带来的不利影响。据此，假说 H9 和假说 H10 得证。

表 6-6 进入中度老龄化社会之后阶段的中介效应估计

变量	劳动供给路径		资本替代劳动路径		技术进步路径	
	$\ln L$	$\ln pergdp$	$\ln K$	$\ln pergdp$	$\ln R\&D$	$\ln pergdp$
$aging$	-0.031*** (0.005)	0.062** (0.019)	0.207*** (0.034)	0.062** (0.019)	0.183*** (0.043)	0.062** (0.019)
$\ln K$	0.114*** (0.024)	0.371*** (0.076)	—	0.371*** (0.076)	-0.721** (0.172)	0.371*** (0.076)
$\ln L$	—	0.339 (0.496)	4.904*** (1.028)	0.339 (0.496)	3.195* (1.397)	0.339 (0.496)
$\ln R\&D$	0.070* (0.031)	0.291*** (0.074)	-0.685** (0.163)	0.291*** (0.074)	—	0.291*** (0.074)
时间	YES	YES	YES	YES	YES	YES
常数项	-25.397*** (3.157)	57.691* (14.233)	114.800** (35.230)	57.691* (14.233)	48.262 (44.126)	57.691* (14.233)
直接效应		0.062** (0.019)		0.062** (0.019)		0.062** (0.019)
间接效应		-0.010 (0.015)		0.076** (0.020)		0.053** (0.018)
Sobel		$Z = -0.679$ $p>\|Z\|=0.496$		$Z = 3.819$ $p>\|Z\|=0.000$		$Z = 2.891$ $p>\|Z\|=0.003$

三、结论与建议

本节的理论和实证分析表明,人口老龄化对经济增长的影响存在空间和阶段异质性特征,整体呈现"U"型非线性关系。进入中度老龄化社会前,人口老龄化对经济增长具有抑制作用,且人口老龄化主要通过劳动供给路径和资本替代劳动路径影响经济增长;进入中度老龄化社会后,特别是在中度老龄化社会晚期和重度老龄化社会,人口老龄化对经济增长逐步转为正向作用。导致这一结果的机制是:随着人口老龄化程度的不断深化,资本替代劳动效应推动了产业结构的转型升级,人口老龄化诱发技术进步产生的效应逐步显现,从而缓解或抵消了人口老龄化带来的不利影响。但需要注意的是,这一结果主要适用于人口平均预期寿命不断延长和生育水平下降而导致的正常的人口老龄化发展过程,对因年轻人口大量迁出所导致的人口老龄化程度严重的区域并不具有解释力。

基于上述研究结论,笔者认为无需过分担忧人口老龄化对经济所带来的影响,但必须有效应对,为进入中度老龄化晚期及重度老龄化阶段后的经济增长积极做好准备。

首先,在低生育率的社会环境背景下,我国人口老龄化程度不断加深是必然趋势。粤港澳大湾区因大量流动人口流入以及广东省生育意愿较高,人口老龄化程度低于全国平均水平,但毕竟已进入老龄化社会,人口老龄化对经济增长的负面影响也已经体现,如劳动力短缺、用工成本增加等。在此阶段,尽管通过资本替代劳动,可在一定程度上缓解人口老龄化的负面影响,但还需政府采取措施,多管齐下。一方面,政府可通过进一步放松户籍政策,促进人口在不同老龄化发展阶段的城市间自由流动,实现劳动力资源的优化配置;另一方面,应加快产业结构的转型升级,加大科技投入,推动大多数劳动密集型产业加快转型升级为知识密集型产业和技术密集型产业,积极发展适应老龄化发展需求的相关技术和服务业态,为发挥技术进步效应奠定基础。如此才可能在重度老龄化来临之时,妥善应对人口老龄化给国民经济增长带来的冲击。

其次,应大力发展银发经济。随着人口老龄化程度逐步加深,老年人群体成为不可小觑的消费人群,大力发展银发经济有利于刺激新的经济增长点的形成。当前,我国银发经济仍处于起步阶段,供需结构性矛盾较为突出。从需求侧看,我国老年人口消费结构和消费方式日趋多元化,正从传统的衣、食、住、行等消费向医疗保健、康复护理、旅游休闲等服务消费不断拓展。从供给侧看,支持银发经济发展的政策体系尚不健全,针对老年群体的高质量产品和服务供给整体不足,市场主体规模较小,产业能级较低,相关企业产品开发和自主创新的能力相对较弱。[1] 可见,银发经济的发展空间巨大,但需要进一步规范行业发展,持续激发市场主体活力,要让银发经济造福于老年群体、提高老年人生活质量的同时,为老龄化社会经济发展注入新的活力。

最后,应加强社会保障体系建设,完善养老、护理保险体系。如实施全民参保计划,特别是要顾及新业态群体、灵活就业群体、城镇化的转移群体和农民群体。要进一步缩小城乡养老差距,将社会养老保险覆盖面扩大到城乡居民,为城乡所有居民提供养老保障。应建立和完善城乡老年人口最低生活保障制度和城乡医疗救助制度,并实现制度全覆盖和人群全覆盖。

第二节　人口老龄化对产业结构服务化的影响及空间结构异质性

根据第七次全国人口普查统计,我国 65 岁及以上的老年人口数为 19064 万人,占全国总人口数的比重为 13.50%。[2] 据估计,在"十四五"时期,我国老年人口占总人口的比例将达到 20% 以上,表明我国人口老龄化进程进一步加快,我国将进入中度老龄化社会。[3] 我国的老龄化速度之快、规模之大是前所未有的。由于粤港澳大湾区吸引了大量人口和劳动

---

[1] 参见范宪伟《推动银发经济高质量发展(新论)》,载《人民日报》2021 年 12 月 24 日第 5 版。

[2] 《第七次全国人口普查公报(第五号)》,见国家统计局网站(https://www.stats.gov.cn/sj/tjgb/rkpcgb/qgrkpcgb/202302/t20230206_1902005.html)。

[3] 《"十四五"健康老龄化规划》,见中国政府网(https://www.gov.cn/gongbao/content/2022/content_5692863.htm)。

力流入，因此，与全国和广东省相比，其人口老龄化程度相对较轻。但近年来也有所提高，2020 年粤港澳大湾区人口老龄化水平为 7.59%，比 2015 年提高了 0.46 个百分点。与此同时，2020 年粤港澳大湾区第三产业比重达到 66.2%，产业结构也逐步呈现服务化趋势即产业结构由第二产业为主导（工业型经济）加速向第三产业为主导（服务型经济）演变，又称"第三产业化"。人口老龄化对产业结构服务化具有双重影响，一方面，人口老龄化意味着老年人口的需求进一步扩大，社会消费结构发生变化，这将刺激相关行业的诞生和发展，衍生出多样化的新型服务模式，进一步促进经济结构转型和升级；另一方面，人口老龄化会导致劳动人口供给减少，使劳动力供给发生改变，不利于劳动密集型产业的发展，人口老龄化会推动产业由劳动密集型向资本密集型、技术密集型转变。随着粤港澳大湾区建设的不断推进，人口老龄化和产业结构调整均是其要持续稳定发展必然面对的重要问题，那么探讨大湾区人口老龄化对产业结构服务化的影响，不仅可以深入了解人口老龄化与产业结构间的关系，还可以为粤港澳大湾区制定人口政策和产业政策、促进人口与产业协同发展提供参考，具有一定的理论意义和现实意义。

一、文献综述

目前，关于人口老龄化对产业结构调整的影响的研究文献十分丰富，这些研究得出的观点可以归纳为以下三类。

第一类观点认为，人口老龄化对产业结构升级起到促进作用。该观点的支持者认为老龄化程度的加深会刺激需求进一步扩张，带来消费需求和消费结构的变动，倒逼产业结构转型升级[1]。其中，Thieen 选择了 55 个国家或地区 1970—2004 年的面板数据进行实证分析，研究表明人口老龄化将促进金融服务业、房地产及相关服务业等行业比重的提高，加速产

---

[1] 参见汪伟、刘玉飞、彭冬冬《人口老龄化的产业结构升级效应研究》，载《中国工业经济》2015 年第 11 期，第 47 - 61 页；刘玉飞、彭冬冬《人口老龄化会阻碍产业结构升级吗——基于中国省级面板数据的空间计量研究》，载《山西财经大学学报》2016 年第 3 期，第 12 - 21 页；王欣亮、杜壮壮、刘飞《人口老龄化、需求结构变动与产业转型升级》，载《华东经济管理》2020 年第 7 期，第 61 - 72 页。

结构演进①；刘玉飞和彭冬冬从供需两个方面研究了人口老龄化影响产业结构转型升级的路径，构建了空间关联模型进行区域差异比较分析，研究表明两者间存在较强的空间正相关性，人口老龄化可以促进产业结构向更高级的形态转变②；王欣亮等利用系统广义矩估计模型和需求结构变动的中介效应模型，对产业转型升级进行三维度的定义划分，研究表明人口老龄化有助于三次产业之间的比例调整，促进了产业结构向技术创新型转变，并从整体上促进了产业转型升级③。

第二类观点认为，人口老龄化会阻碍产业结构升级。该观点的支持者认为人口老龄化会导致劳动供给的减少和劳动生产率的降低，进而影响产业结构升级，对产业结构优化升级产生一定的抑制作用④。其中，马子红等从供需两个方面就人口老龄化对产业结构升级的影响机制构建了基准回归模型，结果表明人口老龄化在整体上会抑制三次产业结构的调整和优化，而且不利于第三产业内部结构的高级化转型⑤；刘新从时间和空间两个维度入手，利用人口数据绘制可视化图表进行分析，并对老年人口抚养比和老少比灰色关联系数进行测算，研究表明人口老龄化对我国产业结构发展的各个维度都存在着一定的阻碍作用⑥。

第三类观点认为，人口老龄化对产业结构合理化和产业结构高级化产生的影响各有差异。该观点的支持者认为人口老龄化对产业结构升级产生的影响不可一概而论，如 Siliverstovs 等从六个方面论述人口老龄化影响产业结构的路径，认为老龄化将对不同部门的劳动力就业市场产生显著不同

---

① See U Thieen, *Aging and Structural Change*, Berlin：German Institute for Economic Research，2017.

② 参见刘玉飞、彭冬冬《人口老龄化会阻碍产业结构升级吗——基于中国省级面板数据的空间计量研究》，载《山西财经大学学报》2016 年第 3 期，第 12－21 页。

③ 参见王欣亮、杜壮壮、刘飞《人口老龄化、需求结构变动与产业转型升级》，载《华东经济管理》2020 年第 7 期，第 61－72 页。

④ 参见李杏、章孺、M W L Chan《人口老龄化对产业结构的影响——基于 SYS-GMM 的分析》，载《河海大学学报（哲学社会科学版）》2017 年第 1 期，第 29－36、89 页；张兴皖、周石鹏《人口老龄化与区域产业结构——基于分位数回归的实证研究》，载《经济数学》2019 年第 1 期，第 39－45 页。

⑤ 参见马子红、胡洪斌、郑丽楠《人口老龄化与产业结构升级——基于 2002—2015 年省级面板数据的分析》，载《广西社会科学》2017 年第 10 期，第 120－125 页。

⑥ 参见刘新《中国人口老龄化对经济发展的影响研究》，载《现代营销》（下旬刊）2021 年第 2 期，第 18－20 页。

的影响，人口老龄化对产业结构产生差异化影响，并对产业结构合理化产生显著的负面影响，与此同时，老龄化程度的加深会刺激产业结构高级化①；刘成坤构建了产业结构递归方程，对人口老龄化对产业结构的中介效应进行检验和分析，研究表明人口老龄化会通过提高劳动生产率和提升技术创新水平对产业结构的高级化和合理化产生促进作用，也会通过劳动力供给减少、消费水平下降和人力资源不合理分布对产业结构的高级化和合理化产生抑制作用②。

二、理论分析

从理论机制来看，人口老龄化主要通过供给端和需求端影响产业结构的变动，其中供给端是从劳动力供给、人力资本积累等方面影响产业结构的调整，而需求端则是从消费需求、投资需求两个方面影响产业结构的调整。从劳动供给层面来看，劳动力资源是经济发展的重要驱动因素之一，而人口老龄化往往会使劳动力资源缩减，影响劳动力供给，这将倒逼节约劳动型产业的发展，从而对产业结构的升级产生影响；从人力资本层面来看，人口老龄化会通过人力资本的积累效应来促进产业结构升级；从消费需求层面来看，人口老龄化会刺激老龄产业的发展，进而推动产业结构的优化升级。这是人口老龄化影响产业结构的一般机制，对于有大量人口流入的粤港澳大湾区来说，人口集聚将对该机制产生一定的影响。一方面，在劳动力供给受到人口老龄化影响而缩减的同时，人口集聚对粤港澳大湾区的劳动供给产生了补充作用，这将在一定程度上削弱人口老龄化通过影响劳动供给来影响产业结构调整的作用；另一方面，人口集聚将通过分享、学习、匹配等机制实现知识溢出，对人口老龄化所产生的积累效应产生强化作用，从而进一步促进产业结构转型升级。由此，笔者提出以下两个研究假说：

---

① See B Siliverstovs, K A Kholodilin, U Thiessen, "Does Aging Influence Structural Change? Evidence from Panel Data," *Economic Systems*, 2011 (2): 244-260.
② 参见刘成坤《人口老龄化影响产业结构升级的作用机制研究》，载《调研世界》2021年第9期，第39-47页。

H12：粤港澳大湾区人口集聚将削弱人口老龄化对产业结构调整的影响。

H13：相比于人口老龄化，粤港澳大湾区人口集聚对产业结构调整的作用更为显著。

三、实证检验

1. 模型构建

本节采用面板数据个体时间双固定模型，基于柯布-道格拉斯生产函数，将劳动因素分解为人口老龄化和人口集聚两个方面并纳入模型。其中，人口老龄化体现的是劳动供给的年龄结构，人口集聚体现的是劳动力供给的数量基础和空间分布。基本的计量模型如下：

$$Teristry_{it} = \alpha + \beta_1 \times aging_{it} + \beta_2 \times popagg_{it} + \beta_3 \times \ln K_{it} + \beta_3 \times \ln R\&D_{it} + city_i + year + \varepsilon_{it} \quad (6-4)$$

该模型中，被解释变量 $Teristry_{it}$ 表示粤港澳大湾区 i 城市 t 年的第三产业比重；主要解释变量包括两个：$aging_{it}$ 表示大湾区 i 城市 t 年的人口老龄化指数即老年人口占总人口的比重，$popagg_{it}$ 表示大湾区 i 城市 t 年的人口空间集聚度。$\ln K_{it}$ 表示 i 城市 t 年的资本投入，用固定资本形成总额表示；$R\&D_{it}$ 表示 i 城市 t 年的技术水平，用 $R\&D$ 经费（取对数）表示；$city_i$ 表示大湾区各城市，纳入模型以控制个体效应；$year$ 表示时间趋势项，纳入模型以固定时间效应。ε_{it} 表示随个体和时间变化的扰动项，β_1、β_2、β_3 均表示估计系数。

2. 变量测量与数据来源

本节采用粤港澳大湾区 11 个城市 2000—2020 年的面板数据，数据来源于 2001—2021 年广东统计年鉴、中国城市统计年鉴，以及大湾区各城市统计年鉴、香港统计年刊和澳门统计年鉴。具体的变量测量和变量描述性统计如表 6-7、表 6-8 所示。

表6-7 变量测量

变量	标识	度量	单位
被解释变量			
产业结构服务化	Teristry	第三产业比重	
解释变量			
人口老龄化	aging		
人口集聚度	popagg	$A_r = (I_r/I)/(area_r/area)$	
控制变量			
资本投入	K	固定资本形成总额取对数	亿元
技术水平	R&D	R&D 经费取对数	亿元

表6-8 变量描述性统计

主要变量	观测数	均值	标准差	最小值	最大值
Terstry	55	53.10	19.93	27.20	95.10
aging	55	7.11	3.65	1.20	19.00
popagg	55	3.31	4.63	0.18	18.83
ln K	55	6.78	1.27	4.08	9.13
ln R&D	55	3.45	1.84	0.38	7.32

3. 回归结果分析

基于 F 检验的统计量的 $Prob > F = 0.0000$，拒绝使用面板数据混合回归；通过进行豪斯曼检验，$Prob > chi^2 = 0.0000$，拒绝原假设，选择固定效应模型，最终选择个体时间双固定效应模型进行计量分析。如表6-9所示，模型一以粤港澳大湾区11个城市为样本进行估计，结果显示人口老龄化对产业结构服务化的影响为负，但没有通过显著性检验；模型二在模型一的基础上，考察人口集聚与人口老龄化的交互作用，即人口老龄化对产业结构服务化的影响是否受到人口集聚的影响，估计结果仍不显著。可能的原因是大湾区当前整体人口老龄化水平较低，而且区域差异较大。

因此,有必要将11个城市划分成不同的子样本分别进行估计。

根据粤港澳大湾区内部不同城市的人口老龄化水平差异,我们将11个城市划分成广(州)佛(山)、(香)港澳(门)、江(门)肇(庆)以及尚未进入老龄化社会的5个城市(包括深圳、珠海、惠州、东莞、中山)4个子样本,分别进行估计。

表6-9中的模型三以广州和佛山为样本进行估计,结果显示人口老龄化对广深产业结构服务化的影响显著为正,人口集聚对产业结构服务化同样具有显著的正向作用;但随着人口集聚程度的提高,人口老龄化对产业结构服务化的影响有所减弱。可能的原因是,广州和佛山的人口老龄化指数刚刚超过7%,人口老龄化程度还不深,仍可为发展第三产业提供充足的劳动力资源。模型四和模型五分别以港澳、江肇为样本进行估计,结果显示人口老龄化对产业结构服务化均具有显著的抑制作用,但人口集聚度的调节作用不同:对于香港和澳门而言,随着人口集聚程度的提高,这种抑制作用并不会有所减弱;而江门和肇庆人口集聚度的提高则在一定程度上减少人口老龄化对产业结构服务化的阻碍作用。可能的原因是:尽管港澳和江肇的人口老龄化指数均已经达到10%以上,但导致其人口老龄化的原因不尽相同,香港和澳门的区域面积较小,人口集聚程度已经达到很高水平,没有进一步集聚的空间,因此人口集聚对其产业服务化的影响较弱;而江门和肇庆地域广阔,但人口大量外流,导致人口老龄化程度过高,不足以为产业结构服务化的进一步发展提供更多的劳动力。模型六的估计结果并不显著,原因是深圳、珠海、惠州、东莞、中山尚未进入老龄化社会,人口老龄化所带来的影响尚未体现。该子样本的结果在一定程度上影响了大湾区整体的估计结果。

表6-9 回归分析结果

变量	模型一 总体	模型二 总体	模型三 广佛	模型四 港澳	模型五 江肇	模型六 其他5市
$aging$	-0.919 (1.084)	-0.725 (0.911)	51.244** (17.485)	-1.356*** (0.237)	-7.464*** (1.923)	0.761 (2.040)

续上表

变量	模型一 总体	模型二 总体	模型三 广佛	模型四 港澳	模型五 江肇	模型六 其他5市
$popagg$	1.683*	1.538	259.195*	0.112	−260.497***	2.979
	(0.850)	(1.030)	(121.984)	(0.381)	(62.426)	(7.484)
$aging \times popagg$	—	−0.062	−30.983**	−0.102***	18.326***	0.007
		(0.102)	(11.741)	(0.025)	(1.402)	(0.889)
$\ln K$	−1.878	−1.666	−23.664*	−2.003***	−45.640***	0.689
	(1.906)	(1.949)	(9.346)	(0.357)	(0.179)	(1.886)
$\ln R\&D$	−0.823	−0.826	2.452	4.527	8.419**	−0.312
	(1.320)	(1.555)	(19.565)	(2.635)	(3.017)	(2.440)
个体效应	YES	YES	YES	YES	YES	YES
时间效应	YES	YES	YES	YES	YES	YES
N	55	55	10	10	10	25
R^2	0.977	0.989	0.994	0.992	0.986	0.919

注：括号内数值表示标准误；*、**、*** 分别表示 $p<0.05$、$p<0.01$、$p<0.001$。

四、结论与启示

本节以粤港澳大湾区11个城市2000—2020年的面板数据为基础，基于柯布-道格拉斯生产函数，将劳动因素分解为人口老龄化和人口集聚两部分并纳入模型，探讨人口老龄化对产业结构服务化的影响以及人口集聚是否具有调节作用，主要得到如下两个结论：

（1）从整体来看，粤港澳大湾区人口老龄化对产业结构服务化的影响并不显著，该结果主要受到大湾区人口老龄化空间异质性，特别是近半数城市人口年龄结构较轻，尚未进入老龄化社会的影响较大。

（2）广州和佛山的人口老龄化程度较轻，仍可为发展第三产业提供充足的劳动力资源，对产业结构服务化具有促进作用；而对人口老龄化程度较深的香港、澳门、江门和肇庆来说，人口老龄化对产业结构服务化具有抑制作用，但人口集聚的调节作用存在差异。这将为尚未进入人口老龄化社会的深圳、珠海等城市提供参考。

基于以上结论，可得到如下启示：当前粤港澳大湾区人口老龄化对产业结构的影响并不显著，但这并不意味着产业发展无需考虑人口老龄化这一社会必然经历的问题。以人口老龄化程度较深的香港、澳门、江门和肇庆为样本的估计结果意味着人口老龄化的加深将不利于产业结构转型升级和服务化，因此，制定产业政策、推进第三产业的发展应在人口年龄结构尚未严重老化之前展开，如此可达到事半功倍的效果。

第七章 共同富裕目标下城市群人口空间分布的动态优化

——以粤港澳大湾区为例

共同富裕是社会主义的本质要求。党的二十大报告指出，中国式现代化是"人口规模巨大的现代化""全体人民共同富裕的现代化"[①]。人口规模巨大与全体人民共同富裕之间存在着矛盾与张力，共同形塑了具有中国特色的现代化发展道路。[②] 超大规模人口流动导致人口呈空间动态分布，重塑我国人口地理布局，成为我国人口形势的突出特征之一，应对和化解好其衍生出的城市的人口与资源、环境承载力不匹配等治理难题，实现区域人口分布协调、城乡人口结构合理、城镇人口规模合适，优化人口空间分布，可为我国推进共同富裕消除薄弱环节、夯实基础。[③] 作为我国吸纳流动人口和集聚新增人口的主要地区，城市群的发展与人口分布的空间演变密切关联[④]。人口的动态变化是社会变迁、发展与转型的缩影，更是实现共同富裕进程中的一个反映[⑤]。因此，在共同富裕目标下，准确认识当前我国城市群人口空间分布特征，全面探析城市群人口空间分布动态优化模式，对实现城市群高质量可持续发展具有重要的基础性意义。

[①] 《习近平：高举中国特色社会主义伟大旗帜 为全面建设社会主义现代化国家而团结奋斗——在中国共产党第二十次全国代表大会上的报告》，见中国政府网（https://www.gov.cn/xinwen/2022-10/25/content_5721685.htm）。

[②] 参见赵晓峰、刘海颖《人口规模巨大与中国式现代化进程中的共同富裕》，载《河南社会科学》2023年第3期，第51-58页。

[③] 参见冯明《促进共同富裕视域下中国人口问题及其治理研究》，载《中央社会主义学院学报》2021年第6期，第72-81页；费太安《中国式现代化：高质量发展与共同富裕的人口逻辑》，载《经济研究参考》2023年第3期，第24-40页。

[④] 参见张国俊、黄婉玲、周春山等《城市群视角下中国人口分布演变特征》，载《地理学报》2018年第8期，第1513-1525页。

[⑤] 参见赵晓峰、刘海颖《人口规模巨大与中国式现代化进程中的共同富裕》，载《河南社会科学》2023年第3期，第51-58页。

第七章 共同富裕目标下城市群人口空间分布的动态优化
——以粤港澳大湾区为例

人口空间分布是指人口数量和规模的地域分布,是一个地区的人口与其社会、经济、资源以及环境相互作用的综合体现。① 已有研究依托人口学、社会学、地理学、经济学、规划学等多个理论体系和研究方法展开,重点关注人口空间分布的现状特征及其动态变化过程。关于人口空间分布特征,国外学者开展了大量实证研究,代表性模型如负指数模型②、二次指数模型③、单中心模型④和多中心模型⑤,以及结合 GIS 和 RS 技术的 Getis 空间自相关性统计方法⑥,使人口空间分布研究的深度和广度不断得到拓展。基于国外模型的应用与验证,国内学者选取人口普查、统计年鉴、手机信令和夜光遥感等数据,采用人口重心、泰尔指数、人口结构分布指数、空间自相关模型等,进一步探究我国全国、省份、城市和城市群等区域的人口空间分布特征⑦。人口发展是动态优化的过程⑧,关于人口空间分布的动态演进与优化策略,段学军等利用统计数据和 GIS 空间分析方法对人口空间分布特征进行分析,在人口预测与适宜性评价的基础上优

---

① 参见刘乃全、耿文才《上海市人口空间分布格局的演变及其影响因素分析——基于空间面板模型的实证研究》,载《财经研究》2015 年第 2 期,第 99 – 110 页。
② See C Clark, "Urban Population Densities," *Journal of Royal Statistical Society*, 1951, (114): 490 – 496.
③ See B E Newling, "The Spatial Variation of Urban Population Densities," *Geographical Review*, 1969, (59): 242 – 252.
④ See W Alonso, *Location and Land Use: Toward a General Theory of Land Rent*, Cambridge: Harvard University Press, 1964.
⑤ See E Heikkila, "What Happened to the CBD-distance Gradient: Land Values in A Polycentric City," *Environment and Planning A*, 1989, (21): 221 – 232.
⑥ See A Getis, J K Ord, "The Analysis of Spatial Association by Use of Distance Statistics," *Geographical Analysis*, 1992, 24 (3): 189 – 206.
⑦ 参见李博、金淑婷、陈兴鹏等《改革开放以来中国人口空间分布特征——基于 1982—2010 年全国四次人口普查资料的分析》,载《经济地理》2016 年第 7 期,第 27 – 37 页;杨强、李丽、王运动等《1935—2010 年中国人口分布空间格局及其演变特征》,载《地理研究》2016 年第 8 期,第 1547 – 1560 页;钟炜菁、王德、谢栋灿等《上海市人口分布与空间活动的动态特征研究——基于手机信令数据的探索》,载《地理研究》2017 年第 5 期,第 972 – 984 页;曹灿明、段进军《改革开放以来苏州市人口空间分布演化研究——基于 1982—2010 年四次人口普查资料的分析》,载《西北人口》2018 年第 6 期,第 32 – 39 页;李姗姗、林文坛《基于夜光遥感的粤港澳大湾区人口空间分布及特征研究》,载《热带地理》2023 年第 3 期,第 384 – 394 页。
⑧ 参见任远《城市生态学视野下的动态适度人口规模——兼论上海人口发展的基本态势》,载《市场与人口分析》2005 年第 1 期,第 22 – 28 页。

化和调控长三角地区的人口布局[1]；童玉芬和王莹莹采用系统动力学模型，对不同政策导向下北京市人口规模变化进行仿真模拟[2]；刘乃全和耿文才采用 Clark 模型和 Heikkila 多中心模型进行拟合估计，探究了长三角城市空间结构与城市群人口空间分布优化之间的内在联系[3]；董春等构建了多智能体人口空间分布模型，对城市人口分布进行动态模拟与预测[4]；童玉芬和韩佳宾采用系统广义矩估计（GMM）方法分别测算了基于城市群人口空间格局优化目标的长三角城市群城市人口规模和京津冀城市群各城市的最优人口规模[5]。相关研究成果对城市群综合治理、优化空间布局产生了广泛而深远的积极影响。

粤港澳大湾区自建设实施以来，经济总量不断增长，人口流动日益频繁，是全球人口高密度集聚的城市群之一，其人口空间分布是学者们研究与讨论的重点内容之一。总体来看，目前大湾区人口呈现数量持续较快增长，高密度、不均衡布局的特征[6]；人口数量与密度具有高度协同的空间分布关系[7]；人口集聚具有明显的圈层和中心外围结构特征[8]。粤港澳大湾区的发展是一个动态、多维和立体的空间动态变化过程[9]，人口空间分

---

[1] 参见段学军、张伟、田方《长三角地区一体化背景下的人口优化布局研究》，载《长江流域资源与环境》2012 年第 7 期，第 789 – 796 页。

[2] 参见童玉芬、王莹莹《北京市人口动态模拟与政策分析》，载《中国人口资源与环境》2016 年第 2 期，第 170 – 176 页。

[3] 参见刘乃全、耿文才《上海市人口空间分布格局的演变及其影响因素分析——基于空间面板模型的实证研究》，载《财经研究》2015 年第 2 期，第 99 – 110 页。

[4] 参见董春、尹诗画、张玉《多智能体的城市精细尺度人口估算模型》，载《测绘科学》2019 年第 8 期，第 113 – 119 页。

[5] 参见童玉芬、韩佳宾《长三角城市群最优人口规模及其空间格局优化》，载《上海交通大学学报（哲学社会科学版）》2023 年第 2 期，第 61 – 75 页；童玉芬、杨艳飞、韩佳宾《人口空间集聚对中国城市群经济增长的影响——基于 19 个城市群的理论与实证分析》，载《人口研究》2023 年第 3 期，第 121 – 132 页。

[6] 参见孙文勇、徐雨璇、刘行等《粤港澳大湾区人口空间分布特征与空间治理优化建议》，载《城市观察》2022 年第 3 期，第 77 – 90、161 – 162 页。

[7] 参见李姗姗、林文坛《基于夜光遥感的粤港澳大湾区人口空间分布及特征研究》，载《热带地理》2023 年第 3 期，第 384 – 394 页。

[8] 参见杨东亮、郑鸽《粤港澳大湾区人口集聚表现与对策研究》，载《经济体制改革》2022 年第 4 期，第 66 – 72 页。

[9] 参见张颖莉《粤港澳大湾区人才集聚与空间分布格局研究》，载《探求》2020 年第 4 期，第 69 – 78 页。

第七章 共同富裕目标下城市群人口空间分布的动态优化
——以粤港澳大湾区为例

布的动态优化是城市群优化发展的重要组成部分。现有研究基于多样的分析方法探讨了粤港澳大湾区的人口空间分布特征与趋势，但鲜有研究以共同富裕作为城市群人口空间格局优化的目标进行模拟分析。基于此，本章以粤港澳大湾区为研究对象，在把握粤港澳大湾区人口空间分布演变特征及各城市发展的制约因素的基础上，以实现城市群内部城市共同富裕为目标，采用系统动力学方法对粤港澳大湾区人口空间格局的优化进行动态模拟，以期弥补已有研究之不足。

本章的研究思路是：基于粤港澳大湾区 11 个城市人口和经济空间占比和排位的现状，考察人口和经济空间分布是否具有一致性，在模拟现状的基础上，给出不同的方案，以期对实现共同富裕的路径进行模拟，进而考察在实现共同富裕的情况下，人口和经济的空间分布呈现何种状态。

一、粤港澳大湾区人口与经济空间分布格局

1. 人口空间分布呈广深双核格局，人口进一步向广州和深圳集聚

在大湾区 11 个城市中，人口占比居前两位的广州和深圳人口占比逐年提升，居中间位次的其他 7 个城市的人口占比均逐年下降，居最后两位的城市的人口占比略有增长。具体来看，广州、深圳的人口在大湾区占比稳居前两位，其中 2015—2019 年深圳人口占比居首位，2020 年起广州人口占比超过深圳，跻身首位。广州和深圳的人口占比逐年增长，从 2015 年的 37.6% 提升至 2021 年的 42.4%；东莞人口占比居大湾区 11 个城市中的第三位，但占比有所下降，由 2015 年的 13.6% 逐年下降至 2021 年的 12.3%；佛山人口占比居大湾区 11 个城市中的第四位，人口占比同样呈下降态势，由 2015 年的 11.8% 下降至 2021 年的 11.2%；香港人口占比居大湾区 11 个城市中的第五位，人口占比由 2015 年的 9.9% 下降至 2021 年的 8.6%；惠州人口占比居大湾区 11 个城市中的第六位，人口占比由 2015 年的 7.5% 下降至 2021 年的 7.1%；江门人口占比居大湾区 11 个城市中的第七位，人口占比由 2015 年的 6.2% 下降至 2021 年的 5.6%；大湾区 11 个城市中人口占比居第八位至第十一位的城市依次是中山、肇庆、珠海和澳门，其中中山、肇庆的人口占比亦呈逐年下降态势，而珠海和澳

门的人口占比则略有提升。

2. GDP 空间分布呈港深广三核格局，经济进一步向广州和深圳集聚

香港、深圳和广州三个城市交替位居大湾区 GDP 占比前三，其中香港 GDP 占比在 2017 年之前居首位，2017 年之后被深圳反超，深圳 GDP 占比稳居大湾区首位，香港退居第二位，广州 GDP 占比居第三位。香港、深圳和广州三个城市的 GDP 占比总和超过 60%，并呈现进一步扩大的趋势，由 2015 年的 65% 提高至 2021 年的 66.5%；佛山、东莞和惠州的 GDP 占比分别稳居大湾区 11 个城市中的第四位、第五位和第六位；澳门、珠海、中山、江门、肇庆的 GDP 占比交替位居大湾区的第七至第十一位。从动态变化来看，广州和深圳的 GDP 占比呈现较大幅度的上升，珠海、惠州和东莞的 GDP 占比均略有上升，而香港、佛山、中山、澳门的 GDP 占比则呈现逐年下降的态势，江门和肇庆的 GDP 占比基本保持不变。

3. 粤港澳大湾区的人口排位与经济排位存在一定的错位

如表 7-1 所示，粤港澳大湾区 11 个城市的人口排位和经济（GDP）排位存在一定的错位，其中广州、东莞、江门、中山、肇庆的经济排位落后于人口排位；深圳、香港、珠海的人口排位落后于经济排位；只有佛山、惠州和澳门的经济排位与人口排位一致。

表 7-1　2021 年大湾区 11 个城市的人口排位与经济（GDP）排位

排位	第一位	第二位	第三位	第四位	第五位	第六位	第七位	第八位	第九位	第十位	第十一位
GDP	深圳	香港	广州	佛山	东莞	惠州	珠海	江门	中山	肇庆	澳门
人口	广州	深圳	东莞	佛山	香港	惠州	江门	中山	肇庆	珠海	澳门

注：根据《2022 年广东统计年鉴》数据计算。

从 GDP 占比和人口占比的一致性来看，GDP 占比与人口占比存在一定的不一致。如表 7-2 所示，第一位、第二位及第五位的 GDP 占比和人口占比基本一致，第三位和第十一位的人口占比严重低于 GDP 占比，第四位和第五位的 GDP 占比略低于人口占比，第六位至第十位的人口占比

高于 GDP 占比。

表7-2 2021年大湾区11个城市人口占比与经济（GDP）占比排位

排位	第一位	第二位	第三位	第四位	第五位	第六位	第七位	第八位	第九位	第十位	第十一位
GDP 占比	0.23	0.22	0.21	0.09	0.08	0.04	0.03	0.03	0.03	0.02	0.02
人口占比	0.22	0.21	0.12	0.11	0.09	0.07	0.06	0.05	0.05	0.03	0.01
一致性	1.07	1.06	1.75	0.83	0.96	0.54	0.52	0.53	0.56	0.70	2.29

注：根据《2022年广东统计年鉴》数据计算。

二、研究方法与模型构建

（一）研究方法

城市群人口空间分布格局的形成和演变受到多因素的影响，包括城市群内部各城市的人口基础、产业结构、经济总量、生活配套设施以及政府的相关政策等，这些因素相互联系、相互作用，共同构成一个非常复杂的系统。一般的方法难以把握这一问题的动态变化和因素间的复杂联系，而系统动力学仿真方法则可以把这样的复杂问题放在同一个系统中进行研究。同时，系统动力学仿真方法具有能方便地处理非线性和时滞性的问题、对数据要求不高、能充分考虑人的决策因素（适用于政策模拟）等特点。基于以上考虑，笔者采用系统动力学模型进行仿真模拟。

系统动力学是以系统理论和信息反馈控制理论为基础，以计算机模拟技术为手段，研究复杂社会经济系统的定量方法。系统动力学由美国麻省理工学院的福瑞斯特（J. W. Forrester）教授在20世纪50年代提出，最初应用于工业经济学。后来，它被广泛应用于社会、经济、资源环境等各个领域。系统动力学模型本质上是一个具有时滞性的微分方程组，它可以方便地处理非线性和时变现象，并可以进行长期、动态和战略性的仿真分析和研究。这种研究方法更适合于分析系统的结构和动态行为，特别是研究复杂的动态系统问题以及模拟系统行为。它可以获得各种假设下系统运行的结果，为决策者提供直观的决策结果，被誉为"社会经济学研究的实验室"。

（二）系统模型构建

1. 系统分析框架和思路

从系统的角度看，人口、资源、环境、经济、社会等因素相互关联、相互作用，共同形成一个复杂的巨系统。人口子系统通过受其他子系统的影响并向它们提供反馈来完成自身的变化过程。因此，人口变化受到社会、经济和环境子系统的影响。

从人口子系统内部来看，总人口规模的变动主要受到自然变动和机械变动两个直接因素的影响。人口的自然变化主要由出生率和死亡率两方面决定，并受到人们对生育、医疗条件、医疗水平以及营养和生育政策的看法的影响，其对人口规模的影响是长期的、缓慢的、相对稳定的。如果人口机械变化的规模足够大，则其对总人口规模的影响是立竿见影的。根据2022年广州统计年鉴数据，以粤港澳大湾区中的广州市为例，2021年广州市常住人口总量比2020年增长了7.03万人，其中自然增长6.24万人、机械增长0.79万人（其中非户籍的流动人口减少19.39万人，户籍人口净迁移增长20.18万人）。该增长模式主要受到新冠疫情的影响，大量流动人口返乡流出，导致人口净增长主要来源于自然增长，与以往存在较大差异。2020年广州常住人口比2019年增长了343.44万人，其中自然增长8.67万人、机械增长334.77万人（其中非户籍的流动人口增加312.04万人，户籍人口净迁移增长22.73万人）。由此可以看出，对于一个城市的人口增长，自然增长以及户籍人口净迁移增长的变化较为稳定，但非户籍流动人口的变化相对剧烈。而非户籍流动人口（通常称为外来人口）数量的变化又主要受社会经济环境的影响。各城市的外来人口主体主要以就业为目的流入，因此，粤港澳大湾区各城市对外来人口的劳动力需求是外来人口流入的主要因素。而就业岗位则主要受社会经济发展对外来人口劳动需求和供给两方面对比结果的影响。其中，外来人口劳动供给主要受人口子系统本身变化的影响，而需求则受经济发展引致需求的影响。综上所述，人口子系统主要由人口总规模、户籍人口、自然增长率、净迁入、非户籍流动人口总量即外来人口总量等要素组成。

经济子系统主要关注经济总量和结构变化对劳动力需求的影响。该系统主要包括地区国内生产总值、经济增长率、三次产业产值、三次产业劳动力生产率、人均GDP差距和三次产业的劳动力需求等。

资源环境子系统为人口集聚与增长提供了直接的物质基础，同时也为经济发展提供了自然条件。这里主要考虑的是制约粤港澳大湾区各城市发展的限制性条件即土地资源。土地资源是区域和城市发展的基础性资源和基础性生产要素，是第一生产资源和第一生产要素。无论经济结构和产业结构如何升级和转换，土地资源依然是核心生产要素。2022年广东统计年鉴数据显示，在粤港澳大湾区四个世界级一线城市中，行政区域面积最大的为广州（约7434平方公里），最小的为澳门（约33平方公里），排在第二位的为深圳（约1997平方公里），排在第三位的为香港（约1106平方公里）。从绝对数看，广州的土地资源相对丰富。若以广州和佛山同城化为计算依据，两地面积相加约为11309平方公里，仅佛山一个城市的面积就比香港、深圳和澳门这三个世界级一线城市的面积总和还要大。而香港、澳门、深圳和广州四个城市总面积约为10570平方公里，约占整个大湾区总面积（约56000平方公里）的18.88%。从整个大湾区看，面积最大的为肇庆（约14891平方公里），其次为惠州（约11599平方公里），排在第三位的为江门（约9505平方公里），广州排在第四位，第五位为佛山（约3875平方公里），第六位为东莞（约2465平方公里），第七位为深圳，中山（约1784平方公里）、珠海（约1711平方公里）、香港和澳门分别排在第八位、第九位、第十位和第十一位。基于此，该系统主要包括行政区划面积、土地利用率、土地开发程度、建设用地供应量等。系统的总体框架图及子系统之间的关系如图7-1所示。

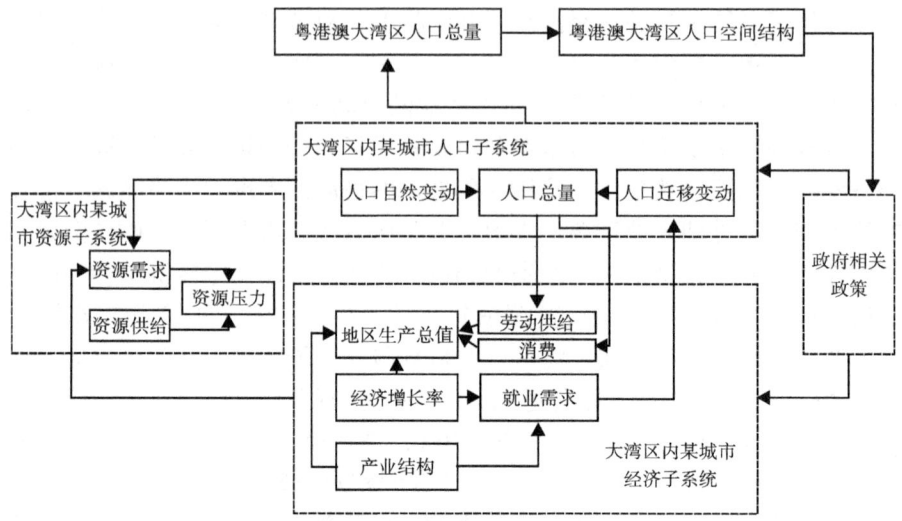

图 7-1　系统的总体框架图及子系统之间的关系

2. 系统的因果关系分析

在系统动力学模型中，主要变量或系统行为的变化是由系统内正反馈回路和负反馈回路及正负反馈二者耦合决定的。正反馈回路是指回路上因子的任何增加（减少），该因子将通过一系列正反馈和负反馈传输，从而导致初始因子进一步增加（减小）；负反馈回路是指回路上任何因子的增加（减少），这些因子将通过一系列正反馈和负反馈传递，导致初始因子进一步减少（增加），从而起到减震器的作用。该系统有两个正反馈回路和三个负反馈回路（见图 7-2）。

两个正反馈环：

（1）随着总人口的增加，全社会的消费需求增加，经济总量增加，导致劳动力需求增加，增强了对外来人口的吸引力，增加了外来人口的涌入，最终增加了常住人口总数。

（2）根据柯布-道格拉斯生产函数，总人口增加、劳动供给增加，将导致地区生产总值增加，劳动力集聚将产生规模效应，促进劳动生产率以及工资水平提高，增强对外来人口的吸引力，从而引起总人口进一步增长。

第七章 共同富裕目标下城市群人口空间分布的动态优化
——以粤港澳大湾区为例

反之亦然。该反馈回路将使粤港澳大湾区某城市人口呈现无限增长或无限减少状态。

三个负反馈环：

（1）总人口增加，全社会消费需求随之增加，消费作为拉动经济增长的"三驾马车"之一，将导致地区生产总值增加，而经济发展有利于产业升级优化，技术和资本将替代一部分劳动力，从而挤出一部分外来劳动力，最终导致人口总量减少。

（2）政府政策以及制度差异将在一定程度上限制人口流动，如粤港澳三地在政治制度、经济制度、法律制度等方面均存在较大的差异，因而产生制度成本，不利于存在制度差异的城市间的人口流动，也不利于外来人口的流入，从而减少了常住人口总量。反之亦然。

（3）总人口增加，消费增加，资源环境压力增大，环境质量下降，人口迁入减少，导致总人口减少。

粤港澳大湾区各城市人口发展受正、负反馈作用而存在差异，从而导致粤港澳大湾区人口空间分布格局也相应地发生变化。

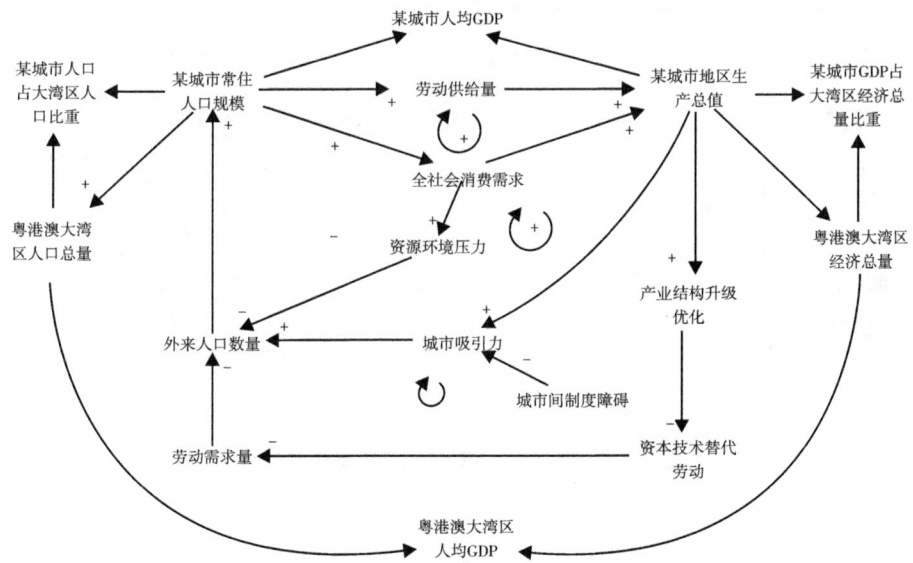

图7-2 粤港澳大湾区某城市人口增长系统因果关系

3. 系统流程图

如图 7-3 所示，在上述因果关系分析的基础上，笔者通过进一步细化绘制了粤港澳大湾区各城市人口空间分布的系统流程图。以广州市为例，地区生产总值、户籍人口总量以及外来人口总量等是状态变量；GDP 年增长量、户籍人口自然增长量、净迁移增长量、外来人口年增量等是速率变量；三次产业比重、三次产业劳动生产率、三次产业就业需求、三次产业的劳动生产率、带眷系数、外来劳动力比重、土地开发强度、承载力乘子等为辅助变量或常量。三个子系统包含的各类变量如表 7-3 所示。该系统模型共涉及 38 个方程和参数，大湾区 11 个城市共涉及 421 个方程和变量。由于篇幅限制，此处省略。

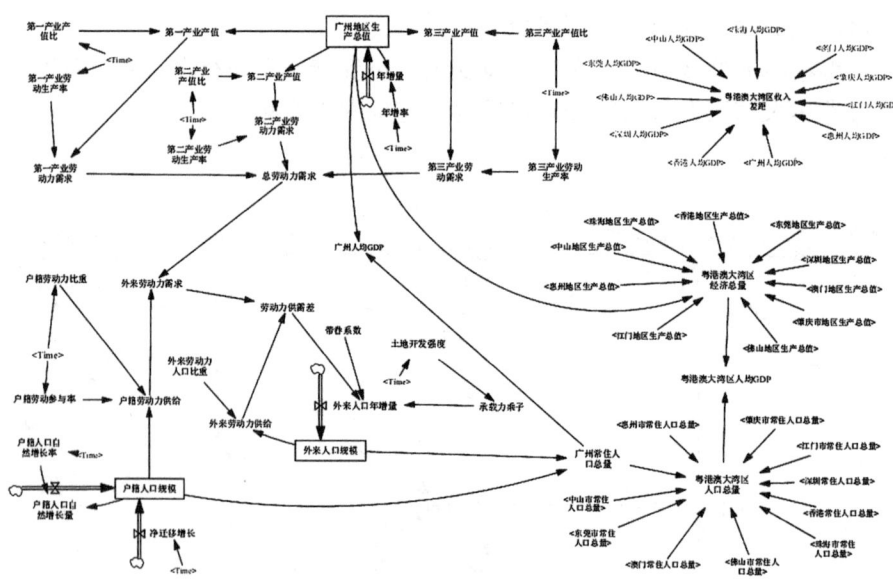

图 7-3 粤港澳大湾区人口增长系统流程

第七章 共同富裕目标下城市群人口空间分布的动态优化 189
——以粤港澳大湾区为例

表 7-3 系统变量

子系统	状态变量	速率变量	辅助变量
人口子系统	户籍人口总量	户籍人口自然增长量	常住人口总量
	外来人口总量	净迁移增长量	人口自然增长率
	—	外来人口年增长量	户籍劳动力供给
	—	—	外来劳动力供给
	—	—	户籍劳动力比重
	—	—	外来劳动力比重
	—	—	户籍劳动参与率
	—	—	带眷系数
经济子系统	地区生产总值	GDP 年增量	经济增长率
	—	—	三次产业产值比重
	—	—	三次产业产值
	—	—	三次产业劳动生产率
	—	—	三次产业劳动力需求
	—	—	各城市人均 GDP
资源环境子系统	—	—	土地开发强度
	—	—	承载力乘子

注:"状态变量"是一个随时间变化的累积量,它在任何一时点的值都等于其在上一个时点的值和两个时点之间的变化量;"速率变量"是指系统中状态变量变化的强度。

4. 拟合性检验

为考察系统结构对现实模拟的准确性,笔者基于历史数据对粤港澳大湾区 11 个城市以及大湾区总体的人口总量、GDP 总量进行模拟。图 7-4 和图 7-5 的结果显示模拟数据与历史数据基本一致,误差率小于 5%,说明构建的系统模型拟合性较好。

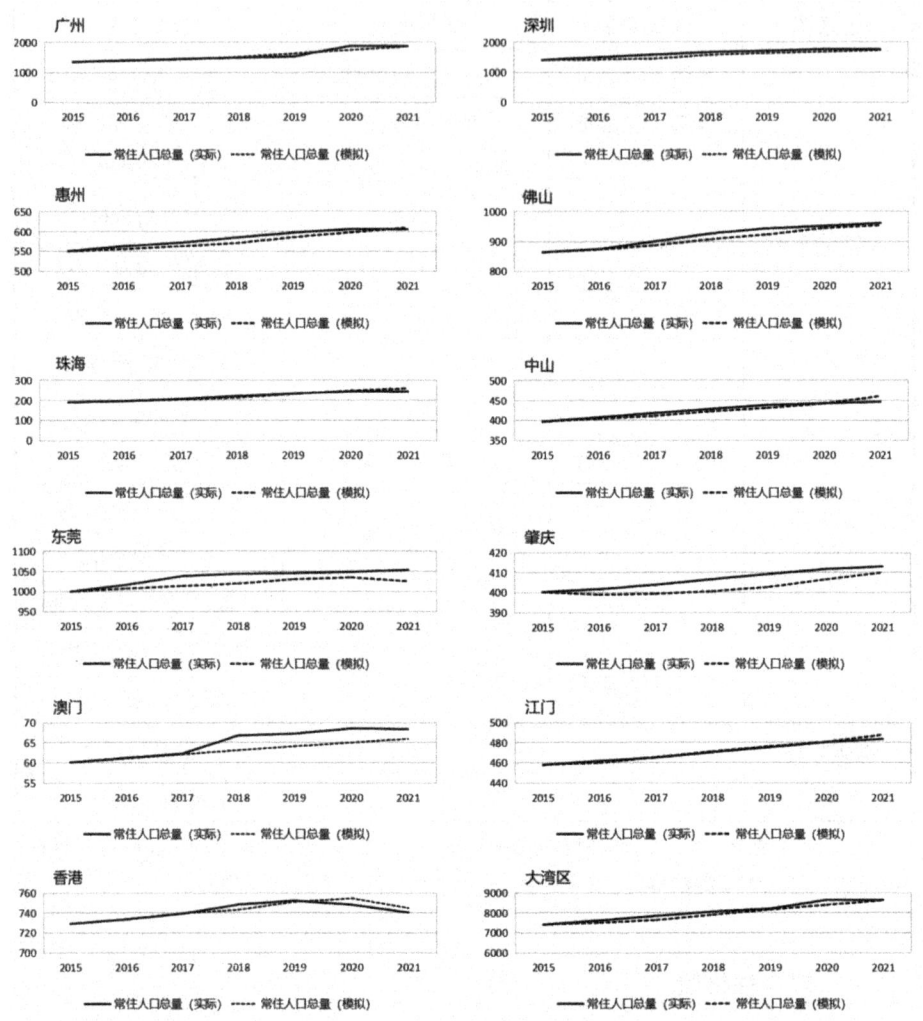

图7-4 2015—2021年大湾区11个城市及大湾区整体常住人口总量拟合（单位：万人）

第七章 共同富裕目标下城市群人口空间分布的动态优化 191
——以粤港澳大湾区为例

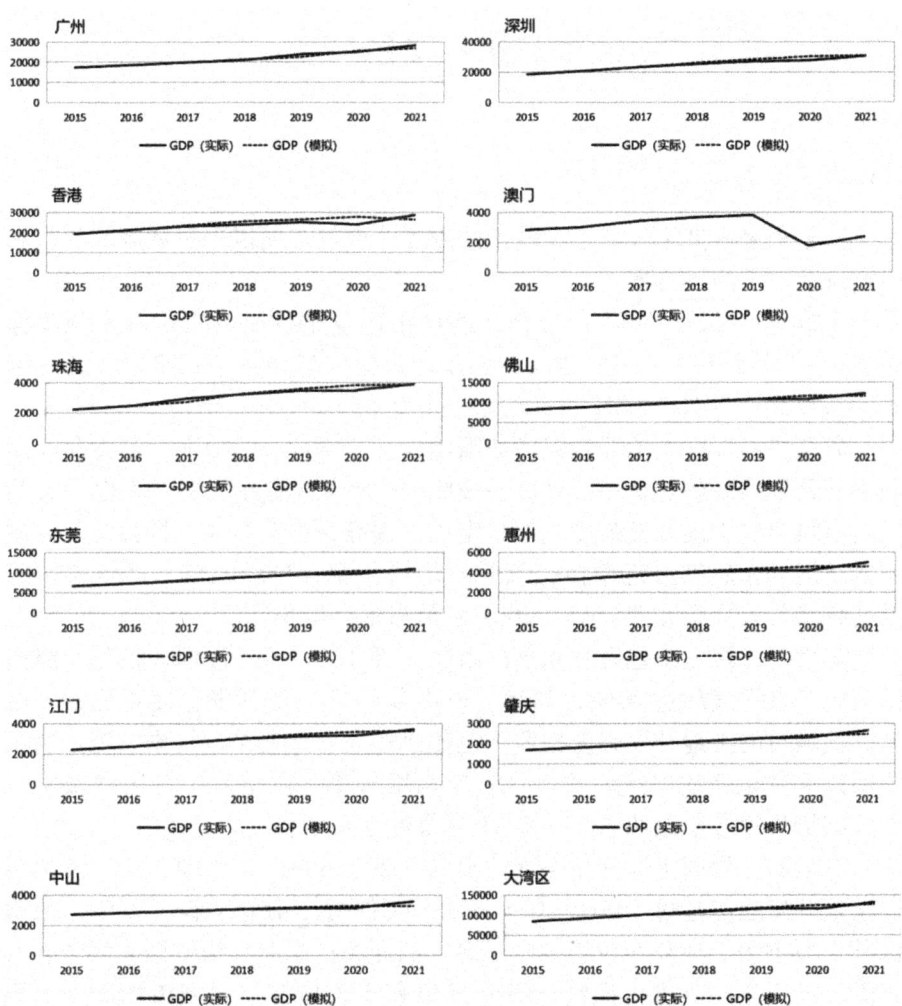

图7-5 2015—2021年大湾区11个城市及大湾区整体经济总量拟合（单位：亿元）

三、模型方案设置及运行结果

（一）方案设置

基于未来粤港澳大湾区各城市的发展、政策走向以及发展规划等，本研究设置如下四种方案。

方案一：2025—2035年大湾区各城市产业结构以及土地开发强度保持2021年水平不变，GDP年均增长率、户籍人口自然增长率以及迁移增长等参数保持2015—2021年平均水平不变。

方案二：根据土地开发强度的限制（低于30%），深圳、东莞及澳门的土地开发强度超过30%，2025—2035年保持当前开发程度不变，大湾区其他城市的土地开发强度按照一定比例提高；产业结构根据大湾区各城市的发展变化趋势进行调整；GDP年均增长率、户籍人口自然增长率以及迁移增长等参数按照2015—2021年最高水平增长。

方案三：根据土地开发强度的限制（低于30%），深圳、东莞及澳门的土地开发强度超过30%，2025—2035年保持当前开发程度不变，大湾区其他城市的土地开发强度按照一定比例提高；产业结构根据大湾区各城市的发展变化趋势进行调整；GDP年均增长率、户籍人口自然增长率以及迁移增长等参数按照2015—2021年最低水平增长。

方案四：根据土地开发强度的限制（低于30%），深圳、东莞及澳门的土地开发强度超过30%，2025—2035年保持当前开发程度不变，大湾区其他城市的土地开发强度按照一定比例提高；产业结构根据大湾区各城市的发展变化趋势进行调整；GDP排位高于人口排位的城市如深圳、香港、珠海，其GDP年均增长率按照历史偏低水平增长，同时户籍人口自然增长率以及迁移增长按照历史偏高水平增长；GDP排位低于人口排位的城市如广州、东莞，其GDP年均增长率按照历史偏高水平增长，同时户籍人口自然增长率以及迁移增长按照历史偏低水平增长；GDP排位与人口排位基本平衡的城市如佛山、惠州、江门、中山、肇庆、澳门，其各指标按照2015—2021年的平均值增长。

(二)运行结果分析

上述四个方案的模拟结果显示,方案四中粤港澳大湾区各城市间的收入差距最小(见表7-4)。如表7-5所示,方案四的人均GDP增长幅度介于方案二(高方案)和方案三(低方案)之间;相比方案一,方案四的结果更加平稳且接近现实。因此,方案四是四个方案中的最优方案。

表7-4 各方案粤港澳大湾区收入差距模拟结果

年份	方案一 (按历史平均水平)	方案二 (高方案)	方案三 (低方案)	方案四 (协调方案)
2021	5.88	5.88	5.88	5.88
2022	6.51	6.62	6.53	6.51
2023	6.99	7.27	7.13	6.99
2024	7.21	7.73	7.61	7.21
2025	7.13	7.94	7.89	7.13
2026	6.71	7.86	7.93	6.71
2027	6.76	7.97	7.97	6.52
2028	6.93	8.55	8.01	6.34
2029	7.10	9.26	8.05	6.17
2030	7.27	10.03	8.18	6.00
2031	7.45	10.89	8.32	5.83
2032	7.63	11.84	8.45	5.67
2033	7.82	12.87	8.58	5.51
2034	8.00	14.01	8.71	5.71
2035	8.19	15.24	8.84	6.86

表7-5 各方案粤港澳大湾区及各城市人均GDP模拟结果

城市	方案一				方案二（高方案）			
	2021年	2025年	2030年	2035年	2021年	2025年	2030年	2035年
粤港澳大湾区	14.8	21.1	27.8	36.4	14.8	23.1	40.9	74.1
广州	14.3	19.0	25.5	34.5	14.3	19.6	30.9	49.2
深圳	18.8	23.4	31.9	43.7	18.8	25.2	39.9	66.7
珠海	14.7	18.3	23.4	28.7	14.7	20.5	37.5	68.1
佛山	12.2	16.4	17.3	18.5	12.2	17.5	22.9	30.8
惠州	7.5	11.8	15.4	19.4	7.5	13.3	25.6	46.8
东莞	10.3	16.6	29.8	64.9	10.3	17.4	36.2	92.0
中山	7.1	9.2	10.1	11.2	7.1	10.5	16.6	25.1
江门	7.2	10.2	13.4	16.8	7.2	10.9	17.5	27.2
肇庆	6.0	9.1	12.3	15.9	6.0	10.0	17.9	31.6
香港	35.4	61.7	85.2	117.4	35.4	71.8	166.6	382.8
澳门	35.3	65.4	67.0	68.7	35.3	79.1	137.8	244.4
城市	方案三（低方案）				方案四			
	2021年	2025年	2030年	2035年	2021年	2025年	2030年	2035年
粤港澳大湾区	14.8	20.7	23.6	27.1	14.8	21.3	28.2	38.6
广州	14.3	18.6	22.4	27.6	14.3	19.5	29.3	44.3
深圳	18.8	23.6	24.7	25.4	18.8	24.6	33.7	47.2
珠海	14.7	16.6	16.3	17.1	14.7	16.1	14.4	13.9
佛山	12.2	16.7	19.3	22.6	12.2	16.6	18.8	22.1
惠州	7.5	11.4	13.4	15.8	7.5	12.0	16.5	22.4
东莞	10.3	15.4	19.4	23.5	10.3	17.3	35.4	90.4
中山	7.1	9.1	9.4	10.0	7.1	9.5	11.1	13.2
江门	7.2	9.5	10.0	10.6	7.2	10.3	14.0	19.0
肇庆	6.0	8.6	9.5	10.7	6.0	9.2	12.6	17.3

第七章 共同富裕目标下城市群人口空间分布的动态优化
——以粤港澳大湾区为例

续上表

城市	方案三（低方案）				方案四			
	2021年	2025年	2030年	2035年	2021年	2025年	2030年	2035年
香港	35.4	59.3	71.2	85.5	35.4	57.8	63.5	70.1
澳门	35.3	67.8	77.2	88.1	35.3	65.3	66.8	68.4

如表7-6、表7-7所示，基于方案四对粤港澳大湾区人口规模、经济规模和空间分布做进一步分析，可以得到以下三点结论。

（1）粤港澳大湾区人口和经济进一步向广州、深圳两个核心城市集聚。2035年广州人口将达到2291.6万人，占比22.2%，成为粤港澳大湾区人口排名首位的城市；深圳人口将达到2234.3万人，仅次于广州位居第二。经济占比方面，深圳和广州分别占粤港澳大湾区经济总量的26.5%和25.5%，深圳略高于广州，即人口占比与经济占比基本一致。

（2）人口和经济进一步向广州、深圳两个中心城市集聚并没有拉大区域收入差距。从模拟结果来看，粤港澳大湾区各城市间人均收入差距将于2033年达到最小，即人均GDP最高的城市是人均GDP最低城市的5.51倍；相对应地，2033年广州和深圳两个城市的人口占比总和与GDP占比总和分别为43.58%和50.38%，均高于2021年，说明人口和经济进一步向广州和深圳集聚，对区域共同富裕具有积极的作用。

（3）大湾区各城市人口规模基本与其城市规划的目标人口规模一致，并没有超出其承受范围。表7-6中方案四人口模拟结果显示，2035年广州市常住人口将达到2291.6万人，而《广州市国土空间总体规划（2018—2035年）》提出2035年常住人口规模控制在2200万人以内，预计管理服务人口为2500万~3000万人；2035年深圳市常住人口将达到2234.3万人，《深圳市国土空间总体规划（2020—2035年）》（草案）也提出2035年规划常住人口在1900万人以内，实际管理服务人口控制在2300万人左右；2035年中山市人口将达到578.9万人，与《中山市国土空间总体规划（2021—2035年）》提出的到2035年中山市常住人口530万~580万人、服务人口约650万~700万人基本一致。

表 7-6 各方案人口模拟结果

指标	方案	年份	粤港澳大湾区	广州	深圳	珠海	佛山	惠州	东莞	中山	江门	肇庆	香港	澳门
常住人口（万人）	方案一	2021	8532.2	1867.7	1645.6	261.3	953.8	610.3	1022.1	461.0	487.7	410.0	744.9	67.8
		2025	9206.08	2031.2	1900.1	317.5	1054.0	662.6	958.0	523.0	515.0	426.6	745.5	72.7
		2030	10257.2	2276.7	2132.3	399.4	1402.0	762.6	805.1	601.7	577.9	463.0	757.4	79.1
		2035	11473.1	2531.0	2387.4	522.5	1835.5	906.2	555.3	680.0	678.8	519.6	770.9	86.0
	方案二	2021	8532.2	1867.7	1645.6	261.3	953.8	610.3	1022.1	461.0	487.7	410.0	744.9	67.8
		2025	9182.6	2050.1	1821.0	324.1	1066.9	665.6	968.5	516.0	515.0	428.0	754.5	72.8
		2030	10498.2	2368.2	2072.6	441.8	1456.9	788.8	836.6	605.2	577.3	472.4	799.5	79.1
		2035	11967.4	2720.0	2235.7	606.6	1948.9	983.2	593.8	743.9	668.4	527.5	855.2	84.3
	方案三	2021	8532.2	1867.7	1645.6	261.3	953.8	610.3	1022.1	461.0	487.7	410.0	744.9	67.8
		2025	8961.8	2004.7	1774.8	309.8	1027.2	651.9	947.5	502.2	507.9	422.5	740.8	72.5
		2030	9383.4	2111.4	1919.2	333.0	1216.5	698.9	825.3	506.7	523.3	434.7	736.2	78.3
		2035	9809.0	2179.7	2106.8	335.8	1396.2	748.5	748.5	501.2	532.0	444.4	731.6	84.3
	方案四	2021	8532.2	1867.7	1645.6	261.3	953.8	610.3	1022.1	461.0	487.7	410.0	744.9	67.8
		2025	9045.9	2005.4	1807.9	320.7	1043.5	653.2	943.2	508.7	511.5	424.9	754.4	72.7
		2030	9726.2	2150.5	2034.1	377.8	1292.0	711.0	741.0	544.1	551.1	450.3	795.0	79.3
		2035	10306.1	2291.6	2234.3	414.6	1540.2	782.3	466.7	578.9	599.4	476.4	835.5	86.2

续上表

指标	方案	年份	粤港澳大湾区	广州	深圳	珠海	佛山	惠州	东莞	中山	江门	肇庆	香港	澳门
人口分布（占比）	方案一	2021	1	0.217	0.201	0.030	0.111	0.071	0.119	0.054	0.057	0.048	0.086	0.008
		2025	1	0.221	0.206	0.034	0.114	0.072	0.104	0.057	0.056	0.046	0.081	0.008
		2030	1	0.222	0.208	0.039	0.137	0.074	0.078	0.059	0.056	0.045	0.074	0.008
		2035	1	0.221	0.208	0.046	0.160	0.079	0.048	0.059	0.059	0.045	0.067	0.007
	方案二	2021	1	0.219	0.193	0.031	0.112	0.072	0.120	0.054	0.057	0.048	0.087	0.008
		2025	1	0.223	0.198	0.035	0.116	0.072	0.105	0.056	0.056	0.047	0.082	0.008
		2030	1	0.226	0.197	0.042	0.139	0.075	0.080	0.058	0.055	0.045	0.076	0.008
		2035	1	0.227	0.187	0.051	0.163	0.082	0.050	0.062	0.056	0.044	0.071	0.007
	方案三	2021	1	0.219	0.193	0.031	0.112	0.072	0.120	0.054	0.057	0.048	0.087	0.008
		2025	1	0.224	0.198	0.035	0.115	0.073	0.106	0.056	0.057	0.047	0.083	0.008
		2030	1	0.225	0.205	0.035	0.130	0.074	0.088	0.054	0.056	0.046	0.078	0.008
		2035	1	0.222	0.215	0.034	0.142	0.076	0.076	0.051	0.054	0.045	0.075	0.009
	方案四	2021	1	0.219	0.193	0.031	0.112	0.072	0.120	0.054	0.057	0.048	0.087	0.008
		2025	1	0.222	0.200	0.035	0.115	0.072	0.104	0.056	0.057	0.047	0.083	0.008
		2030	1	0.221	0.209	0.039	0.133	0.073	0.076	0.056	0.057	0.046	0.082	0.008
		2035	1	0.222	0.217	0.040	0.149	0.076	0.045	0.056	0.058	0.046	0.081	0.008

表7-7 各方案经济模拟结果

指标	方案	年份	粤港澳大湾区	广州	深圳	珠海	佛山	惠州	东莞	中山	江门	肇庆	香港	澳门
经济总量（亿元）	方案一	2021	126451	26769	31014	3852	11666	4589	10505	3293	3494	2473	26404	2393
		2025	194665	38569	44461	5824	17307	7834	15943	4819	5267	3897	45993	4752
		2030	284679	57994	68095	9337	24274	11725	23973	6063	7739	5673	64507	5299
		2035	417748	87203	104292	14969	34046	17549	36048	7628	11372	8258	90475	5908
	方案二	2021	126451	26769	31014	3852	11666	4589	10505	3293	3494	2473	26404	2393
		2025	212256	40111	45940	6658	18620	8866	16826	5407	5597	4266	54206	5759
		2030	429208	73250	82786	16580	33404	20198	30321	10051	10086	8433	133204	10894
		2035	886292	133768	149183	41291	59928	46012	54640	18683	18175	16668	327332	20611
	方案三	2021	126451	26769	31014	3852	11666	4589	10505	3293	3494	2473	26404	2393
		2025	185349	37299	41883	5153	17141	7452	14550	4569	4819	3633	43932	4919
		2030	221449	47377	47386	5440	23265	9376	15985	4778	5217	4151	52429	6043
		2035	265854	60179	53613	5743	31577	11797	17563	4997	5648	4742	62571	7423
	方案四	2021	126451	26769	31014	3852	11666	4589	10505	3293	3494	2473	26404	2393
		2025	192478	39104	44501	5153	17307	7834	16271	4819	5267	3897	43574	4752
		2030	274375	62977	68471	5440	24274	11725	26205	6063	7739	5673	50514	5295
		2035	398035	101425	105351	5743	34046	17549	42203	7628	11372	8258	58559	5901

第七章　共同富裕目标下城市群人口空间分布的动态优化　199
——以粤港澳大湾区为例

续上表

指标	方案	年份	粤港澳大湾区	广州	深圳	珠海	佛山	惠州	东莞	中山	江门	肇庆	香港	澳门
经济分布（占比）	方案一	2021	1	0.212	0.245	0.030	0.092	0.036	0.083	0.026	0.028	0.020	0.209	0.019
		2025	1	0.198	0.228	0.030	0.089	0.040	0.082	0.025	0.027	0.020	0.236	0.024
		2030	1	0.204	0.239	0.033	0.085	0.041	0.084	0.021	0.027	0.020	0.227	0.019
		2035	1	0.209	0.250	0.036	0.081	0.042	0.086	0.018	0.027	0.020	0.217	0.014
	方案二	2021	1	0.212	0.245	0.030	0.092	0.036	0.083	0.026	0.028	0.020	0.209	0.019
		2025	1	0.189	0.216	0.031	0.088	0.042	0.079	0.025	0.026	0.020	0.255	0.027
		2030	1	0.171	0.193	0.039	0.078	0.047	0.071	0.023	0.023	0.019	0.310	0.025
		2035	1	0.151	0.168	0.047	0.068	0.052	0.062	0.021	0.021	0.020	0.369	0.023
	方案三	2021	1	0.212	0.245	0.030	0.092	0.036	0.083	0.026	0.028	0.020	0.209	0.019
		2025	1	0.201	0.226	0.028	0.092	0.040	0.078	0.025	0.026	0.020	0.237	0.027
		2030	1	0.214	0.214	0.025	0.105	0.042	0.072	0.022	0.024	0.019	0.237	0.027
		2035	1	0.226	0.202	0.022	0.119	0.044	0.066	0.019	0.021	0.018	0.235	0.028
	方案四	2021	1	0.212	0.245	0.030	0.092	0.036	0.083	0.026	0.028	0.020	0.209	0.019
		2025	1	0.203	0.231	0.027	0.090	0.041	0.085	0.025	0.027	0.020	0.226	0.025
		2030	1	0.230	0.250	0.020	0.088	0.043	0.096	0.022	0.028	0.021	0.184	0.019
		2035	1	0.255	0.265	0.014	0.086	0.044	0.106	0.019	0.029	0.021	0.147	0.015

四、结论与建议

本章在把握粤港澳大湾区人口和经济发展现状的基础上,采用系统动力学仿真模型,在对模型的历史数据拟合性检验结果良好的前提下,以共同富裕为目标,设置四个仿真方案对粤港澳大湾区2025—2035年的人口和经济发展趋势进行模拟,最终确定方案四为最优方案,并得到以下四个结论:

(1)广州和深圳两个核心城市的人口占比和经济占比进一步提高,大湾区其他城市的占比相差较小。

(2)大湾区各城市间经济和人口协调发展更有利于区域收入差距的缩小。

(3)人口和经济进一步向广州和深圳中心城市集聚对区域共同富裕具有积极的作用。

(4)大湾区各城市的人口规模基本与其城市规划的目标人口规模一致,并没有超出其承受范围。

从上述结论可以看到,粤港澳大湾区未来仍将呈现明显的以广州和深圳为核心的双核人口和经济空间结构。因此,发挥广州都市圈和深圳都市圈"双圈联动"作用对促进区域协调发展从而促进共同富裕尤为重要。主要建议如下:

第一,广深竞相破"圈",强化规划引领。广州和深圳应打破行政壁垒,强化规划引领,完善联动机制,共同增强核心引擎功能,辐射带动周边城市同城化发展。

第二,优势互补,辐射引领。发挥大湾区各城市在具有全球影响力的先进制造业产业集群方面的优势,推进都市圈内产业协作,打造梯度式产业链条,并在都市圈间进行产业协作,形成立体式产业链条。

第三,一体化联动,协同发展[①]。大湾区的建设关键在于联动协同发展,通过这种方式,可以实现更快速度、更高质量和更可持续的发

---

① 新华社:《打造一流湾区 勇立时代潮头——粤港澳大湾区建设纪实》,见 https://baijiahao.baidu.com/s?id=1817378432274378366&wfr=spider&for=pc。

展。因此,广州和深圳以及大湾区其他城市都应该积极参与,做实做强自身的比较优势,并通过优势资源的整合聚集,形成开放联动的协同创新体系。

参考文献

[1] 安虎森,颜银根,朴银哲.城市高房价和户籍制度:促进或抑制城乡收入差距扩大?:中国劳动力流动和收入差距扩大悖论的一个解释[J].世界经济文汇,2011(4):41-54.

[2] 包玉香.人口老龄化的区域经济效应分析:基于新古典经济增长模型[J].人口与经济,2012,190(1):1-7.

[3] 蔡昉.人口迁移和流动的成因、趋势与政策[J].中国人口科学,1995,15(6):8-16.

[4] 蔡昉.人口转变、人口红利与经济增长可持续性:兼论充分就业如何促进经济增长[J].人口研究,2004(2):2-9.

[5] 蔡昉.为什么劳动力流动没有缩小城乡收入差距?[J].理论前沿,2005(20):20-22.

[6] 曹建云.粤港澳大湾区建设对跨境养老的影响研究:基于福利可携性视角[J].华南理工大学学报(社会科学版),2020,22(1):12-21.

[7] 陈乐,李郇,姚尧,等.人口集聚对中国城市经济增长的影响分析[J].地理学报,2018(6):1107-1120.

[8] 陈启斐,吴金龙.经济政策不确定性、OFDI和服务业全要素生产率:来自中国服务业微观企业的证据[J].世界经济文汇,2020(4):82-101.

[9] 陈帅,方宏.个人所得税调整对劳动力供给空间分布影响的动态效应研究[J].经济研究导刊,2019,414(28):75-80,82.

[10] 陈乙酉,张邦辉.社会保障对农民工流动决策的影响研究:基于"推拉"理论的实证[J].农业经济问题,2018(10):132-140.

[11] 陈友华,蔡正广.人口迁移流动与城镇化的再审视:来自第七次全国人口普查的启示[J].河海大学学报(哲学社会科学版),2021,23(6):85-93,112.

[12] 陈钊,陆铭,许政.中国城市化和区域发展的未来之路:城乡融

合、空间集聚与区域协调[J]. 江海学刊, 2009, 260 (2): 75-80.

[13] 程惠芳, 陆嘉俊. 知识资本对工业企业全要素生产率影响的实证分析[J]. 经济研究, 2014 (5): 174-187.

[14] 楚尔鸣, 曹策. 人才流动缩小了区域经济差距吗: 来自技术转移的经验证据[J]. 财经科学, 2019 (9): 99-112.

[15] 丁金宏, 刘振宇, 程丹明, 等. 中国人口迁移的区域差异与流场特征[J]. 地理学报, 2005 (1): 106-114.

[16] 董昕. 住房保障、财政支出与城乡人口迁移[J]. 城市问题, 2023, 330 (1): 60-68.

[17] 都阳, 封永刚. 人口快速老龄化对经济增长的冲击[J]. 经济研究, 2021 (2): 71-88.

[18] 都阳. 构建中国特色人口老龄化应对方略[N]. 经济日报, 2021-03-26 (10).

[19] 杜传忠, 金华旺. 制造业产融结合、资本配置效率与企业全要素生产率[J]. 经济与管理研究, 2021 (2): 28-40.

[20] 杜旻, 刘长全. 集聚效应、人口流动与城市增长[J]. 人口与经济, 2014 (6): 44-56.

[21] 段成荣, 程梦瑶. 深化新时代人口迁移流动研究[J]. 人口研究, 2018, 42 (1): 27-30.

[22] 段成荣, 邱玉鼎, 黄凡, 等. 从657万到3.76亿: 四论中国人口迁移转变[J]. 人口研究, 2022, 46 (6): 41-58.

[23] 段成荣, 杨舸. 我国流动人口的流入地分布变动趋势研究[J]. 人口研究, 2009 (6): 1-12.

[24] 段成荣. 省际人口迁移迁入地选择的影响因素分析[J]. 人口研究, 2001, 25 (1): 56-61.

[25] 段平忠, 刘传江. 中国省际人口迁移对地区差距的影响[J]. 中国人口·资源与环境, 2012 (11): 60-67.

[26] 段学军, 张伟, 田方. 长三角地区一体化背景下的人口优化布局研究[J]. 长江流域资源与环境, 2012, 21 (7): 789-796.

[27] 范剑勇. 产业集聚与地区间劳动生产率差异[J]. 经济研究, 2006 (11): 72-81.

[28] 范宪伟. 推动银发经济高质量发展（新论）[N]. 人民日报, 2021-12-24（5）.

[29] 费太安. 中国式现代化：高质量发展与共同富裕的人口逻辑 [J]. 经济研究参考, 2023（3）：24-40.

[30] 冯明. 促进共同富裕视域下中国人口问题及其治理研究 [J]. 中央社会主义学院学报, 2021（6）：72-81.

[31] 符建华, 曹晓晨. 人口老龄化对中国经济高质量发展的影响研究 [J]. 经济问题探索, 2021（6）：44-55.

[32] 盖骁敏, 张双双. 人口老龄化对中国经济增长的影响研究：基于劳动力供给和资本投资视角 [J]. 山东社会科学, 2018（6）：163-167.

[33] 韩叙, 夏显力. 社会资本、非正规就业与乡城流动人口家庭迁移 [J]. 华中农业大学学报（社会科学版）, 2019, 141（3）：111-119+164.

[34] 贺俊, 胡玲玲, 唐述毅. 人口老龄化与少子化对经济增长的非线性影响研究 [J]. 上海经济研究, 2021（11）：48-58.

[35] 胡鞍钢, 刘生龙, 马振国. 人口老龄化、人口增长与经济增长：来自中国省际面板数据的实证证据 [J]. 人口研究, 2012（3）：14-26.

[36] 姜百臣, 马少华, 孙明华. 社会保障对农村居民消费行为的影响机制分析 [J]. 中国农村经济, 2010（11）：32-39.

[37] 劳昕, 沈体雁. 中国地级以上城市人口流动空间模式变化：基于2000和2010年人口普查数据的分析 [J]. 中国人口科学, 2015（1）：15-28, 126.

[38] 李博, 金淑婷, 陈兴鹏, 等. 改革开放以来中国人口空间分布特征：基于1982-2010年全国四次人口普查资料的分析 [J]. 经济地理, 2016（7）：27-37.

[39] 李宏兵, 赵春明, 文磊, 等. 市场潜能促进了制造业女性就业吗？：基于中国工业企业数据的实证分析 [J]. 财经研究, 2014, 40（3）：52-62.

[40] 李建民, 王晶晶. 人口老龄化背景下经济增长的国际比较 [J]. 南开学报：哲学社会科学版, 2020（4）：65-76.

[41] 李兰冰, 姚彦青, 张志强. 农村劳动力跨部门流动能否缩小中国地区收入差距? [J]. 南开经济研究, 2020 (4): 127–143.

[42] 李乐乐, 秦强. 人口老龄化、社会保障支出与经济发展 [J]. 经济问题探索, 2020 (5): 40–52.

[43] 李强. 影响中国城乡流动人口的推力与拉力因素分析 [J]. 中国社会科学, 2003 (1): 125–136, 207.

[44] 李琼, 李松林, 张蓝澜, 等. 粤港澳大湾区人口老龄化时空特征及其经济效应 [J]. 地理研究, 2020 (9): 2130–2147.

[45] 李文星, 徐长生, 艾春荣. 中国人口年龄结构和居民消费: 1989–2004 [J]. 经济研究, 2008 (7): 118–129.

[46] 李永友, 严岑. 服务业"营改增"能带动制造业升级吗? [J]. 经济研究, 2018 (4): 18–31.

[47] 李政, 杨思莹, 路京京. 政府补贴对制造企业全要素生产率的异质性影响 [J]. 经济管理 2019 (3): 5–20.

[48] 李志刚, 吴缚龙, 肖扬. 基于全国第六次人口普查数据的广州新移民居住分异研究 [J]. 地理研究, 2014, 33 (11): 2056–2068.

[49] 刘洁, 张新乐, 陈海波. 长三角地区人口集聚对经济高质量发展的影响 [J]. 华东经济理, 2022 (2): 12–20.

[50] 刘军辉, 张古. 户籍制度改革对农村劳动力流动影响模拟研究: 基于新经济地理学视角 [J]. 财经研究, 2016, 42 (10): 80–93.

[51] 刘学军, 赵耀辉. 劳动力流动对城市劳动力市场的影响 [J]. 经济学 (季刊), 2009 (2): 693–710.

[52] 卢素兰. 参与城乡医保统筹对农业流动人口长期迁移意愿的影响: 基于倾向得分匹配法的分析 [J]. 福建农林大学学报 (哲学社会科学版), 2020, 23 (3): 39–49.

[53] 鲁晓东, 连玉君. 中国工业企业全要素生产率估计: 1999–2007 [J]. 经济学 (季刊), 2012 (2): 541–558.

[54] 陆杰华, 林嘉琪. 高流动性迁徙的区域性特征、主要挑战及其战略应对: 基于"七普"数据的分析 [J]. 中共福建省委党校 (福建行政学院) 学报, 2021, 482 (6): 4–14.

[55] 陆军, 杨志勇. 中国地方财税竞争与异质偏好劳动力的空间流动: 以京津冀大都市区为例 [J]. 财经研究, 2010, 36 (09): 4–14.

[56] 陆铭. 空间的力量：地理、政治与城市发展 [M]. 上海：上海人民出版社，2013：7-11.

[57] 马红鸽，席恒. 收入差距、社会保障与提升居民幸福感和获得感 [J]. 社会保障研究，2020（1）：86-98.

[58] 马红旗，陈仲常. 我国省际流动人口的特征：基于全国第六次人口普查数据 [J]. 人口研究，2012，36（6）：87-99.

[59] 马歇尔. 经济学原理 [M]，文思编译，北京：北京联合出版公司，2015年，第187-196页.

[60] 潘苏，种照辉，覃成林. 基于先进生产性服务业的粤港澳大湾区城市网络演化及其影响因素 [J]. 广东财经大学学报，2019（1）：103-112.

[61] 彭芳梅. 粤港澳大湾区及周边城市经济空间联系与空间结构：基于改进引力模型与社会网络分析的实证分析 [J]. 经济地理，2017（12）：57-64.

[62] 钱雪松，康瑾，唐英伦，等. 产业政策、资本配置效率与企业全要素生产率：基于中国2009年十大产业振兴规划自然实验的经验研究 [J]. 中国工业经济，2018（8）：42-59.

[63] 任曙明，吕镯. 融资约束、政府补贴与全要素生产率：来自中国装备制造企业的实证研究 [J]. 管理世界2014（11）：10-23，187.

[64] 邵丽，嵇振华，崔霞，等. 东北地区人口问题和经济增长的空间计量分析 [J]. 数理统计与管理，2020（4）：571-583.

[65] 盛亦男，杨旭宇. 中国三大城市群流动人口集聚的空间格局与机制 [J]. 人口与经济，2021，249（6）：88-107.

[66] 孙文凯，白重恩，谢沛初. 户籍制度改革对中国农村劳动力流动的影响 [J]. 经济研究，2011（1）：28-41.

[67] 孙晓华，王昀. 企业规模对生产率及其差异的影响：来自工业企业微观数据的实证研究 [J]. 中国工业经济，2014（5）：57-69.

[68] 孙兆斌. 股权集中、股权制衡与上市公司的技术效率 [J]. 管理世界，2006（7）：115-124.

[69] 覃成林，柴庆元. 交通网络建设与粤港澳大湾区一体化发展 [J]. 中国软科学，2018（7）：71-79.

[70] 覃成林，潘丹丹. 粤港澳大湾区产业结构升级及经济绩效分析

[J]．经济与管理评论，2020（1）：137-147．

[71] 田相辉，徐小靓．为什么流向大城市？：基于城市集聚经济的估计[J]．人口与经济，2015（3）：23-32．

[72] 童玉芬，王莹莹．北京市人口动态模拟与政策分析[J]．中国人口资源与环境，2016，26（2）：170-176．

[73] 童玉芬，杨艳飞，和明杰．中国主要城市群的人口分布格局特征、问题及政策思考[J]．人口学刊，2022，44（4）：1-13．

[74] 王桂新，潘泽瀚，陆燕秋．中国省际人口迁移区域模式变化及其影响因素：基于2000和2010年人口普查资料的分析[J]．中国人口科学，2012（5）：2-13，111．

[75] 王桂新．中国省际人口迁移变化特征：基于第七次全国人口普查数据的分析[J]．社会科学文摘，2022，81（9）：100-102．

[76] 王录仓，武荣伟，刘海猛，等．县域尺度下中国人口老龄化的空间格局与区域差异[J]．地理科学进展，2016（8）：921-931．

[77] 王淑娟，王笳旭，李豫新．劳动力流动对区域经济发展差距的影响研究：以新疆为例[J]．人口与经济，2015（1）：72-80．

[78] 王小鲁，樊纲．中国地区差距的变动趋势和影响因素[J]．经济研究，2004（1）：33-44．

[79] 王智勇．人口集聚与区域经济增长：对威廉姆森假说的一个检验[J]．南京社会科学，2018（3）：60-69．

[80] 魏津生．国内人口迁移和流动研究的几个基本问题[J]．人口与经济，1984（4）：32-37，50．

[81] 温忠麟，叶宝娟．中介效应分析：方法和模型发展[J]．心理科学进展，2014（5）：731-745．

[82] 伍文中，唐霏，李勤．从竞争走向合作：粤港澳大湾区财政行为的推进路径分析[J]．贵州财经大学学报，2021（4）：24-32．

[83] 夏怡然，陆铭．城市间的"孟母三迁"：公共服务影响劳动力流向的经验研究[J]．管理世界，2015，No. 265（10）：78-90．

[84] 夏怡然，苏锦红，黄伟．流动人口向哪里集聚？：流入地城市特征及其变动趋势[J]．人口与经济，2015（3）：13-22．

[85] 项益才，吴中宇．我国现行社会保障体系的缺陷及其完善对策[J]．江西财经大学学报，2011（5）：66-71．

[86] 肖严华. 劳动力市场、社会保障制度的多重分割与中国的人口流动 [J]. 学术月刊, 2016, 48 (11): 95-107.

[87] 谢胜华, 钟敏, 冷向明. 福利移民: 西方国家的典型模式及其启示 [J]. 中国行政管理, 2020 (7): 134-141.

[88] 谢雪燕, 朱晓阳. 人口老龄化、技术创新与经济增长 [J]. 中国软科学, 2020 (6): 42-53.

[89] 杨东亮, 李朋鹜. 人口集聚的经济效应: 基于工具变量的实证研究 [J]. 人口学刊, 2019 (3): 28-37.

[90] 杨东亮, 郑鸽. 粤港澳大湾区人口集聚表现与对策研究 [J]. 经济体制改革, 2022 (4): 66-72.

[91] 杨风寿, 沈默. 社会保障水平与城乡收入差距的关系研究 [J]. 宏观经济研究, 2016 (5): 61-72.

[92] 杨舸. 我国流动人口空间格局及流场分析 [J]. 中国青年研究, 2013 (4): 29-35.

[93] 杨浩天, 陆军, 丁凡琳, 等. 福利获取成本对流动人口落户意愿的影响研究: 基于微观视角下市民化成本分析框架 [J]. 价格理论与实践, 2022, 459 (9): 97-101.

[94] 杨菊华. 新型城镇化背景下户籍制度的"双二属性"与流动人口的社会融合 [J]. 中国人民大学学报, 2017, 31 (4): 119-128.

[95] 杨强, 李丽, 王运动, 等. 1935—2010 年中国人口分布空间格局及其演变特征 [J]. 地理研究, 2016, 35 (8): 1547-1560.

[96] 尹靖华, 韩峰. 市场潜力、厚劳动力市场与城市就业 [J]. 财贸经济, 2019, 40 (4): 146-160.

[97] 原新. 人口规模巨大的现代化建设之路 [J]. 人口研究, 2022 (6): 3-9.

[98] 岳经纶. 香港社会救助制度的发展及其对中国内地的借鉴 [J]. 暨南学报 (哲学社会科学版), 2017, 39 (7): 50-59.

[99] 张春海, 孙海波. 融资约束、经济政策不确定性与企业全要素生产率: 基于我国上市制造业企业数据的经验分析 [J]. 当代金融研究, 2021 (1): 27-35.

[100] 张国俊, 黄婉玲, 周春山, 等. 城市群视角下中国人口分布演变特征 [J]. 地理学报, 2018, 73 (8): 1513-1525.

[101] 张晓杰. 流动人口的社会保障与制度构建 [J]. 重庆社会科学, 2014, 231 (2): 51-56.

[102] 张耀军, 岑俏. 中国人口空间流动格局与省际流动影响因素研究 [J]. 人口研究, 2014, 38 (5): 54-71.

[103] 张颖莉. 粤港澳大湾区人才集聚与空间分布格局研究 [J]. 探求, 2020 (4): 69-78.

[104] 赵勐, 张金麟. 基于私人成本与私人收益的农民工市民化意愿研究 [J]. 华东经济管理, 2012, 26 (12): 124-128.

[105] 赵晓峰, 刘海颖. 人口规模巨大与中国式现代化进程中的共同富裕 [J]. 河南社会科学, 2023, 31 (3): 51-58.

[106] 郑功成. 中国社会保障改革与经济发展:回顾与展望 [J]. 中国人民大学学报, 2018, 32 (1): 37-49.

[107] 钟炜菁, 王德, 谢栋灿, 等. 上海市人口分布与空间活动的动态特征研究:基于手机信令数据的探索 [J]. 地理研究, 2017, 36 (5): 972-984.

[108] 钟韵, 胡晓华. 粤港澳大湾区的构建与制度创新:理论基础与实施机制 [J]. 经济学家, 2017 (12): 50-57.

[109] 周皓. 中国迁移流动人口的统计定义:人口普查视角下的分析 [J]. 中国人口科学, 2022, 210 (3): 17-30, 126.

[110] 周密, 张广胜, 黄利, 等. 外来劳动力挤占了本地市民的收入吗?:基于城市规模视角 [J]. 上海财经大学学报, 2014 (1): 96-105.

[111] 周心怡, 蒋云赟. 基本养老保险全国统筹、人口流动与地区不平衡 [J]. 财政研究, 2021 (3): 84-100.

[112] 朱玲. 中国社会保障体系的公平性与可持续性研究 [J]. 中国人口科学, 2010, 140 (5): 2-12, 111.

[113] 朱宇, 林李月, 柯文前. 国内人口迁移流动的演变趋势:国际经验及其对中国的启示 [J]. 人口研究, 2016, 40 (5): 50-60.

[114] 朱宇, 林李月, 李亭亭, 等. 中国流动人口概念和数据的有效性与国际可比性 [J]. 地理学报, 2022, 77 (12): 2991-3005.

[115] 朱志胜. 城市规模对就业福利效应的影响 [J]. 城市问题, 2016 (1): 71-77.

[116] 邹铁钉. 养老保险可携带性、农村劳动力流动与农村反贫困 [J]. 统计研究, 2021, 38 (8): 45-58.

[117] ABEL J R, Deitz R. Agglomeration and Job Matching Among College Graduates [J]. Regional Science and Urban Economics, 2015 (51): 14-24.

[118] ABEYWARDHANA D K Y. The Impact of Ageing Population on Economic Growth in South Asia [J]. Asian Social Science, 2019, 15 (7): 70-76.

[119] ACEMOGLU DARON, JOSHUA LINN. Market Size in Innovation: Theory and Evidence from the Pharmaceutical Industry [J]. The Quarterly Journal of Economics, 2004, 119 (3): 1049-1090.

[120] ACEMOGLU D, RESTREPO P. Artificial Intelligence, Automation, and Work [C] // The Economics of Artificial Intelligence: An Agenda. Chicago: University of Chicago Press, 2018: 191-236.

[121] BLOOM D E, CANNIMG D, SEVILLA J. The Demographic Dividend: A New Perspective on the Economic Consequences of Population Change [J]. Foreign Affairs, 2003, 82 (3): 148-149.

[122] BLOOM D E, CANNING D, MANSFIELD R K, et al. Demographic Change, Social Security Systems and Savings [J]. Journal of Monetary Economics, 2007, 54 (1): 92-114.

[123] BLOOM D E, CANNING D, FINK G. Implications of Population Ageing for Economic Growth [J]. Oxford Review of Economic Policy, 2010, 26 (4): 583-612.

[124] BLOOM D E, WILLIAMSON J G. Demographic Transitions and Economic Miracles in Emerging Asia [J]. World Bank Economic Review, 1998, 12 (3): 419-455.

[125] BOSKER M, BRAKMAN S, GARRETSEN H, et al. Relaxing Hukou: Increased Labor Mobility and China's Economic Geography [J]. Journal of Urban Economics, 2010, 72 (2/3): 252-266.

[126] CHEN C P, GUO L, QIN L J. Geographic Labor Mobility of Floating Migrant Workers in China: The Impacts of Health Status and Education on Earnings [J]. Theoretical Economics Letters, 2018 (8):

2345-2362.

[127] CLARK C. Urban Population Densities [J]. Journal of Royal Statistical Society, 1951, (114): 490-496.

[128] CLAUSEN T H. Do Subsidies Have Positive Impacts on R&D and Innovation Activities at the Firm Level [J]. Structural Change and Economic Dynamics, 2009, 20 (4): 239-253.

[129] COMBES P P. Economic Structure and Local Growth: France, 1984—1993 [J]. Journal of Urban Economics, 2000, 47 (3): 329-355.

[130] CROZET M. Do Migrants Follow Market Potentials? An Estimation of An New Economic Geography Model [J]. Journal of Economic Geography, 2004, 4 (4), 439-458.

[131] DAHLBERG M, FREDRIKSSON M E, FREDRIKSSON P. Estimating Preferences for Local Public Services Using Migration Data [J]. Urban Studies, 2012, 49 (2): 319-336.

[132] DAY K M. Interprovincial Migration and Local Public Goods [J]. The Canadian Journal of Economics: Revue Canadienne D'economique, 1992 (1): 123-144.

[133] FAN C C. Interprovincial Migration, Population Redistribution, and Regional Development in China: 1990 and 2000 Census Comparisons [J]. The Professional Geographer, 2005, 57 (2): 295-311.

[134] GIUS M. The Effect of Income Taxes on Interstate Migration: An Analysis by Age and Race [J], The Annals of Regional Science, 2011 (1): 205-218.

[135] HEIKKILA E. What Happened to the CBD-distance Gradient: Land Values in A Polycentric City [J]. Environment and Planning A, 1989, (21): 221-232.

[136] KRUGMAN P. Increasing Returning and Economic Geography [J]. Journal Political Economy, 1991, 99 (3): 483-499.

[137] LIANG Z. MA Z D. China's Floating Population: New Evidence from the 2000 Census [J]. Population and Development Review, 2004, 30 (3): 467-478.

[138] MARTIN P, OTTAVIANO G I P. Growing Locations: Industry Location

in a Model of Endogenous Growth [J]. European Economic Review, 1999, 43 (2): 281 – 302.

[139] NEWLING B E. The Spatial Variation of Urban Population Densities [J]. Geographical Review, 1969, (59): 242 – 252.

[140] OATES W E. The Effects of Property Taxes and Local Public Spending on Property Values: An Empirical Study of Tax Capitalization and the Tiebout Hypothesis [J]. Journal of Political Economy, 1969 (6): 957 – 971.

[141] PECCHENINO R A, POLLARD P S. Dependent Children and Aged Parents: Funding Education and Social Security in an Aging Economy [J]. Journal of Macroeconomics, 2002, 24 (2): 145 – 169.

[142] PHAM T N, VO D H. Aging Population and Economic Growth in Developing Countries: A Quantile Regression Approach [J]. Emerging Markets Finance and Trade, 2021, 57 (1): 1 – 15.

[143] PONCET S. Provincial Migration Dynamics in China: Borders, Costs and Economic Motivations [J]. Regional Science and Urban Economics, 2006 (36): 385 – 398.

[144] PRETTNER K. Population Aging and Endogenous Economic Growth [J]. Journal of Population Economics, 2013, 26 (2): 811 – 834.

[145] SHEN J F. A Study of the Temporary Population in Chinese Cities [J]. Habitat International, 2002, 26 (3): 363 – 377.

[146] TABUCHI T, Thisse J F. Taste Heterogeneity, Labor Mobility and Economic Geography [J]. Journal of Development Economics, 2002 (69): 155 – 177.

[147] TIEBOUT C M. A Pure Theory of Local Expenditures [J]. Journal of Political Economy, 1956 (5): 416 – 424.

[148] XIE R, FU W, YAO S L, et al. Effects of Financial Agglomeration on Green Total Factor Productivity in Chinese Cities: Insights from an Empirical Spatial Durbin Model [J]. Energy Economics, 2021, 101 (4): 1 – 9.

[149] YASHIRO N. Aging of the Population in Japan and Its Implications to the Other Asian Countries [J]. Journal of Asian Economics, 1997, 8

(2): 245-261.

[150] ZHU N. The Impacts of Income Gaps on Migration Decisions in China [J]. China Economic Review, 2002, 13 (2-3): 213-230.

后 记

随着本书的最后一个句点落定,笔者对粤港澳大湾区城市群人口流动及空间结构动态优化的研究也暂时画上了句号。在这段充满挑战又收获颇丰的学术旅程中,笔者深入探讨了以粤港澳大湾区为代表的城市群人口流动及空间结构的现状、趋势及城市群人口空间集聚所产生的社会经济效应,旨在为这一区域的可持续发展提供科学的决策支持。

粤港澳大湾区作为我国乃至全球最具活力的城市群之一,其人口流动和空间结构的动态变化不仅关系到区域经济的繁荣,还深刻影响着社会稳定与可持续发展。研究这一课题,意味着需要跨越学科的界限,整合经济学、地理学、社会学、环境科学等多个领域的知识,全面、系统地分析和解决问题。这一过程无疑是充满挑战的,但也让笔者对城市群特别是粤港澳大湾区有了更深刻的了解。

本书的研究成果为理解粤港澳大湾区人口流动的内在机制提供了新的视角,也为优化空间结构、促进区域协调发展提供了政策建议。笔者希望,这些成果能够为政策制定者、城市规划者以及相关领域的研究者提供有价值的参考。随着大湾区的不断发展,新的问题和挑战将不断涌现。因此,笔者的研究不应止步于此,而应持续跟进,不断更新和完善。

在此,笔者要感谢国家社会科学基金的资助,感谢专家们提供的宝贵意见,感谢参与到本项目中的同学们的辛勤工作,没有你们,这项研究不可能完成。笔者期待本书能够激发更多的讨论和研究,为粤港澳大湾区乃至全球其他城市群的可持续发展贡献智慧和力量。

城市群的发展是一个动态的、复杂的过程,需要我们不断地学习、探索和创新。本书的完成不是结束,而是一个新的开始。笔者期待着与更多的学者、专家和同行们一起,共同推动城市群研究的深入发展,为建设更加和谐、繁荣的城市群贡献力量。

王莹莹
2024 年 12 月 4 日